高等职业教育小学教育专业教材

小学
心理健康教育

XIAOXUE XINLI JIANKANG JIAOYU

王　永　主　编

李　妮　曹杏田　副主编

化学工业出版社

·北京·

内容简介

《小学心理健康教育》聚焦小学心理健康教育工作实践，全面、系统地阐释了小学心理健康教育的内涵和特点、心理健康教育课程教学与活动实施、小学生个体和团体心理辅导的理论和技术、心理危机预警和干预、小学心理健康教育工作体系建设和小学教师心理保健。每章还设计了实践教学活动安排和案例分析，引导学生通过亲身实践和参与体验，提高对未来教学岗位的适应性和工作能力。小学心理健康教育教师资格考试相关资料，能够满足报考教资学生的实际需要。

本教材适用于高职高专的小学教育、心理健康教育等专业的人才培养和小学教师的继续教育，也可供社会人事学习。

图书在版编目（CIP）数据

小学心理健康教育 / 王永主编 ；李妮，曹杏田副主编． -- 北京 ：化学工业出版社，2024. 6. -- ISBN 978-7-122-45902-2

Ⅰ. G444

中国国家版本馆 CIP 数据核字第 2024ZN6091 号

责任编辑：刘心怡 旷英姿 蔡洪伟 　文字编辑：徐 秀 师明远
责任校对：李 爽 　　　　　　　　装帧设计：王晓宇

出版发行：化学工业出版社
　　　　　（北京市东城区青年湖南街13号　邮政编码100011）
印　　装：河北延风印务有限公司
787mm×1092mm　1/16　印张15¼　字数377千字
2024年9月北京第1版第1次印刷

购书咨询：010-64518888　　　　售后服务：010-64518899
网　　址：http://www.cip.com.cn
凡购买本书，如有缺损质量问题，本社销售中心负责调换。

定　　价：42.00元　　　　　　　　版权所有　违者必究

前言
PREFACE

促进学生身心健康、全面发展，是党中央关心、人民群众关切、社会关注的重大课题。心理健康对于个体终生全面发展的重要性受到越来越多的重视。尤其在小学阶段，孩子们正处于身心发展的关键时期，他们自身的应对资源有限，却面对着来自家庭、学校、社会的多方面积极和消极影响，心理健康比较容易出现这样那样的问题。加强小学心理健康教育，培养他们积极健康的心理品质，已经成为当前教育工作的一项重要任务。

正是在这样的背景下，我们编写了这本教材，旨在帮助读者全面、深入了解小学心理健康教育的内涵和特点，掌握科学、实用的心理健康教育理论和方法，更好地应用到教育一线，教育和引导小学生健康成长。

教材编写过程中，我们坚持立德树人的根本任务，紧密结合教育部《中小学心理健康教育指导纲要（2012年修订）》和教育部等十七部门联合印发的《全面加强和改进新时代学生心理健康工作专项行动计划（2023—2025年）》等文件精神，注重吸收国内外先进的心理健康教育理念和实践经验，结合我国小学教育的实际情况，力求做到理论与实践相结合。教材不仅对心理健康的基本概念、小学生常见的心理问题及其成因进行了深入的剖析，还系统介绍了心理健康教育的目标、内容、方法和途径。

本教材注重实践能力和创新精神的培养。我们针对小学心理健康教育的各个环节设计了一系列实践教学活动和案例分析，引导读者通过亲身实践和参与体验，深化对小学心理健康教育的认识和理解，提高解决实际问题的能力。就目前小学生心理健康问题的现状，教材专门设立一章谈心理健康教育工作体系的建设，强调家庭、学校和社会的协同作用。

我们也清醒地认识到，小学心理健康教育是一项复杂的工程，需要不断探索和创新。因此，我们鼓励广大一线教育工作者和大学生在使用本教材的过程中，结合实际情况进行创造性的实践，不断总结经验，和我们一起为小学心理健康教育事业的发展贡献智慧和力量。

本教材的编写和出版受安徽省级质量工程"心理健康教育教学创新团队"项目支持，由王永担任主编，李妮和曹杏田担任副主编，编写组成员共同拟定大纲。编写工作具体分工如下：王永、曹杏田负责第一章，夏程璐、王永负责第二章，张常蕴、王永负责第三章，李妮负责第四章，耿玉洁负责第五章，邢秋迪负责第六章，夏程璐、王永负责第七章。王曲云提供了小学心理健康教育教师资格证面试参考案例，梁婷婷提供了部分案例资料。全书由王永统稿和审校，贺威参与统稿和校对工作。

本教材编写过程中参考了许多专家学者的教科研成果与实践智慧，我们向相关的作者和出版机构表示衷心的感谢。感谢化学工业出版社为本书出版发行提供支持和帮助。

由于编者水平有限，书中难免有疏漏之处，欢迎各位专家和读者予以批评指正。

编者

2024年4月

目录
CONTENTS

第一章

小学心理健康教育概述

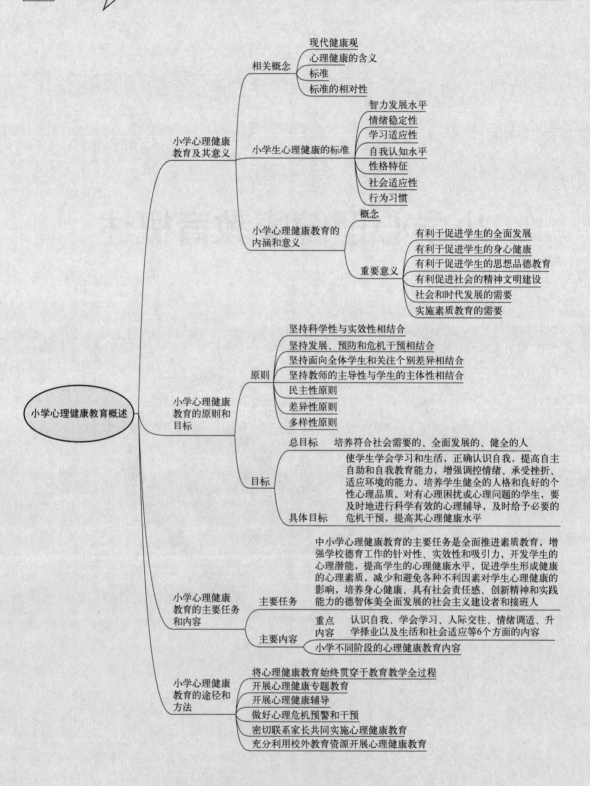

小学心理健康教育概述

小学心理健康教育及其意义
- 相关概念
  - 现代健康观
  - 心理健康的含义
  - 标准
  - 标准的相对性
- 小学生心理健康的标准
  - 智力发展水平
  - 情绪稳定性
  - 学习适应性
  - 自我认知水平
  - 性格特征
  - 社会适应性
  - 行为习惯
- 小学心理健康教育的内涵和意义
  - 概念
  - 重要意义
    - 有利于促进学生的全面发展
    - 有利于促进学生的身心健康
    - 有利于促进学生的思想品德教育
    - 有利促进社会的精神文明建设
    - 社会和时代发展的需要
    - 实施素质教育的需要

小学心理健康教育的原则和目标
- 原则
  - 坚持科学性与实效性相结合
  - 坚持发展、预防和危机干预相结合
  - 坚持面向全体学生和关注个别差异相结合
  - 坚持教师的主导性与学生的主体性相结合
  - 民主性原则
  - 差异性原则
  - 多样性原则
- 目标
  - 总目标　培养符合社会需要的、全面发展的、健全的人
  - 具体目标　使学生学会学习和生活，正确认识自我，提高自主自助和自我教育能力，增强调控情绪、承受挫折、适应环境的能力，培养学生健全的人格和良好的个性心理品质。对有心理困扰或心理问题的学生，要及时地进行科学有效的心理辅导，及时给予必要的危机干预，提高其心理健康水平

小学心理健康教育的主要任务和内容
- 主要任务　中小学心理健康教育的主要任务是全面推进素质教育，增强学校德育工作的针对性、实效性和吸引力，开发学生的心理潜能，提高学生的心理健康水平，促进学生形成健康的心理素质，减少和避免各种不利因素对学生心理健康的影响，培养身心健康、具有社会责任感、创新精神和实践能力的德智体美全面发展的社会主义建设者和接班人
- 主要内容
  - 重点内容　认识自我、学会学习、人际交往、情绪调适、升学择业以及生活和社会适应等6个方面的内容
  - 小学不同阶段的心理健康教育内容

小学心理健康教育的途径和方法
- 将心理健康教育始终贯穿于教育教学全过程
- 开展心理健康专题教育
- 开展心理健康辅导
- 做好心理危机预警和干预
- 密切联系家长共同实施心理健康教育
- 充分利用校外教育资源开展心理健康教育

① 了解小学心理健康教育及其意义，知晓小学心理健康教育的原则与目标，以及小学心理健康教育的主要任务和内容。

② 掌握小学心理健康教育的途径和方法。

③ 理解小学心理健康教育的内涵，认识到小学心理健康教育对个体和社会发展的重要性。

新闻导入 　全社会要共同守护青少年的"心"世界

促进学生身心健康、全面发展，是党中央关心、人民群众关切、社会关注的重大课题。2023年4月，教育部等十七部门联合印发《全面加强和改进新时代学生心理健康工作专项行动计划（2023—2025年）》。2024年全国教育工作会议提出，要以身心健康为突破点强化五育并举，高度重视学生的心理健康工作。

3月4日，全国人大代表、重庆市九龙坡区谢家湾学校党委书记刘希娅和全国学生心理健康工作咨询委员会秘书长、北京师范大学心理学部党委书记乔志宏教授做客中国教育报刊社"两会访谈录"演播室，接受《人民教育》记者的采访，就"全社会如何共同守护学生心理健康"话题进行了深入交流。

为学生营造有幸福感、安全感、归属感的外在环境

记者：人的心理与社会变化密切相关。刘书记，您在履职期间对学生的心理健康状况进行了调研，请问您在调研中对青少年当下的生活和学习环境有哪些新的发现？

刘希娅：在调研中我发现，无论是城市还是城乡接合部，中小学生的心理健康问题仍然存在，特别是在中学阶段。这些心理健康问题可能是由于生活和学习环境中的各种复杂因素所导致，给孩子和孩子所在的家庭带来了不同程度上的心理压力，也对孩子的成长与发展造成不可忽视的影响，因此全社会都有必要、也有义务共同关注孩子的心理健康，守护孩子的茁壮成长。

记者：刘书记的调研情况令我们对青少年现在所面临的环境有了更多了解。请问乔教授，我们现在应该怎样重新认识和理解青少年的生存环境和状态与心理健康之间的关系？

乔志宏：总的来讲，一个人的心理健康状况与生物遗传因素有关，但是对于儿童和青少年来讲，心理健康更与其所处的生活环境、教育环境、社会环境有关。如果教师、家长的要求过高，学生在环境中感到压力过大、丧失信心，体会不到有益于心理健康的正面因素，心理就容易出现问题。因此，学校、家庭、社会都应该致力于为学生打造一个有获得感、幸福感、安全感、归属感的环境，让学生喜欢并享受其所处的环境。

学校应主动连接社会和家庭，合力助推学生健康成长

记者：学校是立德树人的主阵地，请问刘书记和乔教授，学校在提升学生心理健康素养、营造良好成长环境方面，该如何发力？

刘希娅：首先，学校要让学生在学校的生活体验更加优质，避免让学生感受到学习和

生活的剥离。美好的生活和优质的学习体验应该是相辅相成的。学校可以从学生的上课体验、师生的交互方式、同伴间的沟通交流渠道等方面进行调整。

其次，学校应该从预防的角度着力，营造有利于培养学生积极心理品质和心理能力的校园生活流程。培养学生健康心理最重要的场所不是心理咨询室，而是最普通的家庭和学校，甚至是每一间教室。我们需要让学生在校园的每一个地方都能够释放自己，能够很好地表达自己，与老师和同学进行交流互动。

再其次，应推动全员心理健康教育。例如，我会带领学校教师共同研发心理健康课程，研究学生的生活，研究怎样通过情绪突破口培养学生积极的心理状态和心理品质。

最后，学校要主动积极地与社会和家庭连接，主动引领家长。尽管学校会面临家长带来的一些压力，但作为立德树人的主阵地，学校要有主导的意识和能力，有鲜明、正确的价值取向，引导家长和学生正确认识心理疾病，减轻他们的心理压力。学校还要引进一些社会资源，如高校教授、医院医生等，共同做好家长的联系工作，让校家社协同，合力助推学生的健康成长。

乔志宏：我很认同刘书记的观点。我们需要让每一位学校教师都关注学生的心理健康，要让每一个学科课堂都成为心理健康教育的阵地。如果学生在课堂上能够体会到自信和自主，在课堂上有归属感，并从学习的内容中找到意义感，那么这个课堂就会是一个富有心理成长机制的积极环境。

此外，我们要规范现有学校心理教师的工作职责和能力标准，进一步明确工作职责，为家长提供专业支持。

（来源：《中国教育报》2024 年 03 月 05 日第 4 版）

第一节 小学心理健康教育及其意义

一、小学心理健康教育的相关概念

理解和掌握小学心理健康教育的概念是学习这门课程的基础和前提，下面对有关概念做简要介绍。

（一）现代健康观

世界卫生组织在《世界卫生组织组织法》中把健康定义为："不但没有身体的缺陷和疾病，还要有生理、心理和社会适应能力的完满状态。"1990年，世界卫生组织对健康的阐述是：在躯体健康、心理健康、社会适应良好和道德健康四个方面皆健全。由于人是一种很复杂的综合性整体，其健康也就涵盖了多维内容。现代健康观念认为，仅仅没有身体的缺陷和疾病还不能算作健康，现代社会不仅要求人们身体健康和心理健康，还要有较强的社会适应能力。而适应是指有机体与环境能保持适度的动态平衡。作为一种机能状态，适应具有复杂的多样性，既有消极与积极、简单与复杂、低级与高级之分，又有生理、心理、社会之别。因此，现代健康观认为，完整意义上的健康就是个体身体健康、心理健康和社会适应良好的和谐统一。

要保持和维护现代人的健康，仅仅注重生理卫生是不够的。人们必须既注重生理卫生又注重心理卫生，只有这样才能达到现代的真正意义上的健康。

（二）心理健康的含义

关于心理健康，国内外专家学者提出了许多观点。1946年的第三届国际心理卫生大会指出："所谓心理健康，是指在身体、智能及情感上与他人的心理健康不相矛盾的范围内，将个人心境发展成最佳状态。"日本学者松田岩男认为："所谓心理健康，是指人对内部环境具有安定感，对外部环境能以社会认可的形式适应的这样一种心理状态。"心理学家英格里士认为："心理健康是指一种持续的心理状况，主体在这种状况下能作良好的适应，具有生命的活力，能充分发展其身心的潜能。这是一种积极的、丰富的状况，不仅是没有疾病。"我国学者冯忠良等认为："心理健康是人类个体对其生存的社会环境的一种高级适应状态。"我国著名心理学家林崇德认为："心理健康标准的核心是：凡对一切有益于心理健康的事件或活动作出积极反应的人，其心理便是健康的。"

随着积极心理理论的兴起，心理学家提出了"积极的心理健康"的概念，认为心理健康不仅是指没有心理疾病，而且能充分发挥个人潜能，发展建设性人际关系，从事具有社会价值的创造，追求高层次需要的满足，追求生活的意义。

"积极的心理健康"的个体表现出以下六个方面的素质和能力：

① 能够对自己做出客观的评价和分析，能够正确判断自己的体验、感情、行为。

② 能够以积极的心态看待人生，努力进取，去实现人生真正的价值。

③ 具有统一、稳定的人格，对自身及外部世界有整体的认识，能有效处理内心的矛盾和冲突，保持均衡状态。

④ 自我调控能力良好。在外界的刺激和压力面前，能够保持自我判断的能力，决定自己的

发展方向。

⑤ 能正确地认知现实，不会在现实中迷失方向。

⑥ 具有积极地适应和改善环境的能力。

基于理论和实践研究，本书提出，心理健康是指个体在与环境的相互作用中，不断调整自身心理状态，自觉保持心理上、社会上的正常或良好适应的一种持续而积极的心理功能状态。作为一种心理功能状态，心理健康的标志是个体与内外环境保持正常或良好的适应。这种适应，是指主体通过自身调节系统做出积极而能动的反应，使主体与环境之间保持或达到新的平衡的过程。

（三）心理健康的标准

对心理健康标准的界定：人的心理怎样才算健康的，以什么作为心理健康的标准，这是一个非常复杂的问题，因为心理健康与否没有一个绝对的界限，判断心理健康与不健康也比较困难，因此也始终没有统一的标准。随着社会的发展和进步，人类对心理健康的认识逐渐深化和提高，涉及的领域不断扩大，许多学者从不同的角度和研究领域，对心理健康的标准加以概括和界定。

人本主义的代表人物美国心理学家马斯洛（A.Maslow）和密特尔曼（Mittelman）提出人的心理是否健康的10项标准：

① 是否有充分的安全感；

② 是否对自己有充分的了解并能恰当评价自己的能力；

③ 自己的生活理想和目标是否切合实际；

④ 能否与周围环境保持良好的接触；

⑤ 能否保持自身人格的完整和谐；

⑥ 是否具备从经验中学习的能力；

⑦ 能否保持良好的人际关系；

⑧ 能否适度地表达和控制自己的情绪；

⑨ 能否在集体允许的前提下，有限度地发挥自己的个性；

⑩ 能否在社会规范内，适度地满足个人的基本需求。

我国的精神科专家蔡焯基认为，中国人心理健康的六条标准是：

① 情绪稳定，有安全感。

② 认识自我，接纳自我。

③ 自我学习，独立生活。

④ 人际关系和谐良好。

⑤ 角色功能协调统一。

⑥ 适应环境，应对挫折。

我国学者佐斌把中国传统文化隐含的心理健康标准概括为以下几个方面：

① 具有良好的人际关系。

② 适当约束自己的言行。

③ 保持情绪的平衡与稳定。

④ 正确认识周围环境。

⑤ 抱有积极的生活态度。

⑥ 具有完善的自我发展目标。

我国著名心理学家林崇德认为心理健康主要有以下十条标准：

① 了解自我，对自己有充分的认识和了解，并能恰当地评价自己的能力；

② 信任自我，对自己有充分的信任感，能够克服困难，面对挫折能坦然处之，并能正确地评价自己的失败；

③ 悦纳自我，对自己的外形特征、人格、智力、能力等都愉快地接纳认同；

④ 控制自我，能适度地表达和控制自己的情绪和行为；

⑤ 调节自我，对自己不切实际的行为目标、心理不平衡状态、与环境的不适应性，能作出及时的反馈、修正、选择、变革和调整；

⑥ 完善自我，能不断地完善自己，保持人格的完整与和谐；

⑦ 发展自我，具备从经验中学习的能力，充分发展自己的智力，能根据自身的特点，在集体允许的前提下，发展自己的人格；

⑧ 调适自我，对环境有充分的安全感，能与环境保持良好的接触，理解他人，悦纳他人，能保持良好的人际关系；

⑨ 设计自我，有自己的生活理想，理想与目标能切合实际；

⑩ 满足自我，在社会规范的范围内，适度地满足个人的基本需求。

心理学家对心理健康的标准进行了研究和界定，归纳起来可表现为以下几方面：

一是从人本主义观点出发审视心理健康的标准，注重人的潜能和创造性以及个性的发挥；

二是从社会学的角度判断个体行为是否符合社会规范，并以此确定心理健康与否；

三是以有无心理症状作为划分是否心理健康的标准；

四是采用统计常态分布的概念，以心智的平均值作为划分是否健康的标准。

对于上述的研究与界定，我们不应单取某一观点为依据，而应将医学标准的客观性、统计学的方法性、社会学的宏观性、心理学的个体性综合提炼，互为补充，从而掌握比较客观、明确、全面的标准。随着社会发展和竞争加剧，人的发展性在心理健康标准上占据的地位也越来越高，生存标准和发展标准作为心理健康的两大基本标准，越来越被更多的人接受。

（四）心理健康标准的相对性

健康与疾病不是对立的双方，它们之间没有明确的界限，而是同一序列的两极。每个人都有健康的一面，也有独特的甚至异常、古怪的一面。问题的关键在于健康与异常两个方面行为的频率和程度如何。如果异常的行为屡屡出现，持久而不间断，并影响了身心的正常状况，便可视为异常。

健康也不是固定不变的，往往因社会、心理、生物等因素的影响而发生变化。健康人的心理活动在某种因素影响下，也有不正常的思维和行为表现。精神状态不健康的人，其行为活动也并非都是异常的，大部分情况下，他们会表现出正常或部分正常。所以，心理健康的标准也是一个相对的标准。

确定一个人的行为是健康还是病态，往往以其心理特征是否偏离平均值为依据。对整个小学生群体来说，大多数人属于正常的、健康的状态，少数人属于异常的、非健康的状态。对于小学生个体来说，大多数情况下也是正常的，仅少数状态是异常的。生搬硬套一些理论和标准，脱离社会背景和个体发展的因素来判断人的心理是否健康是不科学的。

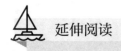

青少年心理问题的特殊性

同济大学附属精神卫生中心精神科副主任医师、知名家庭治疗师陈发展长期致力于青少年心理问题的家庭干预。他提出,儿童的神经系统和心理功能发育尚不完善,感知到的心理压力经过不成熟的心理功能作用于神经中枢、免疫及内分泌系统,可转换成生理指征,产生躯体功能的损害。儿童在遭遇心理压力时,会导致自主神经过度激活,肾上腺素、肾上腺皮质激素和抗利尿激素的分泌增加,引起心跳加快、呼吸急促、胃肠道蠕动减弱、血管收缩、血压升高等一系列变化。如果反应强度过大或持续时间过长,身体机能会发生相应的病变,从而产生心身症状。

北京回龙观医院临床心理科主任刘华清教授介绍说,儿童青少年时期是比较特殊的时期,心理发展很容易受到外界环境的影响,常见的有自卑、厌学、强迫、抑郁以及过度使用网络等。成年时期的很多精神及心理问题都源于儿童青少年时期,若早发现、早诊断、早治疗,有利于给孩子树立健全人格,培养良好习惯,后期才可能会有比较好的社会适应能力。

(来源:法制日报)

二、小学生心理健康的标准

根据小学生的年龄特征和身心发展特点,我们把小学生心理健康的标准归纳为七个方面:

(一)智力发展水平

智力发展水平较高并不一定代表心理健康,但如果智力发展水平明显低下(如智商低于70),将会影响心理健康。因此,心理健康的小学生智力发展应处于正常水平。

(二)情绪稳定性

心理健康的小学生一般心境良好,愉快、开朗、满意等积极情绪状态占主导,但同时又能随对象和情境的变化而产生合理的情绪变化。所谓合理的情绪变化是指,当有了喜事感到愉快,遇到不幸的事时产生悲哀的情绪。此外,还能依场合的不同,适当地调控和适度表达自己的情绪,而不是过度波动或压抑情绪。

(三)学习适应性

心理健康的小学生对于学习往往抱有浓厚的兴趣,学习态度积极向上,通常喜欢上学,觉得学习是一件令人愉快的事,学习效率高。他们乐于面对学习中的挑战,能够自我激励,逐步形成良好的学习习惯和方法,不断取得学业上的进步。

(四)自我认知水平

心理健康的小学生能顺利地从以自我为中心向去自我为中心阶段转变;能将自己同客观现

实联系起来，主要从周围环境中寻找评价自己的参照点，对自己的认识开始表现出客观性。随着年龄增长能够逐渐正确认识自己，了解自己的优点和不足，相对准确地自我评价，乐于自我提升，能够积极应对挑战和困难。

（五）性格特征

心理健康的小学生拥有健康、积极的性格特征，如乐观、自信、勇敢、坚韧、积极进取等。他们面对困难能够保持积极的心态，不轻易放弃，勇于尝试和创造。他们对待自己和他人宽容友善，能够积极应对生活中的变化。

（六）社会适应性

心理健康的小学生往往具有一定独立生活的能力，自己的日常生活事务能由自己来料理，能适应不同环境下的社会生活，乐于与同学、老师交往，懂得分享与合作，学会理解和尊重他人，有效处理人际冲突，让自己融入集体生活中，自觉用社会规范来约束自己，使自己的行为符合社会的要求。

（七）行为习惯

心理健康的小学生一般有良好的行为习惯，能够自觉遵守学校的规章制度和社会公德，在日常生活中表现出礼貌、守时、卫生、整洁等良好的行为习惯。对外部刺激的行为反应适中，不过度敏感，也不迟钝。他们不会因鸡毛蒜皮的事情而大发脾气，也很少出现让人觉得莫名其妙的举动，其行为表现与年龄特征一致。

小学生心理健康的标准是一个综合性的评价体系，涵盖了情绪、人际交往、学习、性格、自我意识、行为习惯和适应能力等多个方面。学校和家庭应该关注并培养小学生的心理健康，为他们提供健康、和谐、积极的成长环境，促进他们全面发展。

 延伸阅读

小学生常见的心理问题

（一）入学适应问题

儿童从幼儿园进入小学，从校园的自然环境到老师、同学的人际关系环境都是陌生的，还有学习的压力、校规校纪的约束等，都构成了新入学儿童心理适应的严峻挑战。部分儿童会出现适应不良现象，大多表现在：产生情绪障碍，如焦虑、不安、抑郁、害怕等；注意力不集中，然后对学习失去兴趣；不能约束自己，总是违反纪律等。

（二）逃学与厌学问题

据调查，有厌学情绪的小学生占总数的5%～10%。这些小学生主要是对学习缺乏兴趣，学习比较吃力，导致长期落后，又缺乏赶上去的勇气和毅力，老师没能及时地给予鼓励，挫伤了学习的积极性。因此他们或是在课堂上东张西望、魂不守舍；或者在下面偷偷看动画书或玩玩具，或是打瞌睡，有的干脆逃学、旷课。还有一些优等生，由于心理承受较差，一旦别人超过自己或目标未达到，就容易产生厌学情绪。

（三）人际交往问题

由于家庭环境和教养方式，多数儿童是在"以自己为中心"的"顺境"下生活的，因此，小学生普遍存在任性、固执的特点。进入新的集体后，角色和位置发生了改变，但仍以自我为中心去与人交往，常常是唯我独尊、不能善解人意；遇到困难不能克服，缺乏自信心；交往中出现过多的恐惧感，过强的防范心理，人际交往中过于焦虑，容易导致社交困难和自我封闭。

（四）过度依赖问题

现在社会，大多数家庭都是独生子女，父母对他们百般呵护，甚至溺爱，造成孩子自立能力差。遇到困难时一次又一次向父母求助，得到帮助时，就生成了依赖感。随着这样的恶性循环，小学生就像温室里的花，经不起风吹雨打，意志力非常薄弱。

（五）意志障碍问题

这类问题主要表现是意志品质差，经不起外界打击。由于家长和学校过于重视孩子的安全问题，从小就对孩子过度呵护。这样导致部分小学生就像温室里的花朵，一遇到暴风雨，就选择逃避。一味地逃避只会造成意志薄弱。长久以往就容易积聚形成严重的心理问题。

三、小学心理健康教育的内涵和意义

（一）小学心理健康教育的概念

教师开展学校心理健康教育工作，必须首先认清什么是小学心理健康教育，也就是要认清小学心理健康教育的概念。

1999年，教育部发布《关于加强中小学心理健康教育的若干意见》，提出中小学心理健康教育是根据中小学生生理、心理发展特点，运用有关心理教育方法和手段，培养学生良好的心理素质，促进学生身心全面和谐发展和素质全面提高的教育活动，是素质教育的重要继成部分；是培养跨世纪高质量人才的重要环节。

2002年，教育部制定印发了《中小学心理健康教育指导纲要》（以下简称《纲要》）。2012年，教育部在认真总结各地心理健康教育工作经验的基础上，组织专家对2002年的《纲要》进行了修订完善，印发了《中小学心理健康教育指导纲要（2012年修订）》以下简称《指导纲要（2012年修订）》。这一文件，是我国目前关于小学心理健康教育工作的最权威、最系统的指导性文件。

2023年，经中央教育工作领导小组会议审议通过，教育部等十七部门联合印发了《全面加强和改进新时代学生心理健康工作专项行动计划（2023—2025年）》。这是各级政府、各类学校认真贯彻党的二十大精神，全面加强和改进新时代学生心理健康工作，提升学生心理健康素养的根本依据。

深刻领会国家和教育部文件精神，结合小学心理健康教育工作实际，把小学心理健康教育的概念界定为：教育者根据小学生生理、心理发展特点和身心发展规律，通过多种途径普及心理健康知识和心理保健技能，实施心理健康监测与心理预警干预，为小学生营造健康成长环境，培育小学生热爱生活、珍视生命、自尊自信、理性平和、乐观向上的心理品质和不懈奋斗、荣辱不惊、百折不挠的意志品质，促进小学生思想道德素质、科学文化素质和身心健康素质协调发展。

 延伸阅读

青少年抑郁状况

2023年国民抑郁症蓝皮书(2022—2023年)发布，其中一组数据显示：在抑郁患者人群中，有50%为学生。18岁以下青少年抑郁检出率为30.28%，青少年抑郁症患病率已达15% ~ 20%，接近于成人。有研究认为，成年期抑郁症在青少年时期已发病。对青少年患者而言，父母是其就医前极为关键的一环。他们能否及时察觉孩子的异动，并给予有效的关注和引导，在很大程度上决定了孩子未来的病情走向。很多家长都只看到孩子的行为表现，却看不到背后的情绪和精神因素，把问题简单定性为不爱学习、青春期叛逆或者意志力薄弱。长此以往，导致青少年的抑郁之路"道阻且长"，甚至出现自残、自杀等倾向。青少年罹患抑郁症的现象不容忽视，我们应当在社会、家庭、个人之间构成良好的动态系统，相互影响、促进改变。

（二）小学生心理健康教育的重要意义

1. 有利于促进学生的全面发展

我国学校教育以马克思主义关于人的全面发展思想为理论基础，学习践行社会主义核心价值观体系，贯彻党的教育方针，坚持立德树人、育人为本，注重学生心理和谐健康，加强人文关怀和心理疏导，根据中小学生生理、心理发展特点和规律，把握不同年龄阶段学生心理发展任务，运用心理健康教育知识理论和方法技能，培养中小学生良好的心理素质，促进其身心全面和谐发展。近年来党和国家提出的深化教育改革，全面推进素质教育的重大决定，就是要求全面推进素质教育，为学生的全面发展创造条件。开展心理健康教育就是要提高学生的心理素质，激发学生的潜能。心理健康是人全面发展不可或缺的一部分，因为人是一个身心统一体，全面发展理应包括身心的全面健康发展。另外，学生的心理健康教育与德智体美劳诸方面的教育有着密切的联系，有助于全面发展教育的融通和优化，具有相互促进和相互制约的作用。因此，学校开展心理健康教育，有利于促进学生的全面发展。

2. 有利于促进学生的身心健康

毛泽东同志曾对学校提出"健康第一"的要求。陶行知先生也曾指出：健康是生活的出发点，也是教育的出发点。可见，健康教育有着重要的意义。现代意义上的健康打破了传统的医学模式，包括精神和心理的健康，若没有心理的健康，就难以保证生理的健康。因此，开展心理健康教育，重视学生的生理健康和心理健康，才能保证全面提高学生的身心健康水平。所以，开展心理健康教育，对学生的身心健康有着重要意义。

3. 有利于促进学生的思想品德教育

加强学生的思想品德教育，培养学生的良好道德品质是学校教育首要的基本任务。青少年学生正处在品德形成的重要时期，处在人生观、世界观形成的关键时期，同时也处在心理充满矛盾和冲突的时期，心理复杂而多变。不掌握学生的心理，就难以真正了解其思想，也就无法进行有效的思想品德教育。不使其具备健康的心理素质，就难以塑造其优良的道德品质。开展心理健康教育，旨在通过对学生的心理进行指导，调节其心理，提高其心理素质，进而促进其品德的发展。因此，可以说，心理健康教育的开展，丰富了德育的内容，扩展了德育的方法，增加了德育的途径，有利于学生思想品德的提高。

4. 有利促进社会的精神文明建设

心理健康教育可以优化社会心理环境，既是社会主义精神文明建设的一项重要内容，也是社会主义精神文明建设的一种动力。首先，心理健康教育有助于学生克服消极心理，形成积极心理，开发潜能。其次，心理健康教育有助于学生正确认识社会和现实及自身，缓解人际冲突，密切人际关系，进而增进社会稳定。再次，心理健康教育有助于学生塑造良好的个性，健全品格发展，提高道德水平，进而净化社会风气。

5. 社会和时代发展的需要

知识经济时代的人才，应该是全面发展的人才，而良好的心理素质是人的全面素质中的重要组成部分。换言之，社会和时代发展需要的人才，首先应该是心理健康的。然而，随着社会竞争的日趋激烈，人们普遍承受着比以往沉重得多的心理压力，各种心理障碍和心理疾病的出现也比过去频繁得多，并呈现出不断增长的趋势。当代青少年儿童是跨世纪的一代，他们正处于身心发展的重要时期，而他们大多是独生子女，竞争的日益加剧加上独生子女这种特殊的家庭地位，很容易使其在学习、生活、人际交往和自我意识等方面产生各种心理问题。在这种情形下，对小学生开展心理健康教育，帮助他们掌握调控自我、发展自我的方法和能力，全面提高他们的心理素质，已成为社会和时代发展的需要。

6. 实施素质教育的需要

良好的心理素质是实施素质教育的重要组成部分，同时也是素质教育的关键。长期以来，在教育实践中，人们往往忽视学生心理素质的培养，特别是忽视意志、个性等非智力因素的培养，而较多地注意智力因素的重要性，这对全面推进素质教育产生了负面效应。近年来，国内有关专家学者所做的大量调查研究表明，当前小学生的心理健康存在相当普遍的问题。正因为认识到了以往"应试教育"的种种弊端，目前，我国的基础教育正从"应试教育"向"素质教育"转轨。素质教育的目的是要提高全体小学生的素质，使他们学会生活、学会求知、学会健体、学会做人、学会审美、学会劳动，而身心健康是基本要求。因此，培养小学生良好的社会适应能力，使其能合理地应对学习、生活、交往及身体发育中出现的种种事件，处理好各种困惑、矛盾和冲突，增进自我调控和自我维护身心健康的能力，对小学生健康成长和发展具有重大的现实意义。最后，心理健康教育有助于调动青少年学生的主动性、积极性和创造性，以科学的态度处理各项实际工作，推动社会经济和文化的发展与进步。

第二节　小学心理健康教育的原则和目标

一、小学心理健康教育的原则

小学心理健康教育以习近平新时代中国特色社会主义思想为指导，全面贯彻党的教育方针，坚持为党育人、为国育才，落实立德树人根本任务，坚持健康第一的教育理念，切实把心理健康工作摆在更加突出位置。注重学生心理和谐健康，加强人文关怀和心理疏导，根据小学生生理、心理发展特点和规律，把握不同年龄阶段学生的心理发展任务，运用心理健康教育的知识理论和方法技能。培育小学生热爱生活、珍视生命、自尊自信、理性平和、乐观向上的心理品质和不懈奋斗、荣辱不惊、百折不挠的意志品质，促进学生思想道德素质、科学文化素质和身心健康素质协调发展，培养担当民族复兴大任的时代新人。

开展小学心理健康教育工作，要以学生发展为根本，遵循小学生身心发展规律，必须坚持以下几个原则：

（一）坚持科学性与实效性相结合

要根据学生身心发展的规律、特点及心理健康教育的规律，科学开展心理健康教育，注重心理健康教育的实践性与实效性，切实提高学生心理素质和心理健康水平。坚持科学性的原则，首先是教师要依据学生身心发展的特点和规律来开展心理健康教育，其次是教师要依据教育教学规律，科学地开展心理健康教育，从目标的制订、规划到方案的设计、实施，从心理活动课程的设计到个体咨询，都要严格按照科学规律，把科学性放在首位，才能切实提高学生心理素质和心理健康水平。

（二）坚持发展、预防和危机干预相结合

要立足教育和发展，培养学生积极心理品质，挖掘他们的心理潜能，注重预防和解决发展过程中的心理行为问题，在应急和突发事件中及时进行危机干预。学校心理健康教育的根本目的在于面向全体学生，预防心理疾病，增进心理健康，促进心理发展，全面提高心理素质，因而必须坚持预防、发展和调治相结合的原则，重在预防和发展。只有坚持预防和促进发展相结合，才能有效地帮助小学生在其自身的条件允许的范围内，达到心理功能的最佳状态，形成对学习、生活和社会环境的良好适应能力。同时对少数小学生面对学习、生活和社会交往等方面存在的困扰和成长中出现的心理危机及时有效地给予帮助和调节，对于极个别有心理问题的小学生给予积极有效的咨询指导和适当的矫治，对出现心理障碍或患有心理疾病的小学生要及时与家长联系，提供建议，介绍到精神卫生机构，由专业人员给予治疗，以保障其心理健康。

（三）坚持面向全体学生和关注个别差异相结合

全体教师都要树立心理健康教育意识，尊重学生，平等对待学生，注重教育方式方法，关注个别差异，根据不同学生的特点和需要开展心理健康教育和辅导。我们需要知道的是，小学教育属于基础教育，也叫国民教育，是以提高全体国民的素质为宗旨的教育，它着眼于受教育者及社会长远发展的要求，以面向全体学生，全面提高其基本素质为根本目的。小学心理健康

教育是素质教育的重要组成部分，是根据小学生身心发展的规律和特点，运用心理教育的方法和手段，旨在培养学生良好的心理素质，促进其身心全面和谐地发展和素质全面提高的教育。面向全体学生进行教育是学校教育工作开展的核心。因而小学生心理健康教育，必须以全体小学生为服务对象，面向全体学生，全面普及有关心理健康的基本知识，以减少心理和行为问题发生的概率，增进小学生心理健康的整体水平。

（四）坚持教师的主导性与学生的主体性相结合

要在教师的教育指导下，充分发挥和调动学生的主体性，引导学生积极主动关注自身心理健康，培养学生自主自助维护自身心理健康的意识和能力。学生主体性原则直接、集中地体现着学校心理健康教育的本质特征。学生主体性原则的基本含义包括两个方面：一是学校心理健康教育是以全体学生为出发点，以增进其心理健康为目的，一切教育的内容和形式都是根据学生不同年龄阶段设计、组织和安排的；二是学校心理健康教育的任何内容和形式，唯有为学生所喜闻乐见，所认可、所接纳、所内化，亦即通过学生的主体活动，才能充分调动他们的积极性和主动性，才能形成其智慧和潜力，从而形成健康的心理。如果离开了学生这一主体，那么任何形式的心理健康教育都是没有意义的。学校心理健康教育必须有学生与教师的参与，二者缺一不可。参与是学生个体表现自我和社会交往的需要，通过参与，将教师在心理健康教育中的科学辅导与学生对心理健康教育的实际需要相结合，才能收到理想的效果。任何健康心理都只能在参与活动的过程中才能形成和发展起来，并且参与的概率和程度直接影响着心理健康教育的成效。

 延伸阅读

一位小学教师的教育案例

刘非（化名）因为父母长年在外地工作，由奶奶爷爷代管。他养成了一些不良行为习惯，对学习提不起兴趣，上课小动作多，还影响别人学习，下课喜欢追逐打闹；作业不做，即使做了，也做不完整，书写相当乱……每天不是科任老师就是学生向我告状。但他比较聪明。我找他谈话。我说："刘非，你非常聪明。如果把聪明劲放在学习上，你肯定是一个出类拔萃的好学生！做一个父母喜欢、老师喜欢的好孩子。"他口头上答应了，可还是没什么改变。

后来，我决定去家访，从多方面去了解他。在这期间，只要他取得点滴的进步，我都采取不同程度的鼓励，促进他的自信心和被信任感，也帮他逐渐从思想上认识到自己存在的问题并努力改正。一次考试时，他竟然考了90分，我抓住时机表扬了他。下课时，他从我手中接过成绩单说："老师，我好好看一下。"我说："难道你不相信吗？"他看完后，非常开心地笑了。还有次，他上课玩玩具手枪，我边讲边走到他身旁。他会意地笑了，立即进入状态。下课后，我有意识地看着他。他立刻就说："老师，我错了！我改！我跟你说我认真学习了，你看我做到了。"我笑了笑，他高兴地跑着玩去了。对于学生的这些变化，我作为班主任也感到很欣慰。老师改变了教育方式，改变了大道理说服法，哪怕是对学生很少的一点关注、一点赏识，也会让学生感到高兴，变成进步的动力。

除了《指导纲要（2012年修订）》提到的上述四项原则以外，我们还需要遵循以下几个教育原则：

（五）民主性原则

心理健康教育的重要任务之一就是全面地了解学生，增进学生的心理健康。在学校教育中，尽管教师和学生所扮演的角色不同，但他们在人格上是平等的，应该互相尊重，互相理解，遵循民主、平等的原则。民主性原则和学生主体性的原则是相辅相成的，想要真正体现学生的主体性，就必须坚持民主性原则。只有以真诚、友爱和平等的态度对待每一个小学生，孩子们才愿意亲近教师，教师才能了解和掌握学生真实的心理，心理健康教育才有针对性，才能在轻松愉快和乐观向上的气氛中进行，从而达到理想的效果。所以，教师在从事心理健康教育的过程中，必须充分尊重每一个小学生的权利与人格尊严。一切居高临下的说教、一切形式的讽刺挖苦和嘲弄学生的行为都是不可取的，都不利于小学生心理健康教育的进行。

（六）差异性原则

差异性原则，也叫个性化原则。小学生心理发展的差异包括群体差异和个体差异。一般来说同一年龄段的小学生群体，其心理发展具有大体相同和相对稳定的心理特点，而不同年龄段或不同年级的小学生群体则无论是智力因素和非智力因素都存在着明显的差异性。比如，低年级小学生的观察和注意具有较大的无意性，而高年级小学生的观察和注意则具有较大的有意性和目的性。再比如，小学阶段思维的发展就总体而言处于由具体形象思维向抽象逻辑思维过渡阶段。低年级小学生虽然抽象思维已开始发展，但具体形象思维仍居相对优势，而高年级小学生其抽象逻辑思维已渐居相对优势。智力因素如此，非智力因素的发展同样如此。这种差异性要求人民教师在小学生心理健康教育的过程中，教育的内容和形式都必须有针对性，要符合不同年龄段小学生心理发展的特点，从而达到理想的教育效果。

（七）多样性原则

多样性原则是由小学生群体和个体心理的差异性、心理需求的多样性，以及心理与行为问题的复杂性决定的。为此，小学生心理健康教育必须符合小学生心理发展的特点，教育的内容应当是具体的、丰富多彩的，富有启发性、感染性的，教育的形式和方法应当是生动活泼、灵活多样的，为小学生所喜闻乐见的，以求最大限度照顾到其心理发展的差异性，满足不同阶段、不同层次和不同个体的心理需要，以提高其心理健康水平。

二、小学心理健康教育的目标

（一）小学心理健康教育的总目标

教育的根本目标是培养符合社会需要的、全面发展的、健全的人。良好的心理素质是学生优良品德发展的基础，是学生学习知识和开发智力的前提，是学生德智体美劳全面发展的必要条件和保障。《指导纲要（2012年修订）》明确提出了中小学心理健康教育的总目标。心理健康教育的总目标是：提高全体学生的心理素质，培养他们积极乐观、健康向上的心理品质，充分开发他们的心理潜能，促进学生身心和谐可持续发展，为他们健康成长和幸福生活奠定基础。

《专项行动计划（2023—2025年）》提出要促进学生身心健康、全面发展，培育学生热爱生活、珍视生命、自尊自信、理性平和、乐观向上的心理品质和不懈奋斗、荣辱不惊、百折不挠的意志品质，促进学生思想道德素质、科学文化素质和身心健康素质协调发展，培养担当民族复兴大任的时代新人。

小学阶段是培养学生自尊、自信的最佳时期，也是学生核心心理素养和健全人格养成的关键期。教师与家长要以赏识教育为理念，让学生信心飞扬。真心赏识每一个学生，激发学生的学习兴趣和求知欲望，形成宽松、和谐的环境氛围，让学生产生在校学习的幸福感、认同感。

工作案例 "阳光播报台"，让阳光住进孩子心里

在某小学四（3）班的家长微信群里有一个"阳光播报台"，记录班级里每天的生活、学习状态，好的方面及时得到表扬和肯定，不足之处提出纠正意见，及时得到老师和家长的帮助和引导。播报小使者是一位活泼开朗的小姑娘，她在妈妈的策划和指导下，在班主任的支持鼓励下，三年来一直坚持每天晚上将自己发现的好人好事及时播报出去。比如："放学后，小昊同学主动留下来为班级打扫卫生，任劳任怨，默默付出。""这几天班级作业完成情况良好，有个别同学没按老师要求完成作业，请自查。""阳光播报台"所带来的力量不容小视，在她的带动下，班里好多同学只要发现美的瞬间，都会在当晚的群里播报出去，传递赞美，营造和谐向上的班级氛围。

（二）小学心理健康教育的具体目标

《指导纲要（2012年修订）》提出了中小学生心理健康教育的具体目标：使学生学会学习和生活，正确认识自我，提高自主自助和自我教育能力，增强调控情绪、承受挫折、适应环境的能力，培养学生健全的人格和良好的个性心理品质。对有心理困扰或心理问题的学生，要及时地进行科学有效的心理辅导，及时给予必要的危机干预，提高其心理健康水平。

根据不同年级小学生的心理发展特点，设定各年级目标如下：

一年级心理健康教育目标：适应新的环境、新的学习生活；乐与老师、同学交往，初步建立人际关系；认识角色任务，培养积极乐观的学习情趣，建立良好行为习惯。

二年级心理健康教育目标：感受集体活动与学习知识的乐趣，形成初步的集体荣誉感；在好行为好习惯的训练中培养"做一个好学生"的意识；学会体谅他人，诚实待人。

三年级心理健康教育目标：掌握必要的学习方法，培养集中注意的能力，有计划地提高注意品质；进一步激发学习兴趣；在班队活动中善与更多的同学交往，萌发集体意识，树立正确的偶像观；养成参与家务劳动的习惯，全面学习作为普通人应该掌握的教养和习惯。

四年级心理健康教育目标：锻炼有意识记忆的能力，增进记忆品质；能够正确对待自己的

学习成绩，勤于思考，不甘落后;有集体荣誉感，并掌握一定的社会行为规范，提高学生的社会适应能力；自觉地控制和改变不良行为习惯，初步学会休闲，提高自我保护意识。

五年级心理健康教育目标：增强学习技能训练，培养良好的智力品质；引导学生树立学习苦乐观，激发学习的兴趣、求知欲望和勤奋学习的精神；培养正确的竞争意识；鼓励参与社会实践活动，提高做事情的坚持性，建立进取的人生态度，促进自我意识发展。

六年级心理健康教育目标：确立学习目标，掌握正确的学习方法，学习如何有效地利用学习时间，获取"一份辛勤一份收获"的愉悦感；形成正确的集体意识及友谊观，克服不良的小团体意识，培养面临毕业升学的适当态度；进行初步的青春期教育。

第三节　小学心理健康教育的主要任务和内容

一、小学心理健康教育的主要任务

《指导纲要（2012年修订）》指出，中小学心理健康教育的主要任务是全面推进素质教育，增强学校德育工作的针对性、实效性和吸引力，开发学生的心理潜能，提高学生的心理健康水平，促进学生形成健康的心理素质，减少和避免各种不利因素对学生心理健康的影响，培养身心健康，具有社会责任感、创新精神和实践能力的德智体美全面发展的社会主义建设者和接班人。

就任务如何具体落实，《指导纲要（2012年修订）》提出，按照"全面推进、突出重点、分类指导、协调发展"的工作方针，不同地区应根据本地实际情况，积极做好心理健康教育工作。

全面推进。目标是普及、巩固和深化中小学心理健康教育，加快制度建设、课程建设、心理辅导室建设和师资队伍建设，积极拓展心理健康教育渠道，建立学校、家庭和社区心理健康教育网络和协作机制，全面推进中小学心理健康教育科学发展，在学校建立规范的心理健康教育服务体系，全面提高全体学生的心理素质。这是小学心理健康教育工作的基础工作。

突出重点。要求工作结合实际情况，利用好地方课程或学校课程科学系统地开展心理健康教育，不要千校万校一个模板。场地设施是必要的基础保障，地方政府和学校要加强心理辅导室建设，切实发挥心理辅导室在预防和解决学生心理行为问题中的重要作用。专业师资是重要人力保障，地方政府和学校要注重并加强心理健康教育师资队伍建设，按照学生数的一定比例配齐专、兼职心理健康教育教师，建立一支科学化、专业化的稳定的中小学心理健康教育教师队伍。

分类指导。主要是对各级政府主管部门的要求和指导，指出大中城市和经济发达地区，要在普遍开展心理健康教育工作的基础上，继续推进和深化心理健康教育工作，努力提高质量和成效，率先建立成熟的心理健康教育服务体系；其他地区，要尽快完善心理健康教育工作机制，建立心理健康教育辅导室和稳定的心理健康专业教师队伍，普遍开展心理健康教育工作。

协调发展。是基于当前各地各校心理健康教育的工作基础存在差异提出的推进策略，要求坚持公共教育资源和优质教育资源向农村、中西部地区倾斜，逐步缩小东西部、城乡和区域之间中小学心理健康教育的发展差距，以中西部地区和农村地区发展为重点，推动中小学心理健康教育全面、协调发展。按照"城乡结合，以城带乡"的原则，加强城乡中小学心理健康教育的交流与合作，实现心理健康教育全覆盖和城乡均衡化发展。同时，着力提高中小学心理健康教育质量和成效，促进学生的心理素质和德智体美全面协调发展。心理健康教育工作先行学校和示范学校要发挥引领作用，基础薄弱的学校要主动学习、借鉴，尽快完善各项条件，提高心理健康教育工作水平。

延伸阅读

各年级段小学生的心理发展特征

一、小学低年级学生的心理发展特点

① 大脑神经活动的兴奋性水平提高，表现为既爱说又爱动。他们的注意力不持久，

一般只有20 ～ 30分钟；好奇、好动、喜欢模仿。

② 形象思维仍占主导，逻辑思维发展水平较低，很难理解抽象的概念。

③ 独立性和自觉性较差，在生活、学习、活动等各个方面都需要成人的监护和具体指导。

④ 对老师有特殊的依恋心理，几乎无条件地信任家长，常说"我妈说了……"。

⑤ 开始评价自己和别人，但评价自己时，只看优点，评价别人时容易受成人的左右。很少能顾及客观外界与自我的关系，多以自我为中心，按自己的目的去行动。

⑥ 情绪容易不稳定且容易冲动，自控力不强。

二、小学中年级学生的心理发展特点

① 相比低年级学生，心理活动趋于稳定，明显的表现是更容易集中注意力听课。

② 他们的语言能力有一定的提高，但处在由第一系统向第二系统转换的过渡阶段，常常出现"有话说不清"的情况。

③ 逻辑思维开始迅速发展，他们在接触"好与坏""正确与错误""主要与次要"等概念时，尽管还有些模糊，但已有了初步的认识。

④ 自我意识逐渐增强，对外界事物有了自己的认识态度，开始尝试自己做出判断，但辨别是非的能力还有限。不再无条件地信任家长和老师，而且特别关注家长和老师是否"公平"。

⑤ 从情感外露、浅显、不自觉，逐渐变得内控、深刻、自觉。但在学习和人际交往中，情绪控制能力还是有限。

⑥ 是从被动学习向主动学习转变的关键阶段，是培养学习能力、意志力和学习习惯的最佳时期。

三、小学高年级学生的心理发展特点

① 认知水平有很大提高，记忆力增强，注意力容易集中，敏锐，逻辑思维开始在思维中占优势，创造思维也有很大的发展。

② 对新奇的事物表现出极大的兴趣，如搜集物品、制作玩具、学习某种特长等，但往往见异思迁，朝秦暮楚。

③ 常把某些脱离实际的幻想当作将来的人生目标，出现盲目崇拜某些明星的现象。

④ 开始进入青春早期，独立自主意识进一步发展，喜欢自发组成小团体，常常认为自己已经长大成人，甚至比大人们还高明，爱自作主张；容易情绪不稳定，顶撞老师和家长。

⑤ 竞争意识增强，不甘落后。更关注学习成绩，对于学习优秀的同学开始产生敬佩之情。

⑥ 自我意识也得到了充分发展，人生观初步形成；意志力仍不够坚定；分析问题的能力还在发展中，遇到困难和挫折容易灰心。

二、小学心理健康教育的主要内容

《指导纲要（2012年修订）》指出，心理健康教育的主要内容包括：普及心理健康知识，树立心理健康意识，了解心理调节方法，认识心理异常现象，掌握心理保健常识和技能。心理健康知识是基础，通过知识的教育和普及提高小学生对心理健康的认知水平，包括对心理异常现象的认识。心理健康意识的树立是关键，要引导小学生在日常生活中关注自己的心理健康，在遇到心理问题和困扰知道要积极应对。了解心理调节方法、掌握心理保健常识和技能是心理保健的策略，帮助小学生学会如何自我调节压力，如何向家长、老师和其他社会力量积极求助。

（一）小学心理健康教育的重点内容

《指导纲要（2012年修订）》指出，心理健康教育的重点是认识自我、学会学习、人际交往、情绪调适、升学择业以及生活和社会适应等6个方面的内容。小学阶段是人生的关键发展阶段，上述6个方面的良好发展对小学生的健康成长至关重要。

认识自我领域的主要教育内容包括对性别、相貌、优缺点、特长、兴趣和个性等方面的认识与接纳，培养自信和乐观的品质，积极努力，不断发展。

学会学习领域的主要教育内容包括初步了解学习的类型，掌握科学的学习方法，学会管理时间、保持注意力，以及如何培养和保持良好的学习兴趣，积极上进。

人际交往领域的主要教育内容包括初步掌握沟通的技巧，懂得相互尊重，培养合作意识和团队合作能力，学会解决人际冲突，建立良好的人际关系。

情绪调适领域的主要教育内容包括初步了解情绪的基本知识、识别情绪，掌握基本的情绪调节方法，积极面对失败和挫折，积极调节情绪，通过自助和他助有效应对压力。

升学择业领域的主要教育内容包括初步了解职业的类型和基本内容，了解升学与生涯发展过程，对职业有基本的认识，初步确立职业发展目标。

生活和社会适应领域的主要教育内容包括了解日常生活的基本常识，学会处理自己的日常事务，养成健康的生活习惯，积极融入班群体，逐步提高对社会的认识，不断发展对社会环境的适应能力。

（二）小学不同阶段的心理健康教育内容

小学心理健康教育还需要注意从学生身心发展特点出发，做到循序渐进，设置分阶段的具体教育内容。

（1）小学低年级（1～2年级）的教育内容主要包括：帮助学生适应新的环境、新的集体、新的学习生活与感受学习知识的乐趣；乐与老师、同学交往，在谦让、友善的交往中体验友情。

活动主题示例：

① 这是我们的校园（适应校园、适应环境）。

② 我成为小学生了（学生意识、角色意识）。

③ 新老师、新同学、新朋友（适应群体、适应集体）。

④ 课堂是知识的海洋（适应课堂、适应学习）。

⑤ 我是一个顶呱呱的人（激发学习自信、激发学习兴趣）。

⑥ 管住自己，养成好习惯（学习习惯、行为习惯）。

⑦ 校园"红灯"与"绿灯"（纪律意识、行为意识）。

⑧ 克服不安、孤独、恐惧（防范心理困扰）。

⑨ 我爱我班（集体意识、角色意识）。

⑩ 谦让、友善朋友多（交友体验、人际交往）。

⑪ "三个和尚有水喝"（群体生活、合作精神）。

⑫ 知识越学越有趣（乐于学习、善于学习）。

⑬ 谁的发现好又多（学习方法、学习能力）。

⑭ 告别"小粗心、小拖拉"（学习习惯、行为习惯）。

⑮ 我是好学生，我会做得更好（自我认识、自我意识）。

⑯ 克服厌学、依赖、交往障碍（防范心理困扰）。

（2）小学中年级（3～4年级）的教育内容主要包括：帮助学生在学习生活中品尝解决困难的快乐，调整学习心态，提高学习兴趣与自信心，正确对待自己的学习成绩，克服厌学心理，体验学习成功的乐趣，培养积极进取的学习态度；培养集体意识，在班级活动中，善于与更多的同学交往，健全开朗、合群、乐学、自立的健康人格，培养自主自动参与活动的能力。学会体验情绪并适当表达自己的情绪；帮助学生建立正确的角色意识，培养学生对不同社会角色的适应；增强时间管理意识，帮助学生正确处理学习与兴趣、娱乐之间的矛盾。

活动主题示例：

① 我爱学习我真聪明（勤学习、动脑筋）。

② 巧解难题真快乐（善于学习、挑战难题）。

③ 情绪"气象台"（了解情绪、认识情感）。

④ 选择快乐，寻找快乐（体验情感、拥抱快乐）。

⑤ 当我烦恼的时候（调节情绪、控制情绪）。

⑥ 当小朋友难过的时候（具有爱心、同情心）。

⑦ 为他人着想（学会关心、学会助人）。

⑧ 愉快的假日生活（学会休闲）。

⑨ 我能行，我来"露一手"（了解自信、培养自信）。

⑩ 让大家喜欢我、需要我（期望自我、表现自我）。

⑪ 人人平等地说"不"没关系（具有自信、实现自我）。

⑫ 谁说"我不行"，我来露"绝招"（排除自卑、展示自我）。

⑬ 诚实的花朵（了解诚实，认识守信）。

⑭ 开放自己，真诚待人（开朗心态、诚实处事）。

⑮ 别人进步我高兴，班级成败我关心（消除嫉妒、关心集体）。

⑯ 集体荣誉感高（集体意识、集体荣誉感）。

（3）小学高年级（5～6年级）的教育内容主要包括：帮助学生正确认识自己的优缺点和兴趣爱好，在各种活动中悦纳自己；着力培养学生的学习兴趣和学习能力，端正学习动机，调整学习心态，正确对待成绩，体验学习成功的乐趣；培养面临毕业升学的进取态度；开展初步的青春期教育，引导学生进行恰当的异性交往，建立和维持良好的异性同伴关系，扩大人际交往的范围；帮助学生克服学习困难，正确面对厌学等负面情绪，学会恰当地、正确地体验情绪和表达情绪；积极促进学生的亲社会行为，逐步认识自己与他人、社会、国家和世界的关系；培养学生分析问题和解决问题的能力，为初中阶段学习生活做好准备。

活动主题示例：

① 大哥哥、大姐姐的风采（兄姐意识、责任意识）。

② 我是男生，我是女生（性别角色意识、角色辅导）。

③ 男女生对对话（异性交往、交往辅导）。

④ 谁会接受你的批评？（人际关系、交往技巧）。

⑤ 勇而有谋，急中生智（自我保护意识）。

⑥ 相貌与成功，幽默与快乐（审美能力、幽默生活）。

⑦ 勤奋与积累，学习与状态（学会学习、升学准备）。

⑧ 合理安排时间，集中精力学习（合理安排学习）。

⑨ 学习状态的自我诊断（学习状态、自我认识）。

⑩ 巧识记，会反思，主意多（学习方式、思维习惯）。

⑪ 时间的妙用（学习习惯、学习技巧）。

⑫ 勤劳无价，毅力无穷（学习毅力、不断进取）。

⑬ 克服考前小紧张（松弛训练、消除焦虑）。

⑭ 我的小学生涯，骄傲！（总结自我、面向未来）。

⑮ 说一声：母校，再见！（师生情怀、母校情结）。

⑯ 初中，我来啦！（中小学衔接、心理准备）。

第四节 小学心理健康教育的途径和方法

《指导纲要（2012年修订）》对具体实施中小学心理健康教育的途径和方法，从六个方面进行了阐述。

一、将心理健康教育始终贯穿于教育教学全过程

1. 全员参与

全体教师都应自觉地在各学科教学中遵循心理健康教育的规律，将适合小学生特点的心理健康教育内容有机渗透到日常教育教学活动中。校园的安保及其他服务人员也应该接受培训，以充分发挥全员育人的功能，为小学生心理健康发展创造良好的校园环境。

2. 发挥教师的示范作用

教师在各种教育教学活动中与学生积极互动，展示自己乐观、自信、友善、勤奋、上进的积极心理品质，发挥教师人格魅力和为人师表的作用，与学生建立民主、平等、相互尊重的师生关系。

3. 多途径实施

树立健康第一的理念，把心理健康教育与班主任工作、班团队活动、校园文体活动、社会实践活动等有机结合，充分利用网络等现代信息技术手段，通过线上线下相结合、课堂内外相结合，多种途径开展心理健康教育。

 延伸阅读

五育并举促进心理健康

① 以德育心。将学生心理健康教育贯穿德育思政工作全过程，融入教育教学、管理服务和学生成长各环节，纳入"三全育人"大格局，坚定理想信念，厚植爱国情怀，引导学生扣好人生第一粒扣子，树立正确的世界观、人生观、价值观。

② 以智慧心。优化教育教学内容和方式，有效减轻义务教育阶段学生作业负担和校外培训负担。教师要注重学习掌握心理学知识，在学科教学中注重维护学生心理健康，既教书，又育人。

③ 以体强心。发挥体育调节情绪、疏解压力的作用，实施学校体育固本行动，开齐开足上好体育与健康课，支持学校全覆盖、高质量开展体育课后服务，着力保障学生每天校内、校外各1小时体育活动时间，熟练掌握1～2项运动技能，在体育锻炼中享受乐趣、增强体质、健全人格、锤炼意志。

④ 以美润心。发挥美育丰富精神、温润心灵作用，实施学校美育浸润行动，广泛开展普及性强、形式多样、内容丰富、积极向上的美育实践活动，教会学生认识美、欣赏美、创造美。

⑤ 以劳健心。丰富、拓展劳动教育实施途径，让学生动手实践、出力流汗，磨炼意志品质，养成劳动习惯，珍惜劳动成果和幸福生活。

二、开展心理健康专题教育

1. 发挥课程教学主渠道作用

利用地方课程或学校课程开设心理健康教育课。各学段至少安排一个年级每两周开设1课时心理健康活动课。小学心理健康教育课应以活动为主，可以采取多种形式，包括团体辅导、心理训练、问题辨析、情境设计、角色扮演、游戏辅导、心理情景剧、专题讲座等。

2. 教育教学活动注重学生心理健康发展

小学心理健康教育教学活动要防止学科化的倾向，避免将其作为心理学知识的普及和心理学理论的教育，要注重引导学生心理、人格积极健康发展，最大程度地预防学生发展过程中可能出现的心理行为问题。通过课程教学帮助学生掌握心理健康知识和技能，树立自助互助求助意识，学会理性面对挫折和困难。

 延伸阅读

心理健康教育的学科教学渗透法

将心理健康教育的内容融入学科教学，通过二者的有机结合，可以使学生在掌握学科知识的过程中接受心理健康教育。运用学科教学方法进行心理健康教育要注意几个问题：

1. 要注意挖掘学科教材中的心理教育内容

不管什么学科的教学从心理学和教育学意义上看，都是对学生心理的发展施加影响的过程，在教学中我们注意挖掘和组织好对学生心理产生重要影响的学习内容，使其在教学过程中潜移默化地影响学生的心灵，这就会使学科教学过程收到事半功倍的心理教育效果。

2. 要注意学科教学活动的设计

学生的心理是在活动中发生发展的，教师要精心设计每一堂学科课程的教学，调动学生主动参与整个教学活动过程，尽可能使每个学生有展现自我的机会，使他们的心理素质通过参与教学活动过程得到训练与提高。

3. 构建良好的课堂心理教育环境

学科教学中心理教育的成功与否，关键还在于教育者与受教育者的心理融合程度。因此构建和谐良好的课堂心理教育环境就显得非常重要。教师应和谐平等地对待每一位学生，尊重学生的人格，把他们看成是自己的朋友。在情感相容的基础上，创造出一种无拘无束，平等交流的心理氛围。同时，还要特别关注学习困难的学生，对这些学生不能仅从提高他们的学习成绩方面下功夫，而应着重分析造成学习困难的心理原因并加以辅导。

三、开展心理健康辅导

1. 建好心理辅导专门场所

心理辅导室是心理健康教育教师开展个别辅导和团体辅导，指导帮助学生解决在学习、生活和成长中出现的问题，排解心理困扰的专门场所，是学校开展心理健康教育的重要阵地。小学要按要求建设专门的场地，包括接待室、个体心理辅导室、团体心理辅导室、宣泄室和档案室等，配备基本办公设施和沙盘、艺术治疗工具、团体心理活动工具箱、宣泄设备、心理测量系统等必要的设备设施。

2. 心理辅导与危机预警和干预相结合

小学要健全心理辅导室值班、预约、面谈、转介、追踪和反馈等制度，确保每周开放时间不少于10小时，通过个别辅导、团体辅导等形式，利用电话、网络等媒介，提供规范便捷的心理辅导服务，满足学生的求助需求。在心理辅导过程中，教师要树立危机干预意识，对个别有严重心理疾病的学生，能够及时识别并转介到相关心理诊治部门。

3. 规范开展心理辅导

心理辅导是一项科学性、专业性很强的工作，心理健康教育教师应遵循心理发展和教育规律，向学生提供发展性心理辅导和帮助。开展心理辅导必须遵守职业伦理规范，在学生知情自愿的基础上进行，严格遵循保密原则，保护学生隐私，谨慎使用心理测试量表或其他测试手段，不能强迫学生接受心理测试，禁止使用可能损害学生心理健康的仪器，要防止心理健康教育医学化的倾向。

四、做好心理危机预警和干预

1. 做好心理测评和心理档案建设

面向低年级小学生应注意日常的观察和家校互动，对小学高年级学生每年至少开展一次心理健康测评，了解学生的心理健康水平。科学规范地运用测评结果，建立"一生一策"心理健康档案。

2. 建立心理危机预警机制

小学要建立"学校、年级、班级"三级心理危机预警体系。加强春季、入学季、考试季等重要时间节点上特殊群体的心理危机排查，针对有心理问题倾向的学生，按照"一人一案"原则，为其提供个性化的心理辅导和帮助，建立个别化的心理发展档案。

3. 做好心理危机干预

小学生出现自杀自伤、伤人毁物倾向等严重心理危机时，学校要及时协助家长送医诊治，引导家长科学理性积极地配合治疗，帮助学生恢复心理健康。学校要提升应急处置能力，妥善做好学生突发事件善后工作。

五、密切联系家长共同实施心理健康教育

1. 实施家校共育

建立健全家校沟通交流机制，畅通家长委员会、家长学校、家长会、家长开放日等家校沟通渠道，每年面向家长至少开展1次心理健康教育活动，及时沟通学生心理健康状况。完善家

访制度，将学生家庭情况、成长环境与经历等作为心理普查建档的重要内容，将家庭教育、家校沟通作为学生心理预警体系的重要组成部分。

2.办好家长课堂

学校通过家长课堂、家长会等途径，帮助家长树立正确的教育观念，了解和掌握孩子成长的特点、规律以及心理健康教育的方法，加强亲子沟通，注重自身良好心理素质的养成，以积极健康和谐的家庭环境影响孩子。指导家长根据不同年龄阶段孩子的心理发展特点和规律，科学理性地开展家庭教育和心理疏导，帮助家长掌握亲子沟通的知识、方法和技能，提升识别和应对子女心理问题和危机干预的意识与能力，指导家长对疑似有严重心理问题的学生到医疗等专业机构寻求帮助。

六、充分利用校外教育资源开展心理健康教育

学校要加强与各种校外机构的联系与合作，如校外心理服务机构、社区、居委会、少年宫、关心下一代委员会、未成年人心理维护中心等。组织开展各种有益于中小学生身心健康的文体娱乐活动和心理素质拓展活动，拓宽心理健康教育的途径。汇聚各方力量，形成合力，共同促进学生的心理健康。

 工作案例 ｜｜ **重庆市南岸区：五位一体的积极心育体系**

课程正心，建构积极心育课程体系。"学校引进心理专业毕业生，以优质师资保障课堂专业水平；每两周每班开设至少1节心理健康课，专时专用保障时长；编写专用培训指南，聚焦不同学段学生积极品质培育和潜能开发。"天台岗小学教育集团党委书记左荣说。

环境润心，培育积极心育环境文化。南岸区一方面创造优美的校园文化环境，另一方面营造积极向上的精神氛围，专设师生关系课，共建和谐师生关系。

活动健心，拓展积极心育实践阵地。"我们经常开展面向师生、家长的特色活动。"左荣说，同时学校还积极开展校园文体活动，举办体育节、艺术节等帮助学生释放压力、培养积极心态。

辅导愈心，为心理健康构筑防线。南岸区每学年定时为学生进行心理检测并建档，整理系统预警名单，心理老师开展访谈、评估、疏导后筛出需要心理干预的学生，进行个体或团体辅导。

协同护心，构建家校心育共同体。陈曦说，天台岗雅居乐小学心理中心发挥家庭教育指导作用，通过丰富的活动，引导家长了解孩子的成长规律，营造健康积极的家庭环境，建立温暖和谐的亲子关系，提高家长识别子女心理危机的能力。

（来源：光明网）

实践教学

主题：小学心理健康教育状况调研

结合本章学习的内容，分小组调研当地小学心理健康教育工作状况，撰写一篇调查报告。具体要求：

① 分小组完成。小组成员在充分讨论的基础上拟定调研方案。

② 选择一所城市或乡村小学进行调研。调研内容尽可能全面，包括学校心理健康教育的各个方面。调研方法可以访谈法和问卷法结合。

③ 撰写调研报告。对调研获取的信息进行细致分析，找出优势和特色，发现问题和不足，并进行原因分析，尝试给出对策和建议。

④ 调研报告的要求：结构完整，条理清晰，内容全面，字数不少于3000字。附上小组成员分工、调研活动照片、调查问卷和访谈提纲。

可以参考下面的调研报告的写法。

 延伸阅读

调研报告的写法

一、调研报告的结构和内容

调研报告一般由标题和正文两部分组成。

（一）标题

标题可以有两种写法。一种是规范化的标题格式，即"发文主题"加"文种"，基本格式为"××关于××××的调研报告""关于××××的调研报告""××××调研"等。另一种是自由式标题，包括陈述式、提问式和正副标题结合式三种。陈述式如《东北师范大学硕士毕业生就业情况调研》，提问式如《为什么大学毕业生择业倾向沿海和京津地区》，正副标题结合式，正题陈述调研报告的主要结论或提出中心问题，副题标明调研的对象、范围、问题，这实际上类似于"发文主题"加"文种"的规范格式，如《高校发展重在学科建设——××××大学学科建设实践思考》等。作为公文，最好用规范化的标题格式或自由式中正副题结合式标题。

（二）正文

正文一般分前言、主体、结尾三部分。

① 前言。有几种写法：第一种是写明调研的起因或目的、时间和地点、对象或范围、经过与方法，以及人员组成等调查本身的情况，从中引出中心问题或基本结论来；第二种是写明调研对象的历史背景、大致发展经过、现实状况、主要成绩、突出问题等基本情况，进而提出中心问题或主要观点来；第三种是开门见山，直接概括出调研的结果，如肯定做法、指出问题、提示影响、说明中心内容等。前言起到画龙点睛的作用，

要精练概括，直切主题。

②主体。这是调研报告最主要的部分，这部分详述调查研究的基本情况、做法、经验，以及分析调查研究所得材料中得出的各种具体认识、观点和基本结论。

③结尾。结尾的写法也比较多，可以提出解决问题的方法、对策或下一步改进工作的建议；或总结全文的主要观点，进一步深化主题；或提出问题，引发人们的进一步思考；或展望前景，发出鼓舞和号召。

对某一情况、某一事件、某一经验或问题，经过在实践中对其客观实际情况的调查了解，将调查了解到的全部情况和材料进行"去粗取精、去伪存真、由此及彼、由表及里"的分析研究，揭示出本质，寻找出规律，总结出经验，最后以书面形式陈述出来，这就是调研报告。

调研报告的核心是实事求是地反映和分析客观事实。调研报告主要包括两个部分：一是调查，二是研究。调查，应该深入实际，准确地反映客观事实，不凭主观想象，按事物的本来面目了解事物，详细地占有材料。研究，即在掌握客观事实的基础上，认真分析，透彻地揭示事物的本质。至于对策，调研报告中可以提出一些看法，但不是主要的。因为，对策的制定是一个深入的、复杂的、综合的研究过程，调研报告提出的对策是否被采纳，能否上升到政策，应该经过政策预评估。

二、写好调研报告的几点建议

第一，必须掌握符合实际的丰富确凿的材料，这是调研报告的生命。丰富确凿的材料一方面来自实地考察，另一方面来自书报、杂志和互联网。在知识爆炸的时代，获得间接资料似乎比较容易，难得的是深入实地获取第一手资料。这就需要眼睛向下，脚踏实地地到实践中认真调查，掌握大量的符合实际的第一手资料，这是写好调研报告的前提，必须下大功夫。

第二，对于获得的大量的直接和间接资料，要做艰苦细致的辨别真伪的工作，从中找出事物的内在规律性，这是不容易的事。调研报告切忌面面俱到。在第一手材料中，筛选出最典型、最能说明问题的材料，对其进行分析，从中揭示出事物的本质或找出事物的内在规律，得出正确的结论，总结出有价值的东西，这是写调研报告时应特别注意的。

第三，用词力求准确，文风朴实。毛泽东的《湖南农民运动考察报告》是很好的典范。写调研报告，应该用概念成熟的专业用语，非专业用语应力求准确易懂。通俗应该是提倡的，特别是被调查对象反映事物的典型语言，应在调研报告中选用。目前，盲目追求用词新颖，把简单的事物用复杂的词语来表达，把简单的道理说得云山雾罩、玄而又玄，实际上是学风浮躁的表现，有时甚至有"没有真功夫"之嫌。

调研报告一般是针对解决某一问题而产生的。报告需要陈述问题发生发展的起因、过程、趋势和影响。如果用词概念不清，读者就难以了解事物的本来面目，也就达不到解决问题的目的。尤其是政策调研报告，用词准确有助于政策决策者迅速准确地理解调研报告的内容，有利于政策制定和调整的正确性。

第二章

小学心理健康教育课程教学

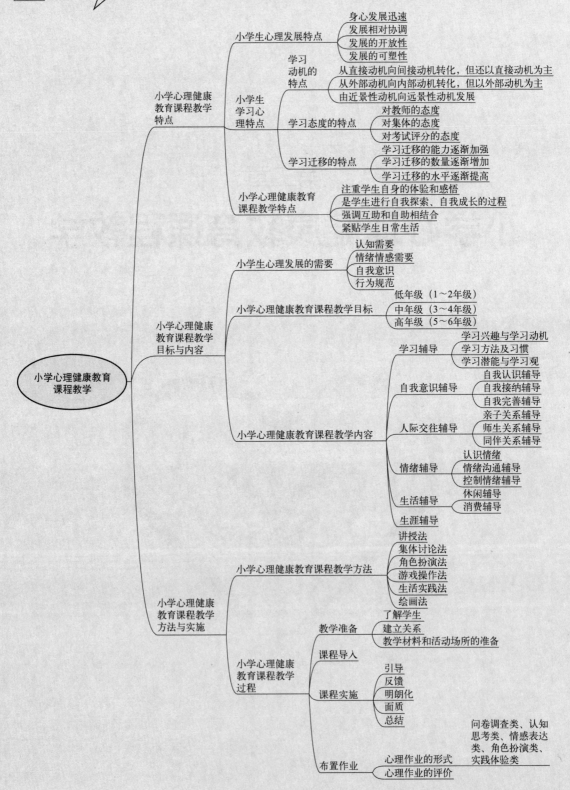

学习目标

① 了解小学心理健康教育课程的特点和小学生心理发展的特点，掌握小学心理健康教育课程的目标与内容。

② 掌握小学心理健康教育课程的教学方法与实施过程，能够设计一堂心理健康教学活动。

③ 理解小学心理健康教育课程与小学生心理发展特点的适配性，能够以生为本进行设计。

案例导入 ·······☺

六年级的一节心理健康教育课上，余老师首先以小品的形式演绎了学生自己身边的人和事，激发了学生强烈的参与欲望。接着，余老师抛出了两个问题："假如你是小刚，你会怎么做？如果你是这位老师，你又会怎么做？"

随后余老师又问大家："哪个老师的批评让你这辈子也忘不了？"引导学生回忆过往，述说"心结"，通过和老师、同伴的聊天互动打开"心结"。

最后余老师让学生在心愿卡上写出"心目中的好老师"，将活动推向了高潮，老师也更深入地听到了学生的心声。

教学效果：这节课，教师没有过多地讲解，充分让学生自己去思考、去总结、去想办法，只在必要时给学生以提示。老师以问题贯穿课堂，带领学生在挫折上体验，在感悟中提升，对学生学会如何积极面对批评和否定，有一定的教育作用。

存在问题：教学过程中，一男生回忆时说："老师在批评我时我在那里笑，老师就让我站到教室外面去。"余老师刚开始反应很迅速，问："你是在什么情况下笑？"让学生去发现自己的问题。但老师让学生罚站是一种体罚行为，应该要予以否认，课堂中余老师并没有指出那位老师的不妥之处。

对策建议：余老师没有共情到该生被批评后的心情，观念上站在教师的视角审视学生"不恰当的笑"。较为合适的回应可以这么说：你当时被老师要求站到教室外，一定非常委屈（走到学生身边拍拍他的肩）；老师批评我们可能是希望我们表现得更好，但是如果老师能采取合适的方式，照顾到我们的心理感受，相信我们会更乐意接受。以后，我们在和别人相处的时候，能适当考虑他人的感受，就可以减少冲突，让人际关系变得更和谐。

课堂处处是学问，时时在教育。注重每个细节，从内心里尊重学生，以爱感化学生，才能充分发挥课堂教学的育人功能。

第一节 小学心理健康教育课程教学特点

小学阶段是儿童身体成长发育的重要时期，也是心理发展的重要阶段。正确认识和把握小学生的心理发展特点是开展小学心理健康教育课程教学的基础和依据。

一、小学生心理发展特点

小学时期是童年期向青春期过渡的时期，在这一阶段其心理发展有自身的特点。

一是身心发展迅速。在这一阶段小学生的心理和行为快速发展，尤其是心理方面的发展，使他们的智力和思维能力达到较高水平，以思维为核心的智力活动不断丰富，开始由具体形象思维向抽象逻辑思维过渡来面对内容更丰富、难度更大的小学学校教育活动，因此小学阶段更是智力迅速发展的好时期。

二是发展相对协调。小学阶段的学生发展虽快速但各方面发展相对协调均衡。与婴儿期和青春期相比，小学生的身体外形、体制机能特别是脑和神经系统的发育过程都是比较均匀和平衡的，因此有的研究者也会将小学阶段形象地称为"潜伏期"或"恬静期"。发展的协调性突出表现在品德方面的发展，小学生的言与行、动机和行为比较一致，这有助于小学生品德和社会性的形成。

三是发展的开放性。小学生因生活经验较少，内心世界比较简单，所以很容易将内在心理活动表露出来，不善于修饰和控制。例如成年人可以比较容易地通过小学生的面部表情、言语和行为动作推测出小学生的情绪和情感。小学生在成长中有更大的包容性和开放性，这有利于师生、亲子沟通，亲子关系、师生关系和同伴关系也比较融洽。因此，小学阶段是教育者了解学生真实心理活动从而进行教育塑造的好时机。

四是发展的可塑性。小学生尚处于发展的早期阶段，虽然他们的智力水平、个性、品德和社会性方面快速发展，但相比于初高中生其心理发展与变化具有较大的可塑性，无论是智力还是个性在该阶段都是比较容易培养的，不良习惯也可以通过教育进行矫正，因此小学心理发展的可塑性有助于小学生良好心理品质和行为习惯的养成。

二、小学生学习心理特点

学习是小学生的重要活动并影响小学生的成就动机、价值观及自我认识等方面。小学的课堂学习与幼儿园中以游戏为主的活动截然不同，教师、家长对孩子的要求也从幼儿标准上升到小学生标准。作为教育者，在进行教育教学之前必须先把握小学生的学习心理特点，才能对他们进行有效指导。

学习心理是指与学习活动紧密相关的非认知系统的心理因素及其倾向性，是学生在获得、巩固知识与技能的过程中，内心世界产生的一种感受与体验，其外延广泛，内容丰富，下面，我们将从学习动机、学习态度、学习迁移三个方面进行阐述。

（一）小学生学习动机的特点

学习动机关系到学生是否愿意学习、学习效率和效果如何等，因此在教学过程中教师要特别重视激发和培养学生的学习动机。

① 学习动机从直接动机向间接动机转化，但还以直接动机为主。低年级学生比较容易被有趣的学习内容、直观形象的授课方式和活泼多样的学习活动所吸引，学习动机多是来源于学习活动本身的吸引，为满足好奇心和兴趣的直接动机。到了高年级，小学生逐渐将学习活动与学习结果和目的相联系，指向未来的间接目标，如希望将来考上理想的大学，成为一名科学家等。

② 学习动机从外部动机向内部动机转化，但以外部动机为主。低年级学生在刚接触学习时并不能理解学习的意义，他们往往是为了获得老师、家长的表扬和同学们的羡慕而学习，因此他们会对自己的考试分数和名次，以及是否能获得奖励十分关心。随着年龄的增长和学习活动的不断深入，小学生开始对学习产生兴趣，开始为了解决某个问题和掌握某种知识、技能而学习，学习动机也开始向内部动机转化。

③ 学习动机由近景性动机向远景性动机发展。低年级小学生学习更多的是服从眼前利益和学校要求，还不能认识到学习是学生的一种社会义务与责任，他们进行学习主要是遵循父母和老师的要求。随着知识经验的积累，中年级学生开始逐步理解学习的社会意义，懂得了现在的学习与将来想要达到的目标之间的关系。到了高年级，这种认识进一步加深，从而形成远景性动机。

（二）小学生学习态度的特点

态度指个体对待社会、对待他人和自己的一种心理倾向，小学生在学习的过程中初步形成对教师的态度、对集体的态度及对考试评分的态度，进而影响小学生总体的学习态度。

① 对教师的态度。小学生对于教师的态度最典型的特征就是向师性，这种对教师的无限崇拜、信任和依恋的心理会随着年龄的增加而不断减少。低年级的学生会对教师有绝对的信任，希望得到教师的喜爱和表扬。到了中高年级，学生对教师的无条件遵从的态度逐渐减弱，学生更倾向于那些教学水平高、对学生有耐心、公平公正的教师。但总体而言，小学生的向师性依然是很突出的，且会很大程度上影响他们对待学习的态度。

② 对集体的态度。初入学的小学生仍带有幼儿时期的较为强烈的自我中心意识，对班集体的认识较少，同伴关系也较为松散。在教师的教育引导下开始逐渐建立起班集体意识，开始重视班集体荣誉，对班集体产生热爱。班集体对学生的学习态度有影响，一个良好的班集体就像一座熔炉，陶冶着每一个学生的思想、作风、品德，带动着班内每个学生前进。因此，学生对集体和教师的积极情感也有利于激发其学习积极性。

③ 对考试评分的态度。从小学开始，学生开始意识到分数的意义，分数也很大程度影响其心理。低年级学生会夸大分数的意义，认为分数不仅仅代表成绩的好坏，还是衡量好学生和坏学生的标准。从中年级开始，小学生开始更全面地看待分数，认为分数代表某一段时间的学习效果。但不得不承认的是，在现行教育体制下，很多家长也不能客观全面地认识孩子的考试评分，这也极大地影响了学生对待分数的态度。因此，作为教育者，我们应结合学生的各方面表现全方位地评价学生，使学生对分数有正确理解和认识，从而激发其学习积极性，而不仅仅是唯分数论。

（三）小学生学习迁移的特点

学习迁移是指一种学习对另一种学习的影响，或学习得的经验对完成其他活动的影响。小学生的学习迁移有如下特点：

① 学习迁移的能力逐渐加强。低年级的小学生在小学初期由于年龄较小，知识经验缺乏，学习常常无明确目标，更不用说有意识地进行学习迁移。随着学习不断深入，开始要求小学生要对所学内容进行独立思考和概括，并在生活和实践中不断自主探索和运用所学原理解决问题，促使学习迁移的产生。因此，小学生的学习迁移能力逐渐加强。

② 学习迁移的数量逐渐增加。随着学习迁移能力的不断提升，加之教师和家长有指导的迁移训练，迁移在学习活动中越来越多，数量也随之增加。

③ 学习迁移的水平逐渐提高。小学生的迁移水平是随着年龄增长、知识积累和思维发展而逐渐提高的。低年级学生的思维以具体形象思维为主，所以他们较容易对具体的知识和技能进行迁移。高年级学生思维以抽象逻辑思维为主，逐步掌握抽象、本质特征的成分，所以他们可以对原理进行迁移。

三、小学心理健康教育课程教学特点

相较于其他传统意义上的知识型学科教育，中小学心理健康教育工作存在一定的特殊性，尤其是在课程教学方面，它有如下鲜明特点：

（一）注重学生自身的体验和感悟

体验性是心理健康教育课程的重要特征。衡量一堂心理健康课是否成功有效，很大程度上是评价参与课堂的学生内在是否产生真切的体验及体验的程度。心理健康教育课程教学的目标不是传授心理学的知识，而是要通过一系列的心理辅导活动丰富学生的内心体验。只有经历学生主体内在心理历程并使学生在交流和思维碰撞中产生深刻的情绪情感体验的心理健康教育课程，才能真正促进学生的心理品质和能力的发展。需要注意的是，体验性虽强调的不是活动结果而是活动过程，但并非有活动就有体验，而是教师须通过创设一定的情境、营造一定的氛围促使学生在活动过程中思考和感悟，于活动中潜移默化地影响学生成长。

（二）是学生进行自我探索、自我成长的过程

不同于学校其他学科教给学生关于自然科学知识、人文社会知识，心理健康教育更强调的是关于自己的知识。心理健康教育认为学生本身即是一个开放的系统，教育的过程是学生对自我的一种主动建构，每个学生都可以基于自己原有的知识经验，主动地感受教师所创设的活动环境的影响，以实现自身认知结构的重建和改造，不断生成新自我的目的。学生在建构和生成的相互作用中，通过教师的帮助发现自己的问题，认识自我、调节自我、完善自我并找到解决问题的办法。学生只有经历过自我探索，才会获得相关经验，进而得到真正的成长。

（三）强调互助和自助相结合

心理健康教育课程是以群体动力学理论为基础的一种集体心理辅导模式，该理论认为除环境和个性之外，人际关系互动也是影响个体行为非常重要的因素。我们总认为学校是传授知识

的场所，教师是知识的传授者，学生是知识的接受者。但心理健康教育课程更注重学生的主体地位，强调学生自身知识和经验的主动建构。心理健康教育是对学生内在心理活动和感悟进行工作，相较于面对老师和家长的掩饰和对抗，学生与同伴之间的人际互动显得更容易、更真实。心理健康教育课程面向全体学生，学生们在活动中自由讨论，充分开放自己的心灵，在师生之间和生生之间的他助、互助活动中培养良好的心理品质，实现心理自助。

（四）紧贴学生日常生活

传统的学科教学在课程设计及实施时往往以教材为中心，系统传授具体的学科知识。而心理健康教育课程的设计与实施都应当以学生为主体，教师依据学生身心发展的规律预设内容，同时兼顾学生当时的身心发展需求。苏霍姆林斯基曾说过"只有学生把教育看作是自己的需要而乐于接受时，才能取得最佳的教育效果"。所以心理健康教育课程要围绕学生的实际来选择内容，设计的活动也必须是学生所感兴趣和熟悉的，与他们的生活密切联系才能引起他们的注意和重视，激起学生的主动性和积极性。

第二节　小学心理健康教育课程教学目标与内容

一、小学生心理发展的需要

　　小学阶段学生的年龄基本在6～12岁，根据埃里克森人格发展阶段理论，这一时期的小学生正处于勤奋感和自卑感的冲突期，也是勤奋感和自信感培养的关键期。与幼儿园不同，小学生需要适应新的学习活动、生活节奏和人际交往模式，在这个过程中，小学生的认知、情绪情感、自我意识和行为规范都得到显著发展。

（一）认知需要

　　进入小学阶段，小学生要逐渐改变幼儿期的学习、生活习惯以面对新的、更加艰巨的学习和发展任务，同时也会对周围的事物产生好奇心，开始独立思考、学习新知识。在这个过程中难免会遇到挫折和失败，因此教育者要引导小学生正确地对成功和失败归因，激发小学生学习兴趣。此外，儿童期是个体智力发展的关键期，教育者要引导小学生亲身体验，在掌握基本知识和技能的同时，不断开发小学生的智力，学会科学用脑，增强学习能力和创造力。

（二）情绪情感需要

　　培养良好的情绪情感，保持积极向上、乐观的心态是一个人健康成长的关键，也是小学生心理健康、提高学习成绩的关键。随着年龄的增长，小学生的情感需求逐渐增加。他们渴望得到家长的关爱和支持，希望与家长建立良好的沟通和互动。同时，他们也需要与同伴建立友谊和信任，以满足社交需求。所以，在小学阶段，教师要引导小学生体验和理解自己的情绪情感，帮助缓解负面情绪的困扰。

（三）自我意识

　　正确认识自我和完善自我是小学阶段的另一个重要发展任务。与其他心理活动相比，自我意识开始得比较晚。随着小学生年龄的增长，小学生开始关注自己的外在形象和他人对自己的评价。所以，在整个小学阶段家长和教师要不断地鼓励和支持小学生，以帮助他们培养良好的自我概念，正确认识自我、评价自我最终建立积极的自我认同和自信心，学会自我管理。

（四）行为规范

　　教育的重要任务之一就是培养学生良好的道德品质和道德行为，小学生正处于道德认识提高、道德情感形成、道德行为定型和道德意志磨炼时期，通过对外界不断地实践探索中逐渐认识到行为规范的重要性，他们开始学习遵守学校和家庭的规则。作为教育者应科学、合理、有效地进行道德教育，以培养小学生良好的行为习惯和道德品质。

二、小学心理健康教育课程教学目标

　　第一章，我们学习了心理健康教育的总目标和具体目标。心理健康教育课程是实现心理健康教育目标的主要途径和手段。相较于个别心理辅导，心理健康课程立足于全体学生，以心理活动为载体，从心理发展的角度，全方位关注儿童青少年的健康成长，为学生的人格发展起到导向和辅助的作用。心理健康教育课程的教学目标是教师通过开展心理活动预期达到的结果或标准，是学生通过心理健康课之后所要产生的心理和行为上的变化，它不仅是教学内容的浓缩，还对整个教学过程起导向作用。所以，教师在设计心理健康教育课程的内容之前需先确定课程的教学目标。

小学阶段既是儿童生理成长的重要时期，也是其心理发展的重要转折期。低年级和高年级的学生有着截然不同的身心状态，低年级的学生还具有学前儿童的心理特征，到了小学高年级阶段，随着生理的发育，学生开始逐步进入青春期，同时经过家庭、学校和社会三方面的教育影响，小学生的认知能力、社会情感及个性特征都在不断发展变化。整个小学阶段充斥着"动荡和改变"，因此教师在确定教学目标时须关注小学生一到六年级不同年龄阶段的身心发展特点，以更好的设计教学内容，实施心理健康教育课程教学。下面，我们将1～6年级分为低、中、高三个学段来阐述具体的教学目标。

（一）低年级（1～2年级）

低年级的小学生认知方面逐步形成直观、具体、形象的逻辑思维能力，对小学生活进行初步的探索，好奇、好动、注意力不集中、特别信任老师及情绪不稳定是这个阶段小学生的典型特征。基于上述特征，小学低年级心理健康教育课程的教学目标如下：

自我成长： 帮助学生初步了解自己的生命来源和外在特征，形成正确的自我意识，能进行简单的自我介绍。

学会学习： 引导学生初步适应学习环境，感受学习乐趣，克服上学焦虑；培养学生纪律意识、时间意识和规则意识；初步养成良好的学习习惯，了解常用的学习方法；帮助学生培养注意力、观察力等学习能力。

社会生活： 初步树立人际交往意识，乐于与人交往，培养礼貌友好的交往品质；培养学生适时适度地做出情绪反应的能力，初步学会自我控制；知道自己在学校和家里的责任，对学习生涯有初步的认识。

（二）中年级（3～4年级）

小学中年级学生在心理和学习上与低年级学生有很多不同，在认知方面，思维从具体形象思维向抽象思维过渡、有意识记开始快速发展，注意的稳定性也有所提高。在情绪方面，小学生的情绪开始从外露、浅显，不自觉向内控、深刻、自觉方面发展，但整体情绪控制能力有限。相比于低年级，此阶段的学习逐渐占据主要地位，但学习任务较轻，也没有过多的升学压力，学生开始从被动学习向主动学习转变，所以这一阶段也是培养学生学习能力的最佳时期。

此阶段心理健康教育课程的教学目标应在低年级阶段的基础上进一步深入。

自我成长： 引导学生初步认识生命的特点，学会尊重和珍惜生命；进一步认识自我，培养积极的自我意识。

学会学习： 进一步培养学生学习能力，激发学习兴趣和探究精神；初步树立独立意识；训练注意力、观察力、想象力和记忆力等学习能力。

社会生活： 融入集体，帮助学生掌握正确的人际交往的方法，形成开朗合群的性格；体验快乐，学会合理表达情绪和简单的情绪调控方法；学会适应角色，增强时间管理意识；初步探索自己的兴趣和爱好，加深对学习生涯的认识。

（三）高年级（5～6年级）

随着身体生理各方面的成熟，小学高年级的学生开始由儿童期向青春期过渡。在这一阶段，学生的抽象思维有了一定的发展，理解能力明显提升，但学业任务增多，压力变大。随着第二性特征的出现，小学高年级的学生心理上也开始出现一些波动。学业压力、成长困惑、小初衔接等因素都对高年级的心理健康教育提出了较大的挑战。

此阶段心理健康教育课程教学目标如下：

自我成长：初步认识生命的独特性和差异性，正确认识自己的优缺点，学会悦纳自我；初步认识青春期生理和心理的变化，能监督和调节自我。

学会学习：正确认识毕业和升学，初步了解初中和小学的不同；进一步培养良好的学习习惯，端正学习动机，正确对待成绩；初步形成分析问题和解决问题的能力，为初中学习和生活做好准备。

社会生活：帮助学生扩大人际交往范围，开展初步的青春期教育，建立和维持良好的异性同伴关系；培养学生的亲社会行为；引导学生思考兴趣和能力的关系，找出个人优势和不足，对学习生涯有较清晰的认识。

三、小学心理健康教育课程教学内容

心理健康教育内容是心理健康教育目标的具体化，它直接为学校心理健康教育的目标服务。因此，合理选择心理健康教育课程的教学内容是小学心理健康教育的重要环节。根据《纲要》提出的心理健康教育重点内容，我们将教学内容划分为以下六大模块。

（一）学习辅导

1. 学习兴趣与学习动机

兴趣和动机是学生学习的动力因素，小学阶段的学习任务比中学难度相对较低，更重要的是要培养小学生对于学习的兴趣和对于知识的渴望与好奇，同时也要帮助学生以积极的态度对待学习中的困难，克服厌学心理。

2. 学习方法及习惯

对于刚刚接触学校学习的小学生来说，可能会存在不会学习或学习效率低、学习方法不科学等情况。让学生学会学习也是学校心理健康教育课程最重要的任务之一。所以在这个过程中一是要培养他们良好的学习习惯，例如拒绝"拖延症"，告别"小粗心"，集中注意力等；二是要掌握科学的学习方法，提高学习效率，例如合理规划学习时间、掌握记忆的方法、学会科学用脑等。

3. 学习潜能与学习观

小学是人生的重要开端，小学生的思维发展有着无限潜力，学生的创新能力与思维的培养是教育教学的重中之重，也是每个教育者肩负的责任。在教学过程中应注重对学生进行创造性思维的训练，保护学生的求知欲，开发学习潜能。此外，理想和目标是一种强大精神动力，教师还应注意帮助学生树立远大的理想，积极主动地学习。

（二）自我意识辅导

自我意识是一个人对自己的身心状况以及与周围事物关系的认识和体验，包括自我认识、自我体验、自我控制。小学阶段是人生观、世界观初步形成的关键时期。但有些小学生有时会因为父母、老师或同伴的批评指责，而不能正确看待自己，看不到自己的优点，缺乏自信。到了高年级，小学生的自我意识迅速发展，在认识、描述、评价事物时，往往带有强烈的情绪、情感色彩，沉湎在"自我中心"的思维框架中，导致主观、偏执，认为自己才是正确的，听不进他人意见，还总感觉别人用挑剔的态度对待他们。在小学阶段，应该对学生自我意识的发展和完善给予恰当的引导和帮助。

1. 自我认识辅导

训练小学生对自己的生理状况（如身高、体重、体态等）、心理特征（如兴趣爱好、能力、性格等）及自己与周围人的关系进行正确的认识，培育和发展个体积极健康的自我意识和良好的自我概念。

2. 自我接纳辅导

重点在培养小学生的自尊心、自信心，肯定自己的优点，意识到自己的不足之处，了解自己独特的价值，最终达到愉快地接纳自己的目的。

3. 自我完善辅导

引导小学生确立现实的、有价值的自我目标以及合适的志向水平，辅导小学生学会积极反思，掌握自我控制的技巧，学会处理自我意识发展中的问题，改正自己的不当想法和言行。

 延伸阅读

绘本《糟糕，身上长条纹了！》

故事简介：卡米拉因为太在乎别人的眼光，放弃了自己的喜好去迎合他人。从她身上的条纹随着同学的口令变化可以体现。那些专家、医生的治疗方案让卡米拉越来越糟糕。最后出现的老婆婆懂得卡米拉的心理，她的一句"真实的你就在里面某个地方"点醒了卡米拉也触到了我的内心。最终卡米拉吃了想吃又不敢吃的青豆，所有的事情都恢复了正常。从此以后，卡米拉变得不一样了，她一点也不在意别人的声音，尽情地享用她爱吃的青豆！每个人都是独一无二的，接纳自己的不同，做最真实的自己。

（三）人际交往辅导

人是社会性动物，与人交往是人的基本需要。人际交往是儿童社会化的重要途径，儿童在交往中得到友谊和爱，感受自己社会性的价值和生活的乐趣。在小学阶段，学生的主要人际关系包括亲子关系、师生关系和同伴关系。

1. 亲子关系辅导

随着年龄不断增长，儿童可能会出现一种矛盾纠结的心理状态，一方面希望父母关心爱护自己，另一方面自我意识的觉醒又让他们渴望自由发展的空间。但有时父母因为工作繁忙或过度关心而不能满足孩子的需要，导致亲子关系出现问题。因此，在亲子关系的教育教学方面可以让儿童学会体察父母、理解父母，加强亲子沟通，从而增进感情，促进家庭和谐。

2. 师生关系辅导

相比于中学阶段，儿童的向师性非常突出，儿童往往会无条件地信任老师，模仿老师，把老师视为权威。但随着年龄的增长，儿童的独立性和自主判断能力也不断提升。他们不再把教师的言行举止视为行为规范的标准，会有更多的主观判断，甚至出现一些逆反心理。因此，为促进师生关系，提高教育效果，帮助儿童理解教师，客观地评价教师就显得尤为重要。

3. 同伴关系辅导

同伴关系是儿童融入集体社会的开端，最为特别也最为复杂。儿童在与同伴相处的过程中，学习社会规则，发展出社会交往、助人等心理品质和技能。此外，通过与同龄伙伴的比较，儿童可以更加客观地看待自己，促进自我认识及自我效能感的发展。因此，在同伴关系方面，心理健康教育重点应放在帮助学生学会理解别人，乐于帮助别人，与人合作，建立友谊关系。

（四）情绪辅导

小学生的情绪情感不再像幼儿时期一样更多地与生理需要联系在一起，而是增加了社会性情感，与社会性需要相联系。小学生在进入小学后，由于学习环境的变化，在情绪情感的稳定性、内容和自我调节等方面都有了很大的进步。在整个小学阶段，小学生的情绪表现为：比较外露，容易激动，有较大的冲动性且不善于掩饰，但因小学阶段总体学习压力不大，所以大部分小学生的情绪表现为平静而愉悦。

1. 认识情绪

情绪是由客观现实世界是否能够满足个体的需要而产生的一种态度体验，人类的基本情绪有四种"喜、怒、哀、惧"。认识情绪辅导就是帮助小学生更好地觉察和认识自我的情绪，正视和理解自己情绪的产生和变化，进而能够更敏锐地觉察他人的情绪。所以教师在进行情绪辅导时，可以让学生尽可能客观地描述自己的情绪。

2. 情绪沟通辅导

帮助小学生利用言语手段和非言语手段合理、正确、恰当地表达自己的情绪和情感，理解他人的情绪情感，培养小学生移情（即同情心、同理心）能力。

3. 控制情绪辅导

重点在于帮助小学生了解何为不良情绪、不良情绪对个体身心健康的危害，正视不良情绪存在的事实，并在此基础上帮助小学生学会排解、控制和疏导消极情绪。

（五）生活辅导

1. 休闲辅导

随着双减政策的实施，小学生的课余和自主时间越来越多，但小学生生活范围有限，社会经验缺乏，有时会面临不知如何进行合理的休闲娱乐的难题，可能就会沉迷于网络游戏，进而影响学习和生活。所以对于小学生进行休闲辅导也是非常重要的。教师可以通过设计相关活动，帮助小学生感受闲暇时间的价值，培养学生珍惜时间、热爱生活的态度，合理选择和安排合适自己的休闲生活，健康成长。

2. 消费辅导

在经济快速发展的当今社会，很多人对金钱持有不正确的观点。而小学生处于心理和思想的生长期，分辨能力较弱，而模仿力较强，在社会环境的影响下可能也会出现对于"钱"缺乏正确认识和使用的问题，所以教师也应该对小学生的消费进行引导，一方面要帮助他们树立正确的金钱观念，培养他们勤俭节约的消费习惯，克服盲目攀比心理；另一方面也要帮助学生了解关于消费的一般尝试，初步获得理财能力。

（六）生涯辅导

小学阶段属于个体生涯发展的成长阶段。小学生会对于未来的职业有着无穷的幻想和期待，而这种期待同时也是一种内部动力激励学生发展相应工作所需要的能力。此外，随着新一轮高考不再施行文理分科，新高考促使家长和学生将人生选择方向前置。因此，在小学阶段进行生涯教育，唤醒学生的生涯意识进而初步探索未来人生发展方向也成为小学心理健康教育的关注点之一。

小学阶段的生涯辅导应建立在自我意识教育的基础上，教师引导孩子树立起对各种职业的价值观念，发现职业兴趣，探索兴趣与能力的关系。如果条件允许，教师可以带领学生亲自体验各种职业，在活动中加深对职业的认识，培养职业理想。

 延伸阅读

舒伯的生涯发展五阶段

① 成长阶段（0～14岁）：经历对职业从好奇、幻想到兴趣，到有意识培养职业能力的逐步成长过程。这一阶段具体分为3个成长期：

幻想期（10岁之前）：儿童从外界感知到许多职业，对于自己觉得好玩和喜爱的职业充满幻想和进行模仿。

兴趣期（11～12岁）：以兴趣为中心，理解、评价职业，开始做职业选择。

能力期（13～14岁）：开始考虑自身条件与喜爱的职业相符合与否，有意识地进行能力培养。

② 探索阶段（15～24岁）择业、初就业。也可分为3个时期：

试验期（15～17岁）：综合认识和考虑自己的兴趣、能力与职业社会价值、就业机会，开始进行择业尝试。

过渡期（18·21岁）：选择接受专门的专业和职业培训或者查看劳动力市场。

尝试期（22～24岁）：选定工作领域，开始从事其中一种职业。

③ 建立阶段（从25～44岁为建立稳定职业阶段），包括两个时期：

尝试期（25～30岁）：对最初就业的职业不满意，再选择、变换职业工作。变换次数每个人不等。也可能满意初选职业而无变换。

稳定期（31～44岁）：最终职业确定，开始致力于稳定工作。

④ 维持阶段。在45～64岁这一长时间内，劳动者一般达到常言所说的功成名就，已不再考虑变换职业工作，只力求维持已取得的成就和社会地位。

⑤ 衰退阶段（65岁以上）。由于生理及心理机能日益衰退，个人职业角色的分量逐渐减少，开始考虑退休并享受自己的晚年生活。

第三节　小学心理健康教育课程教学方法与实施

心理健康教育课程有其独特的教学方法，有别于学科的知识传授，不刻意阐述心理学的相关理论知识，而是注重让学生在活动中体验和感悟，因此心理健康教育课程在教学过程中需要采取更生动、更多样化的手段。

一、小学心理健康教育课程教学方法

（一）讲授法

讲授法是老师运用口头语言，或借助其他手段，通过生动有趣、内涵丰富的讲授和演示来启迪和教育学生，以影响学生的认知和行为的一种教学方法。教师可以通过暗示、引导、质疑等方法，让学生发现自己的非理性信念，从而使之建立合理的思考方式。讲授既可以是教师的口头讲解，也可以采用多媒体的教学手段；既可以是简短的说明，也可以是系统的理论传授。讲授过程中，师生思想观点、情感态度的交流，互动是十分重要的。类似于讲授法的还有阅读与讲故事。

（二）讨论分析法

讨论分析法是指在老师的引导和组织下，学生对某一专题各抒己见，使学生的思路在讨论中得以拓展、澄清。与同伴交流讨论所生成的观点和感悟更容易为学生所接受，进而促使问题的解决。这种方法有助于增强学生的注意力，提高课堂效率。

从形式来说，讨论分析法通常采用小组讨论和全班讨论两种形式，小组讨论的形式比较常用，而且效果比全班讨论的效果好。

小组的组合可以是老师随机指定，也可以是学生的自愿组合，一般以自由组合为主，每组人数4～6人为佳。这样的组合有利于学生的广泛交往，同时也有助于学生在小组内畅所欲言。

从内容来说，除了全班集中讨论一个专题以外，还可以采取分专题讨论的方法。在讨论过程中，如果分组讨论同一主题，则全班集中分享时，各组代表发言可能难免有些重复，打击学生的积极性，因此这时我们可采用分题讨论。分题讨论就是把老师围绕的一个大的主题而设计成若干个小专题，主题和小专题都应是学生最关心、最困惑、最迫切想解决的问题。教师在设计时也要构思巧妙，将题目设计得新颖有趣，才能调动学生参与的积极性和主动性，让学生感到"有话可说，有话想说"。

（三）角色扮演法

角色扮演法是一种通过行为模仿或行为替代来影响个体心理过程的方法。结合教学内容，让学生扮演活动中的角色，进行现场表演，通过观察、体验，进行分析讨论，从而使学生受到教育。由于角色扮演使受教育者亲身体验了所扮演角色的言行，感受深刻，往往能够引起较大的心理变化，所以，在实际教学中如果能恰当使用这种方法，往往会得到比较好的效果。

角色扮演主要包括以下几种：

1. 哑剧表演

要求学生不能用语言或文字的方式，只能用肢体动作或表情来表达其意见或情绪，这种方法可以促进学生非言语沟通能力的发展。

2. 角色互换

各自交换角色，或饰演一个与自己现实生活中的角色完全不同的角色，以达到对他人的理解，学会共情。

3. 镜像法

看别人扮演自己，进而客观清晰地了解自己的言行，促进自我改变。

4. 空椅子表演

借助空椅子来解决人与人或个体头脑中不同观念的冲突。具体方法是学生坐在一把椅子上扮演自己，再坐到另一把椅子上扮演他人，接着双方对彼此的评价进行反应或反馈，以达到情绪宣泄和内心的整合。

5. 小品表演

这种方法是把幽默、讽刺或赞许的语言与滑稽的动作结合起来，展示生活、学习中的一些事情，告诉同学们其中的道理及处理问题的方式等。小品表演大多为多个同学参与，以期接近生活，情境显得较真实，富有感染力。

（四）游戏操作法

游戏操作法是最受小学生欢迎的一种活动形式，是指以游戏作为中介，让学生通过游戏活动的参与，在轻松、愉快、和谐、活跃的氛围中自由表露自己的情绪。游戏的自主性也可以让学生自由地参与和退出，投射自己的内心世界，体验与反思自己的行为，分享同伴的经验与感悟，从而达某种建设性效果的心理辅导活动。

教师可以根据学生的需求和教学目标设计不同的游戏，不同的游戏对应不同的目标，但同一个游戏也可以实现不同的目标，比如"盲行"游戏可以用于团结信任，同时也可以帮助学生换位思考，理解对方。教师应注意，要真正用好游戏操作法，充分发挥其特有功能，切实提升游戏的心理内涵，而不能让其仅仅流于"热闹、有趣"的表面。

（五）生活实践法

学生在教师的指导下通过参加某些具体的工作或参观工厂、公司、学校等，访谈工人、警察、医生等，从而使学生获得某些最直接的体验，增进对职业的认识。如通过亲自养动植物来体验责任感、照顾与收获；卖报一日感受赚钱的辛苦与快乐，学会勤俭节约；走进医院感受生命的意义等。值得注意的是，运用这种方法仅靠教师一人的力量是不够的，教师应注意从学生的实际情况出发制定具体的实施方案，充分利用各种资源形成多样化的工作模式，引导学生在实践和研究中得到体验和感悟。

（六）绘画法

当学生不容易用语言来表达时，教师可以借助绘画的方式帮助学生更清楚地表达某些主题和内容。绘画表达是艺术形式的一种，没有对错、好坏、美丑之分，重在让学生真实地表达自己的思想和情感。在心理健康教育课程实践中，借助绘画表达这一艺术形式，能让学生呈现真实的心理反应，更好地发现自我，学会表达自己的情绪，加深对世界的理解，在自我表达中澄清思路。教师也可以通过学生的绘画更多地了解学生内心世界。例如"画画20年后的自己""画画我的情绪小怪兽"等。

二、小学心理健康教育课程教学过程

（一）教学准备

1. 了解学生

了解学生是教育好学生的前提，是进行有效教学的基础。从心理健康教育课程教学的特点和要求来说，了解学生首先要了解学生年龄特点、心理发展特点和该年龄段学生产生的心理矛盾；其次要了解近期学生关注的热点和需求，以及面临的一些心理困惑；第三可以了解发生在学生周围、引起大家关注和讨论的案例。具体的方法有观察法、访谈法、小型座谈法和问卷调查等。

2. 建立关系

心理健康教育认为，良好的师生关系是教育和辅导的前提。心理健康是一个心灵沟通的过程，师生之间应当彼此尊重、相互理解，心理老师在与学生交流的过程中要通过言语和非言语的形式表现出亲切和平易近人，这样学生才会喜欢你、信任你、愿意与你聊天，这有利于教学活动的开展，所以良好的师生关系也是心理健康教育课课前准备的必要内容。

3. 教学材料和活动场所的准备

因为心理健康教育课多以活动的方式开展，因而在课程之前教师应做好教具和具体活动开展场所的准备。一般来说，心理健康教育课最好在专用的心理活动教室进行，有较广阔的活动场地。但有时教室也可以根据教学内容灵活调整场地，如操场、多媒体活动室等。教学材料方面教师也应提前准备，比如教学中有角色扮演环节，教师需提前编写剧本、挑选演员、准备服装道具等。最后，如果活动较多，学生人数较多的情况下，教师也可以提前设置助理教师或学生小助手，协助活动开展。

（二）课程导入

"转轴拨弦三两声，未成曲调先有情"，好的课程导入正如这句诗所描写的一样，可以起到先声夺人、先声服人的效果，吸引住学生的注意力，使学生一上课就能把兴奋点转移到课堂上来，激发学生的求知欲，有利于教学主体活动的实施和进行。导入时间不宜过长，最好是3～5分钟。具体的导入方法有如下几种：

1. 热身法

通过一些唱跳或听音乐看视频的方式调动课堂气氛，激活学生参与活动的积极性。热身活动一般都与教学主题有关，其形式也应根据学生具体的年龄认知特点来设计。如"抓乌龟""桃花朵朵开"等。

2. 开门见山法

教师通过生动有趣、简洁清晰的话语直截了当地引出课程主题，增强活动的意识性和目的性。例如，给小学五年级的小学生上一堂主题为"克服拖延症"的课，教师可以在课程开始就说：古人云："明日复明日，明日何其多"，同学们有没有这种感受？你们平时有没有拖延的行为？今天我们就一起来看看，如何"克服拖延症"。

3. 案例法

教师可以选择发生在学生身边的事情，通过教师的讲述或提前拍摄录像，或以信件的方式展示，引出主题。

4. 自我袒露法

教师也可以向学生真诚地袒露发生在自己身上的事情及自己的感受来引入主题。例如，老师说："同学们，昨天是周末，大家都是怎么过的？老师是自己一个人宅在家里两天，沉迷于手机游戏，现在浑身腰酸背痛，也很后悔昨天没有好好利用休息时间出门放松一下，请问你们谁能帮我摆脱网络，拒绝网络游戏？"

（三）课程实施

心理健康教育课程有很多的游戏和活动，但我们前面提到，所有的游戏和活动并不是教学真正的目的，而是为了让学生们在其中获得体验和感受，它是教师为了实现教学目标的方法。真正要让学生有所收获还要靠教师对于教学内容精心的设计和组织实施。以下列举部分课程组织的方法。

1. 引导

在教学过程中，为了能帮助学生寻求问题的答案，教师可以在学生思考前后给予一些启发性的话语，引导学生思考并充分表达自己的情感和想法，以促进团体的分享和沟通。在引导的过程中教师应注意自己的语言和语调，用尊重和接纳的语言引导学生，避免批评和指责。具体的话语表达如"你认为……""你觉得……""似乎有同学有不同的想法，有人愿意分享一下吗？"

2. 反馈

教师要能及时正确地把握学生表达的情感，并将其反馈给学生，表达同理心，让学生觉得老师是理解他的，同时也能帮助学生更好地澄清自己的思想情感。反馈包括学生分享交流后的反馈、游戏活动间的反馈连结、突发情况的反馈、教学结束时的反馈。

3. 明朗化

教师除了反馈学生所表达出的信息外，在增加教师认为学生想说但没有说出的东西，即教师把学生含糊、模糊的感觉说出来，帮助学生了解自己，增进学生之间、师生之间的理解和沟通。

4. 面质

有时学生会回避自己真实的想法和情感，给自己不恰当的行为找一些合适的理由，或逃避自己应负的一些责任。在这种情况下，教师应当面质学生，帮助学生觉察自己的感觉、态度和观念，促使其自我思考、分析和判断。在面质时，教师要非常注意语言和语调，既要肯定学生的优点，也要明确地指出学生的问题。例如"在刚刚的分享中，老师觉得××认真思考，积极参与，但是老师觉得这个观点是否有些片面？我们是不是可以从多个角度去看待这个问题？大家再想一想"。

5. 总结

心理健康教育课程的结束往往不必如学科教学那般对课上所学知识进行归纳和总结，但它也需要有一个结束的表达。一般有如下方法：

① 回顾与反省　师生共同回顾刚刚进行过的活动和讨论，引出感受最深的点，提出自己的看法和建议。也可以反省一下自己在刚刚的活动中有哪些需要改进的地方，加深体验和感受，促进心理成长。

② 计划与展望　教师与学生共同探讨本节课后该做些什么，对未来的学习、生活有什么计划和展望，明确今后努力的方向、目标和具体措施，激发其改变和学以致用的积极性。

③ 祝福与激励　师生之间、学生之间可以用自制小卡片或小礼物互相赠送，也可以通过教师对学生、学生对学生讲一些祝福语，表达对彼此的鼓励和期望。

（四）布置作业

目前，小学心理健康教育课程还没有全国统一教材。对于"是否要布置心理课作业？什么时候布置？布置怎样的作业？"不同的教师有不同的思考和见解。有些教师认为学生平时学科课程的作业已经很多了，心理课如果再安排作业会加重学生的学习负担，所以不会再给学生布置作业。但也有的教师认为通过作业的布置可以检验教师的课堂教学效果，达到教学相长的目的。同时教师也可以通过学生的作业了解学生是否能将课堂所学知识内化并应用于生活中，指导和帮助自己的生活。此外，心理课作业要求学生须结合自身的真实情况和内在心理感受完成，这也有助于教师观察和了解学生，及时发现心理异常的学生并进行个体辅导。总的来说，从教学实施的角度来看，心理课布置作业还是很有必要的。

1. 心理作业的形式

正如前文所说，心理健康教育课不同于其他学科课程，它更注重学生在课堂活动中的体验和感悟，所以在作业形式方面也不同于其他课程的抄写、朗读和思考等传统形式，而更倾向于内容丰富、方式多样的新形式。

① 问卷调查类　问卷调查又分为课前问卷调查和课后问卷调查，教师可以根据不同的课程主题要求进行安排。课前问卷调查一般是在上课之前布置，目的是了解学生的情况，激发学生学习兴趣。课后问卷调查是指课程结束后针对本节课的主题，通过调查、评估等方式促进学生对本节课内容的理解，同时也是检验教学效果的一种方式。

② 认知思考类　心理健康课因为时间和人数的限制，在课堂上给每个学生提供充分思考的时间和机会较少。教师可以布置一些思考类作业，引导学生进行充分思考、感悟及总结，进而促进行为的改变。例如，在情绪模块中如何管理负面情绪这一节内容，教师可以布置作业"根据课上所学情绪ABC理论，觉察自己近期负面情绪背后的原因，思考如何通过转变认知和行为变化调节情绪"。

③ 情感表达类　在中国传统文化的影响下，我们很多时候是不会或羞于表达自身的情绪情感。心理课堂上学生们亦是如此，在分析他人故事时头头是道，而讲述自己的体验和感悟时因为害羞或不懂，找不到合适的表达方式。这就要求我们心理教师注意引导并鼓励学生表达自己的感受和体验，从而促进学生的成长。

④ 角色扮演类　角色扮演是指学生在教师的指导下根据情景内容扮演相应的角色，通过扮演体验当事人的感受和思想，这是小学心理课堂中常用的一种方法。例如，在亲子关系这一节中，教师可以安排学生来演绎父母的唠叨，分析唠叨背后的原因和情感因素，并思考如何化解亲子矛盾，以达到增进亲子感情的目的。

⑤ 实践体验类　实践体验类作业是指让学生亲身体验某件事，引导其从实践和反思中获得

情感和认知的提升。例如，在合作这个主题的心理课，教师可以安排同舟共济等多人合作游戏，让学生们在游戏实践中感受到合作的重要性，增强集体意识。

2. 心理作业的评价

对于学生的作业，教师应及时评价和反馈，让学生感受到教师对自己作业的重视，从而激起学生学习兴趣。从评价形式来说主要分为口头评价、书面评价、学生相互评价和班级内部展示等。口头评价多指教师采取口头反馈，例如共情的态度和真诚的语言对学生给予及时的反馈，这有利于激发学生的积极性。书面评价类似于作业评语，通过文字表达对学生的关心和鼓励，拉近师生距离。学生互评能促进学生间相互学习，激发同伴互助力量，但教师要引导学生互评以积极正向为主，注意言语措辞的使用，避免造成同伴之间的矛盾。班级内部展示是指教师可以选择一些优秀作业，同学投屏或张贴的形式展示给全班以供参考和学习，这种评价方式对被展示的同学来说是一种莫大的鼓励，对于其他同学来说也是一种间接的学习途径。

总之，心理作业形式灵活多样，但无论形式如何变化，心理教师都应以课堂教学内容为核心，精心设计每一次的心理作业，吸引更多的学生参与其中，真正提升学生的心理品质。

心理健康教育课程是学校心理健康教育工作的重要载体，是实现学校心理健康教育目标的重要途径。我们要以心理健康教育目标为导向，对教学内容、教学方法、教学过程等方面进行有效设计和实施，充分发挥心理健康教育课程的育人功能，为培养担当民族复兴大任的时代新人做出贡献。

实践教学

一、教学实践

结合本章学习的内容，分小组模拟课堂教学，实施下面三个课例中的一个，撰写一篇教学反思。具体要求如下：

① 每个小组选择一个课例，小组成员分别扮演教师和学生角色，实施模拟课堂教学。

② 熟悉课例，熟悉对应年级小学生的心理和行为特点，备好课。

③ 注意教学过程各环节之间的衔接、师生的互动和反应，反思自身存在的不足和需要提升的能力，把握好时间。

④ 撰写教学反思。每位同学提出自己参与教学后的发现和感悟，分析问题和原因，总结经验，提出以后教学能力提升的思路。

⑤ 教学反思的要求：结构完整，条理清晰，内容全面，字数不少于300字。附上小组成员分工、模拟课堂照片。

二、教学活动设计

结合本章学习的内容，参考下面的课例，分小组撰写一个主题的教学活动设计。具体要求如下：

① 选定一个年级和主题。

② 充分考虑该年级小学生的心理特点和发展需要，针对选定的主题，选取合适的内容和教学方法。

③ 教学活动设计的具体要求：结构完整，内容完善，过程前后衔接，能够在40分钟时间里完成，不少于1000字。

④ 模拟课堂，实施教学活动设计，并进行修订和完善。

课例一、别跑，我的注意力

【设计理念】

《中国学生发展核心素养》以培养"全面发展的人"为核心，其中"学会学习"是六大核心素养之一。《中小学心理健康教育指导纲要（2012年修订）》中也指出：小学中年级心理健康教育的主要内容包括"初步培养学生的学习能力，激发学习兴趣和探究精神，树立自信，乐于学习"等。其中，注意力是学习能力的前提和基础，是智力的五个基本因素之一。

注意力指的是我们的心理活动对一定对象的指向和集中，是我们心理的门户，是我们做所有事情的第一个关口，只有把注意力集中在某事上，才能完成其他的任务，比如记忆、感知等。

【学情分析】

小学中年级学生注意力的发展特点：有意注意逐渐发展，无意注意仍起作用；注意的范围依然有限；注意的集中性和稳定性较差；注意的分配和转移能力较弱。研究表明，9～11岁小学生持续集中注意的时间为15分钟左右。调查发现，部分学生由于学习兴趣不足，上课时存在注意力不集中的情况，对于课堂上与教学无关的内容抵抗力较弱，容易受到干扰。基于此，本节课通过热身游戏及三个活动让学生自己总结出集中注意力的方法，充分发挥学生的主观能动性，在增强孩子体验感的同时也训练了他们的注意力。

【教学目标】

① 认知目标：认识到注意力在学习中的重要性，注意力可以通过后天训练得到提升。

② 情感目标：体验集中注意力带来的沉浸感，享受学习的乐趣。

③ 行为目标：掌握集中注意力的方法，提升学习的专注力。

【教学重难点】

重点：学习集中注意力的方法。

难点：掌握并运用集中注意力的方法。

【教学方法】引导法、讲授法、问题激趣法、分析归纳法

【教学准备】教学多媒体、一颗糖果、三个纸杯、舒尔特方格纸

【课时安排】一课时

【教学过程】

（一）热身游戏

① 准备材料：拿出准备好的三个纸杯和一颗糖果，放置在学生能看见的位置，向学生介绍材料用途。

② 游戏规则：将糖果放置在任意纸杯下，随意变换纸杯的位置，让同学们通过观察，说出糖果跑到了哪个纸杯里。

③ 手势投票：让学生用手势表达选择。

④ 提出问题：揭示正确答案后，提出问题，你是如何找到逃跑的糖果的？引导学生分享小秘诀。请2～3名同学分享心得，教师及时引导，引出"注意力"。

（板书：注意力）

⑤ 分析思考：通过分享，引导学生意识到集中注意力对我们生活的重要性；思考：我们该如何"抓住"注意力不让它"跑掉"呢？引出主题《别跑，我的注意力》。

（板书主题：别跑，我的注意力）

（二）活动一：快问快答

① 说明规则：展示一张图片，呈现3秒。提出问题：图上写了几个数字，它们的和是多少？

② 展示图片：四个不同形状、不同颜色、标注了不同数字的图形（展示3秒）。

③ 出示问题：图上写着几个数字，这些数字的和是多少？（大部分学生能够回答出来）

④ 继续提问：都有哪些形状的图形？它们是什么颜色的？（大部分学生没有注意到，回答不够完整）

⑤ 提问：为什么第二个问题不好回答？（请1～2名学生回答）

⑥ 经验小结：应该先说明注意什么，给大家定个目标，让大家带着这个目标，才能集中注意力解决好这个问题。获得第一枚经验锦囊——明确目标。

（板书：明确目标）

（三）活动二：小蝌蚪找妈妈

① 情境导入：从学生学过的《小蝌蚪找妈妈》课文导入，创设情境：小蝌蚪又找不到妈妈了，它可着急了，同学们你们能够帮帮它吗？

② 挑战开始：提示学生将手背到身后，让他们尝试只用眼睛看的方式寻找路线，在规定的时间内，数一数能帮助几只小蝌蚪找到妈妈。［展示图片（图2-1）］

图2-1 小蝌蚪找妈妈图

③ 举手统计：分别统计找到五只以上和十只全部找到的人数。（十只全部找到的人数较少）

④ 再次挑战：引导学生换一种方式，边用眼睛看边用手指头指寻找路线，在规定时间内，数一数能帮助几只小蝌蚪。［展示图片（图2-1）］

⑤ 举手统计：同上。（大部分同学十只全部找到）

⑥ 分析归纳：为何第二种方式能帮助到更多的小蝌蚪？请2～3名学生分享自己的感受。

⑦ 经验小结：通过学生的分享，对比分析出"手眼配合，感官并用"的方式，更有利于集中注意力。获得第二枚经验锦囊——感官并用。

（板书：感官并用）

（四）活动三：我是古诗小达人

① 说明规则：这里出现的都是大家所熟悉的古诗词，但是它们的顺序被打乱了，你能指读出它的正确顺序吗？

② 挑战开始：请学生上讲台对着大屏幕完成古诗指读。［展示图片（图2-2）（教师计时）］

③ 在不维持秩序的情况下，让这位同学完成挑战。（台下的学生都想帮助这位同学）

④ 采访感受：公布用时，并采访这位同学挑战时的心得体会。（强调在寻找过程中受到台下学生的干扰）

舒尔特方格 (静夜思)

(唐) 李白

床前明月光，疑是地上霜。
举头望明月，低头思故乡。

姓名：_____ 用时：_____秒

疑	光	明	前	故
乡	思	月	床	是
头	霜	明	地	上
望	月	低	头	举

图2-2　我是古诗小达人（1）

⑤ 再次挑战：提一个小要求，台下同学保持安静，给台上同学营造一个安静的思考氛围。再次邀请一位同学上讲台参与挑战，为其计时。[展示图片（图2-3）（教师计时）]

舒尔特方格 (登鹳雀楼)

(唐) 王之涣

白日依山尽，黄河入海流。
欲穷千里目，更上一层楼。

姓名：_____ 用时：_____秒

河	里	一	黄	楼
目	海	层	穷	山
欲	依	千	更	上
白	日	尽	流	入

图2-3　我是古诗小达人（2）

⑥ 采访感受：挑战完成后公布用时，并对其采访。（预设：用时较短）

⑦ 分析归纳：通过两次挑战，大家发现在安静的环境下用时较短，第三个经验锦囊——排除干扰。

（板书：排除干扰）

（五）活动总结 [思维导图（图2-4）]

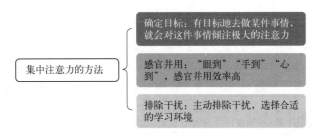

图2-4　思维导图

（六）课后练习

请家人或朋友一起挑战古诗"舒尔特方格"。

课例二、我的成长充电站

【设计理念】

《中小学心理健康教育指导纲要（2012 年修订）》中指出：小学中年级心理健康教育的主要内容有"树立集体意识和人际交往能力，善于与同学、老师交往，培养自主参与各种活动的能力，以及开朗、合群、自立的健康人格"等。通过对小学生的观察，我们可以发现小学生主要的社会支持来源是家人、教师、同伴，他们构成了学生成长发展的社会支持体系，小学生社会支持系统对他们的心理健康具有关键的作用。基于此，设计了本节课，通过让学生直观体验和谐的人际交往，让学生感到"我能行，我也行，你能行，你也行"，在给自己信心的同时，也学会给他人鼓励。小学生和谐的人际交往既利于同伴之间交流信息和合作竞争，同时对增强学生自尊自信、自主自立及提高小学生的文化素养等方面都有着其重要的现实意义。

心理学大师弗洛伊德的学生苏利文认为，"人际关系对人格的发展十分重要，尤其是儿童时期的交友状况，更会深深地影响孩子未来的人际关系和自尊，其力量不亚于父母的教育和爱心。"此外，有研究表明社会支持作为个体的外部资源比较容易通过操控产生改变，是学生在应对生活和学习中各种困难时可以较好利用的、具有可操作性的资源。

【教学目标】

① 认知目标：认识到每个人都会遇到各种困难，但每个人都拥有支持的资源。

② 情感目标：感受烦恼表达后的轻松及同伴互助的温暖，激发面对困难积极的态度。

③ 行为目标：学会发现和应用身边的社会支持解决生活中遇到的困难。

【教学重点】

了解到每个人都拥有各种支持资源

【教学难点】

利用资源解决现实生活中遇到的学业或人际问题

【教学方法】

讲授法、情境教学法、投射法、活动体验法、引导法

【教学对象】

三、四年级学生

【教学准备】

多媒体课件、机器舞视频片段、活动任务单

【课时安排】

1课时

【教学过程】

一、导入阶段：超能机械舞

播放超能机械舞视频，请同学们跟随视频中的机器人一起跳舞。

问：同学们跳完之后有怎样的感受呢？

师总结：有些同学觉得很开心，很好玩，会感到有些累。老师刚刚发现跳舞的机器人也快要没电了，我们可以怎样帮助他呢？

预设生：给它充电。

师总结：没错，机器人低电量时需要去充电站充电才能"满血复活"，可当我们"低电量"时，我们的"充电站"又在哪呢？就让我们一起寻找我的成长充电站吧！（板贴：我的成长充电站）

（设计意图：结合"超能机械舞"提高学生的课堂积极性和活跃课堂氛围，引出课题）

二、转化阶段："低电量"时刻

① 问：老师想给大家分享一个小故事。故事的主人公是一位和大家差不多年纪的小学生小文，他最近每天晚上都会被各种各样可怕的噩梦包围着，有时会感觉很累、不开心，每天都无精打采的，和快没电的机器人很像。人们常说"日有所思，夜有所梦"到底是什么样的事情，让小文的电量变低了呢？

她的老师觉得可能是因为即将到来的考试，小文担心考不好被家长和老师批评而导致这样的状态。那同学们觉得还有可能是什么样的事情导致小文"低电量"呢？

② 追问：刚刚同学们提出的想法都有可能造成小文"低电量"，那同学们在日常生活中会因为这些原因消耗电量吗？

师总结：原来同学们和小文一样，都会因为一些事情导致自己处于"低电量"的状态。请同学们选一支彩笔在上课前老师发的任务单上给电池涂上颜色，表示出当时自己的电量。涂色完成后，请大家仔细回忆一下，当我们处于"低电量"状态时，有没有人来帮助我们增加电量呢？

（设计意图：学生在通过低电量时刻的分享，感受彼此的内心，慢慢意识到，大家都曾有过"不如意"的时刻。通过最后的问题，自然地从每个人都会有"低电量"的时刻过渡到回忆自己"被充电"的经历，衔接到下面即将进行的活动）

三、工作阶段：能量充电站

（一）我的充电站

① 介绍活动规则：班级学生6人为一小组，小组成员坐在一起。请学生回忆自己曾经被"充电的经历"，在小组中分享，并书写在任务单上。讨论结束后，请小组代表分享一个自己小组的充电时刻。

依据学生分享师总结："充电站"的分类有家人、老师、朋友、同学等（板书）。

② 思考：自己被"充电"前后有什么不同？并请同学们再选一支彩笔在任务单上的电池中涂色表示出增加的电量。

（设计意图：学生通过分享自己被充电的过程，也就是社会支持的过程。思考被"充电"前后有什么不同，对比出的差异会使得学生对人际互动产生信任感。通过画电池电量，将学生的内心状态具体化，可视化。带动学生发掘他人对自己社会支持的重要性。通过分享环节，培养学生的语言表达能力）

（二）我是充电站

介绍活动规则：教师在PPT上给出三封求助信，请三个小组上台抽签，抽中对应情境的小组需要在小组内讨论对求助信的主人提供帮助的方法，并以简短的情景剧的方式表演出来。

师总结：同学们做得真好呀，有时候我们被帮助就像是被充电了一样，有时候我们帮助别人，让别人的电量增加了，自己的内心也会非常愉快。老师能感受到电量就在咱们中间流动，每个人都电量满满。接下来老师要验证一下大家的充电状态啦。

（设计意图：通过小组成员的合理分工，共同完成活动，培养学生的团队合作精神。引导学生小组合作讨论，在讨论过程中学会解决问题的方法，学会助人自助。在情境扮演中，让学生自主思考帮助他人的方法，使学生发现人与人交往是相互支持的，不仅是接受他人的帮助支持，自己也可以给别人带来能量）

四、结束阶段：超能充电场

播放超能机械舞视频，请同学们跟随视频中的机器人一起跳舞。

师总结：在生活中有时候我们会很幸运地接收到来自他人的帮助，比如家人、老师、同伴等，他们会在我们需要的时候给我们支持。有时候我们也要关注身边的人，给予他们帮助。在助人的同时我们自己也会感到快乐。学会成为和发现身边的"充电站"是解决困难的好方法。希望同学们在今后的日子里互帮互助中每天都可以电量满满，积极向上！

（设计意图：总结升华，引导学生在日常生活的人际交往中互帮互助，感受到社会支持的力量）

课例三、思维"跳跳跳"

【设计理念】

思维定势是心理学上的一个概念，是指人们在认识事物时，由一定的心理活动所形成的某种思维准备状态，影响或决定同类后继思维活动的趋势或形成的现象。定势思维可能会有助于新问题的解决，而有时又会妨碍问题的解决。小学生学习时，常常不自觉地把自己习惯了的思维方式运用于新的情景中去。不善于变换认识问题的角度，因而造成问题得不到正确的解决。如小学生会将过去解题的成功经验错误地运用到貌似旧问题的新问题上。因此，上一堂跳出定势思维的心理课对学生的学习是必要的。

【教学目标】

① 体会"定势思维"的束缚性。

② 通过游戏和学习，帮助学生打开思路，打破定势思维的束缚。

③ 引导学生如何打破"定势思维"，从而促进学生多角度地主动寻找解决问题的办法。

【教学重难点】

引导学生如何打破"定势思维"，从而促进学生多角度地主动寻找解决问题的办法

【教学对象】小学五年级学生

【教学准备】PPT、人物画像、绳子、小青蛙道具、表格等

【教学过程】

一、热身游戏

（一）课前有时间可玩脑筋急转弯游戏（老师出题或者找个学生出题考大家）

① 铁放到外面要生锈，那金子呢？（答案：会被偷走）

② 在什么时候1+2不等于3？（答案：算错了的时候）

③ 小明家住在五楼，可是电梯坏了，他自己也没有走楼梯，他却上了五楼回到家里，这可能吗？（答案：妈妈背着他上的楼）

④ 什么动物你打死了它，却流了你的血？（答案：蚊子）

⑤ 什么地方开口说话要付钱？（答案：打电话）

（二）课堂公约

① 积极参与，尊重保密；

② 认真倾听，真诚分享。

（三）暖身活动

① 小游戏：请出"神秘人物"。

游戏规则：全班分为A、B两大组，A、B两组各仔细观察一幅神秘人物画像，抓住人物的眼神、穿着、工作地点等来描述，其他组猜这个人是干什么的。

（老师拿出画像分给各小组，一张是写着"罪犯"的，一张是写着"科学家"的）

罪犯　　　　科学家

② 生各自交流发现和感受，对方猜他们看到的人物。

师：同学们，刚才你们说得有理有据，那你们两大组看到的神秘人物到底是谁呢？（出示图片：布拉德·皮特）这是不是你们所看到的神秘人物呢？

师：其实，他不是罪犯也不是科学家，而是美国著名的演员、制片人，同一个人，为什么你们在描述时却有两种完全不同的看法呢？你们组为什么觉得他是罪犯，而你们组却认为是科学家呢？

生：自由说。

③ 师小结：看来就是纸上的提示词把你们唬住了，束缚了你们的思维活动，使你们不由自主地顺着提示的思路一直想下去，而走不出这个圈子。这就是我们心理学中经常说到的定势思维。今天这节课我们就来聊聊这个话题。

二、认识定势思维的危害

① 师：定势思维对我们的学习和生活有什么样的影响呢？科学家曾经做过很多实验来探究，请观看视频，法国著名心理学家约翰·法伯实验：《毛毛虫实验》（播放视频）。

他在一只花盆的边缘上摆放一些毛毛虫，让它们首尾相接围成一个圈，与此同时在离花盆周围的地方布撒了一些它们最喜欢吃的松针。它们一只跟着一只，绕着花盆边一圈一圈地行走。一分钟、一小时、一天……毛毛虫就这样固执地兜圈子，一直走到底。在连续7天7夜之后，它们饥饿难当，精疲力竭，结果全部死亡了。

师：听完这个故事，你有什么想说的？如果你是其中一条毛毛虫，你会怎么做呢？

生交流回答（引导学生从突破常规、学会独立思考，做到有主见等方面说）。

② 师：如果其中一条毛毛虫敢于突破常规，敢于多跳跳，从定势思维中跳出来（板书：思维跳跳跳），这样不仅能够吃到可口的松针，还能够创造出生机和幸福来，同学们，不知道你们是否能够经常跳跳，从定势思维中跳出来呢？那我们今天来比比看，看看哪些孩子会跳出定势思维的怪圈，老师给你们每组一只小青蛙（贴小组比赛的表格和小青蛙）后面的活动哪位同学回答正确，所在小组的青蛙就往上跳一格，看最后哪组跳得最快最高，最后凭借成绩高低下课后去找吴老师领相应的奖励。

三、思维训练营

下面请我们一起进入思维训练营接受挑战吧！

1. 第一关：贪吃宝宝爱酸奶

有个宝宝很爱喝酸奶，他妈妈给他8元钱买酸奶。小卖铺的酸奶是2元钱一瓶，老板说每3个空瓶子可以兑换一瓶酸奶，可是宝宝想用8元钱喝到6瓶酸奶。请大家帮他想想办法，如何才能用8元钱喝到6瓶酸奶呢？

师：谁已经帮这位宝宝想到好办法了吗？能和大家说说你是如何这么快想到这个好办法的吗？

师小结：你们有过这样买东西吗？你们从平时买东西的定势思维中成功跳出来了，平时我们买东西就是拿钱买买买，不会像今天这样买一部分，然后借了再与兑换的相抵消这就是打破常规。（板书：突破常规）

2. 第二关：小组大PK

请每组挑选一个难题，有时间的可以挑选两个，进行小组讨论，找到解决方法，比一比，哪组用的时间最短，办法又很好，注意：有时候办法不是唯一的，只要合理就可以。出示3个难题：

① 如何在一张A4纸上画出2.26米高的姚明来呢？（请多名同学分享，板书：多角度思考）

② 玻璃瓶里装着你爱喝的可乐，可是瓶口塞着软木塞，在既不打碎瓶子又不拔出软木塞的情况下，你该如何做才能喝到爱喝的可乐呢？（板书：逆向思维）

③ 一国王问大臣们水池里的水共有几桶，大臣们拿桶去水池里量了几天也无结果，最后却被一小孩回答出来了，这孩子会怎样回答国王呢？（板书：打破定势）

小组汇报，师随机板书，青蛙随机往上跳。

师小结：我们通过游戏，知道了遇到难题时要打破常规、多角度考虑、逆向思维，这样才能跳出定势思维的怪圈。

3. 第三关：撕圆圈

规则：小组合作，请你用手把一张A4纸撕出一个空心圆，不能借助任何其他工具，圆内可以让整个小组人员站进去。

学生开始活动，（放配乐）教师巡视指导。

活动结束请成功的小组上台展示，并分享成功的秘诀。

师：恭喜你们组成功（青蛙往上跳）。能和我们说说你们当时是怎么想的吗？是怎样跳出定式思维的怪圈的呢？

采访没有成功的小组，为什么没有成功跳出来。

师：只要我们跳出定势思维的怪圈，就能成功地解决问题。

四、迁移讨论

其实，在平时的生活、学习中，我们每个人都会遇到各种各样的问题，有时候能不能解决难题就要看我们能不能跳出定势思维的怪圈。解决问题的办法很多，当我们一条路行不通了，就要多角度思考，敢于打破常规，逆向思维，这样才能走出被定势思维困住的笼子。相信你们在平时生活学习中肯定也有这样的经历吧，请学生分享，并将所在小组青蛙往上跳。

五、总结谈感受

这节课咱们进行了几项思维训练，来帮助我们学会从定势思维中跳出来去解决问题。可是这种从定势思维中跳出来的能力不是一节课通过几个训练就可以培养出来的，需要我们经过慢慢、长期地训练才能增强。我们课后可以对自己进行这方面的训练，或者以后遇到难题时，像今天这样的训练，尽可能去提醒自己要敢于多跳，去突破常规、多角度考虑、去逆向思维，从定势思维中跳出来解决实际问题。

第三章

小学生个体心理辅导

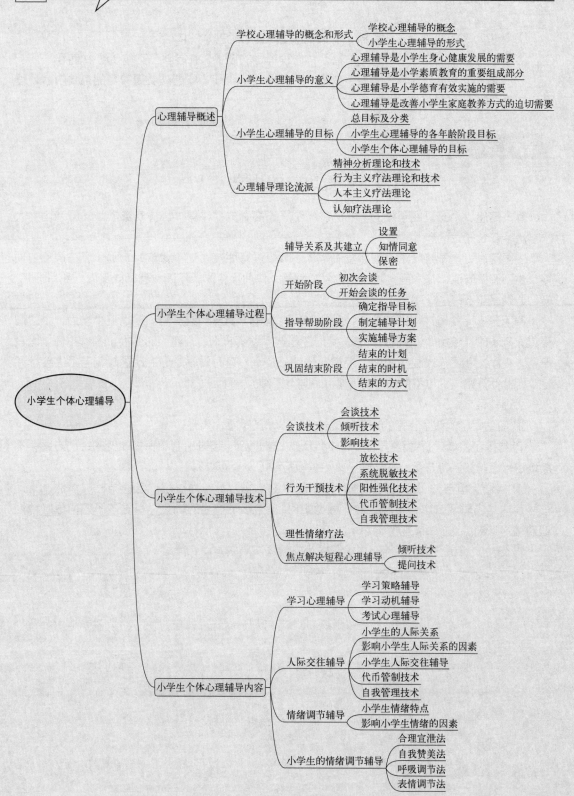

小学生个体心理辅导

心理辅导概述
- 学校心理辅导的概念和形式
  - 学校心理辅导的概念
  - 小学生心理辅导的形式
- 小学生心理辅导的意义
  - 心理辅导是小学生身心健康发展的需要
  - 心理辅导是小学素质教育的重要组成部分
  - 心理辅导是小学德育有效实施的需要
  - 心理辅导是改善小学生家庭教养方式的迫切需要
- 小学生心理辅导的目标
  - 总目标及分类
  - 小学生心理辅导的各年龄阶段目标
  - 小学生个体心理辅导的目标
- 心理辅导理论流派
  - 精神分析理论和技术
  - 行为主义疗法理论和技术
  - 人本主义疗法理论
  - 认知疗法理论

小学生个体心理辅导过程
- 辅导关系及其建立
  - 设置
  - 知情同意
  - 保密
- 开始阶段
  - 初次会谈
  - 开始会谈的任务
- 指导帮助阶段
  - 确定指导目标
  - 制定辅导计划
  - 实施辅导方案
- 巩固结束阶段
  - 结束的计划
  - 结束的时机
  - 结束的方式

小学生个体心理辅导技术
- 会谈技术
  - 会谈技术
  - 倾听技术
  - 影响技术
- 行为干预技术
  - 放松技术
  - 系统脱敏技术
  - 阳性强化技术
  - 代币管制技术
  - 自我管理技术
- 理性情绪疗法
- 焦点解决短程心理辅导
  - 倾听技术
  - 提问技术

小学生个体心理辅导内容
- 学习心理辅导
  - 学习策略辅导
  - 学习动机辅导
  - 考试心理辅导
- 人际交往辅导
  - 小学生的人际关系
  - 影响小学生人际关系的因素
  - 小学生人际交往辅导
  - 代币管制技术
  - 自我管理技术
- 情绪调节辅导
  - 小学生情绪特点
  - 影响小学生情绪的因素
- 小学生的情绪调节辅导
  - 合理宣泄法
  - 自我赞美法
  - 呼吸调节法
  - 表情调节法

① 认识心理辅导的概念与目标，了解小学生个体心理辅导的内容。

② 了解个体心理辅导的过程，掌握个体心理辅导的技术，并能够在实践活动中使用。

③ 理解小学生心理辅导的意义，认识到个体心理辅导是小学心理健康教育的重要内容，理解小学生个体心理辅导的重要性。

案例导入 ········· ☺

爱攻击的小文

基本信息： 小文是四年级的一名男生，个子不高，成绩中等，最喜欢数学。父母亲均为大学学历，在公司上班。

主要问题： 在学校经常与同学发生争执，几乎没有朋友。对不喜欢的老师，会在课堂上顶撞，也不好好听课。在家里，对父母也爱发脾气。作业不会时，不请教老师或父母，乱写一气，学习成绩逐年下降。

原因分析： 父母性格比较温和，对他的教育是和小朋友团结友爱。但是上小学后，小文遭受过大孩子的"欺负"，告知父母时，父母还是选择息事宁人。三年级时，换了个班主任，比较严格，在小文和同学发生争执时，经常叫他到办公室，有时候不是他主动挑起，老师也会批评他。因此他开始对父母不信任，对老师和同学也产生反感。

心理辅导：

① 向父母了解孩子在家的表现和成长历程，尤其是重大事件。

② 与孩子交谈，探寻孩子的心理冲突及改变意愿，一起讨论制定积极改变的行动方案，不断地进行检验和调整方案，并鼓励小文的积极行动（3～4次）。

③ 指导父母与孩子沟通的技术，与孩子讨论"父母不作为"和"老师冤枉"事件，支持孩子表达"当时怎么想，想怎么做，感觉如何"，给孩子宣泄的机会，引导孩子如何更好地处理情绪（1次）。

④ 与小文班主任进行交流，讨论帮助小文健康发展的方法和策略。

第一节　心理辅导概述

一、学校心理辅导的概念和形式

1. 学校心理辅导的概念

　　心理辅导是心理辅导师运用心理辅导知识和技能，与被辅导者之间建立一种具有辅导功能的关系，帮助被辅导者正确认识自己，接纳自己，进而欣赏自己，并克服成长中的障碍，改变不良心理现象和行为习惯，充分发挥个人潜能，迈向自我现实的过程。这个过程中，心理辅导师通过语言或非语言的沟通方式，对被辅导者的心理困扰进行启发和指导，帮助他们更全面准确地了解自己，同时纠正被辅导者的错误观念，提高其对现实问题的分析能力，获得积极的情感体验。

　　学校心理辅导是心理辅导教师运用专业知识技能，给受辅导学生以合乎其需要的协助与服务，帮助学生正确认识自己，悦纳自己，根据自身条件，确立有益于个人和社会的生活目标，提高心理机能，消除成长中的烦恼与障碍，充分发挥个人的潜能，并较好地适应学习、工作及人际关系。

 延伸阅读

　　心理辅导是一个助人自助的过程。心理辅导以互相信任为前提。辅导者协助学生解决问题，而不是命令、教训或替代学生解决问题或做出某种决定。

　　心理辅导活动以学生的成长发展为中心，以他助—互助—自助为机制。此外，心理辅导需要以心理学为主的多学科综合的教育方法与技术，有其特殊的专业知识技能要求。

　　学校心理辅导涉及心理学、教育学、医学、哲学、社会学、管理学等多种学科知识，心理辅导教师只有具备这些专业知识和必要的技能，才能胜任工作。

2. 小学生心理辅导的形式

　　① 团体心理辅导　小学生团体心理辅导是根据小学生的身心发展规律和年龄特征，寓心理健康教育于趣味性活动之中。心理辅导教师引导学生通过游戏和其他团体活动，逐步领悟到心理健康的重要性、心理健康发展的途径及其自我心理保健的形式。这是小学生心理辅导的主要形式。

　　团体心理辅导一种形式是采用专题讲座、专题活动等方式，为学生提供全面的帮助，主要为塑造集体良好的氛围和良好行为,激发群体积极向上的精神。团体辅导通常以班级为单位开展，因为在一定意义上来说，学生的心理素质是以集体心理为中介而内化发展的，所以，班主任往往是团体心理辅导的带领者。开展团体辅导的时候，要根据本班的实际和团体辅导计划进行心理健康教育，着力培养良好的班级气氛，使学生建立平等和谐的人际关系，这也是时代发展对班主任工作提出的新要求。

　　团体心理辅导的另一种形式是由心理辅导教师带领有相同辅导需求的学生，围绕某一辅导主题，通过一定的活动形式或人际互动，相互启发、诱导，形成团体共识和目标，进而改变学生的错误观念、态度和情绪。这类团体辅导的规模一般在6～12人。

开展团体心理辅导时要注意以下几点：

a. 活动设计要多样化，不要简单复制别人的方案；

b. 每项活动设计都要有明确的心理辅导目标，但目标不宜过多，难以实现；

c. 教师对心理辅导活动要精心准备和组织，注意学生的参与、体验和反思，不要流于形式。

② 个体心理辅导　个体心理辅导主要是对少数有心理问题的学生单独进行心理辅导，这是小学心理辅导中一项非常重要的形式。心理辅导教师通过鉴别、评估分析和干预，帮助小学生消除心理问题，克服心理障碍，促进心理健康发展。

开展个体心理辅导应注意以下几点：

a. 遵守心理辅导的原则。注意尊重和理解相结合、助人与自助相结合；采用科学的方法和技术；既指向问题解决，又关注长远发展。

b. 慎用测验。考虑小学生的认知发展水平，进行心理测验时要选择适用的量表，并进行合理的解释，切勿乱用测量结果。

c. 家校密切配合。小学生是未成年人，对其进行心理辅导，应与其法定监护人进行联系，征得其法定监护人的同意，取得配合。

 延伸阅读

心理辅导与心理健康教育、
心理咨询和治疗的关系

心理辅导是一项促进心理健康、提升生活幸福感的工作。对学校而言，心理辅导不只是也不可能只由心理专业人员来做，更有赖于学校对学生心理健康的重视以及所有教育工作者的合力才能完成这项任务。心理辅导、心理咨询和治疗以及与心理健康教育的关系可以用图3-1表示。

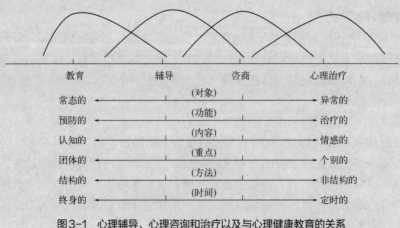

图3-1　心理辅导、心理咨询和治疗以及与心理健康教育的关系

在工作对象上，心理辅导较偏向服务一般常态的人，而心理治疗较偏向有异常行为的人；心理辅导的功能较偏向预防性，而治疗则偏重矫治；在提供的工作内容上，心理辅导更多地以一般信息的提供为主，而治疗则较倾向依个体差异性提供个人情感及认知各方面的讨论；在工作方式上，心理辅导常以有结构或大团体或书面方式提供服务，例如运用上课、演讲、书本等，由辅导者（老师、辅导员）针对一般均可适用的心理健康原理和原则提出说明与建议，而咨询及心理治疗则要因人因时因地等个体状况提供不同的服务方式；从时间角度看，个人因发展变化，每一成长阶段其实都在接受各种辅导，接受新的信息、学习新的技能以应对新的挑战，但只有在特定时间或有困难需要专业心理人员协助时，才会接受心理咨询或治疗。

二、小学生心理辅导的意义

（一）心理辅导是小学生身心健康发展的需要

小学是儿童身心快速发展的关键阶段。小学阶段的发展对儿童今后的人生有重要的根本性的影响。小学生活环境与教育是否适当，直接关系到小学生的良好心理品质的形成。小学生生理和心理尚未成熟，知识经验不足，比较容易出现入学适应不良、学习疲劳、厌学与逃学以及攻击、逃避、自暴自弃等心理或行为问题。通过积极有效的心理辅导，能有效地帮助小学生解决各种心理健康问题。

（二）心理辅导是小学素质教育的重要组成部分

加强学生的心理健康教育，培养学生坚韧不拔的意志、艰苦奋斗的精神，增强青少年适应社会生活的能力，既是小学生自身健康成长的需要，也是国家和社会对人的素质要求的需要。心理辅导着眼于学生心理素质的培养和心理健康的维护，有助于素质教育真正落到实处，促进学生的全面健康发展。小学是实施素质教育的关键时期，开展小学生心理辅导，可以有效地促进小学生良好心理素质的形成和发展，也为科学文化方面的素质教育奠定坚实的基础。

（三）心理辅导是小学德育有效实施的需要

学校心理辅导与德育工作的对象都是学生，基本职能都是育人。心理辅导对学校德育工作有着积极的影响作用。心理辅导为有效地实施德育铺垫了心理基础，有助于学生形成优良的道德品质。心理辅导为落实德育提供了新途径，可以客观地了解学生个性的情况、优缺点及发展趋势，增强了德育工作的针对性，有利于提高德育工作的成效。心理辅导扩充和完善了德育目标和内容，使德育内容更加贴近学生的生活，有利于学生完整人格的发展。

（四）心理辅导是改善小学生家庭教养方式的迫切需要

家庭教育特别是家长科学的教养方式对小学儿童的健康成长至关重要。滥用惩罚、过于严厉、拒绝、否认、过于干涉、过于保护、偏爱等不正确的教养方式，易使子女体验到孤独、恐惧、自卑、沮丧、不安全价值失落等消极情感，进而影响他们社会适应能力的健康发展甚至正常生存。对小学生进行心理辅导，可以通过学生本人或者其他渠道，了解家长对子女的态度及教养方式，并且通过与家长的接触向其宣传心理健康和科学育儿的知识与技能。这对于提高家长心理素质、更新家长的教育观念、改善家长教育子女的方式具有积极意义。

三、小学生心理辅导的目标

（一）总目标及分类

小学生心理辅导的总目标在通常意义上等同于小学生心理健康教育的总目标，即提高全体学生的心理素质，充分开发他们的潜能，培养学生乐观向上的心理品质，促进学生人格的健全和全面发展。

从内容上，小学生心理辅导可分为适应性辅导目标和发展性辅导目标。适应性辅导目标主要是促进学生对学习的良好适应，提高学习适应能力，具体包括学习态度和学习动机适应、学习习惯和学习策略适应、学习环境适应、身心健康适应。发展性辅导目标主要帮助小学生提高心理素质、健全人格、增强承受挫折和适应环境的能力。

（二）小学生心理辅导的各年龄阶段目标

1. 低年级小学生心理特点和辅导目标

一、二年级的低年级小学生自我意识增强。他们对自己有了新的认识，在自我控制、自我调节等方面对自己有了新的要求。他们表现出对他人评价的依赖性，缺乏独立的见解；容易受他人的影响与暗示，进而产生不自觉的模仿行为；情绪多变而冲动；意志力较差，缺乏耐心和毅力。学习方面，低年级小学生的专注力还不稳定，爱做小动作，对周围的事物充满了好奇。交往方面，低年级小学生大多喜欢跟同伴交往，但对友谊的认识还相对肤浅，择友标准多以自我为中心，同伴关系不太稳定。生活方面，低年级小学生生活自理能力较差，对于学习用品的整理、学习作息时间的安排等常常需要家长和老师的督促和帮助。

低年级小学生的心理辅导主要进行系统的心理和行为训练，引导小学生掌握基本的学习技能，发展积极乐观的学习兴趣和智力品质；提高认知水平，对具体的、形象的、直观的内容有较好的理解；促进人际交往和对校园生活的适应，乐于和老师、同学交往，喜欢过集体生活，初步建立人际关系，遵守游戏规则，初步形成分享意识和合作竞争意识，为个性塑造和品行发展奠定良好的基础；学会控制情绪，明白自己的优、缺点，勇于展示自己的才能，克服胆怯心理。

2. 中年级小学生心理特点和辅导目标

三、四年级的中年级小学生，处于从小学低年级向高年级的过渡时期，总体发展较平稳。这一阶段小学生的心理特点表现在以下几个方面：

一是个体间个性差别加大，二是独立性增强。学习方面，他们尚未掌握有效的学习方法，而学习任务变难，需要他们花费更多的精力在上面。交往方面，该阶段小学生对友谊的认识有了提高，但还具有明显的功利性特点，往往把学习成绩的好坏作为衡量个人能力的标准。此外，中年级小学生的择友范围不再限于同性，他们对异性同伴的关注开始增多，同学之间开始分化并形成若干个同伴团体。中年级开始，一部分小学生不愿意把自己的事告诉家长，以显示出独立的意愿，对老师的态度也从完全崇拜到有自己的独立评价。生活方面，中年级学生开始注重外表，不再愿意在父母的带领下娱乐，开始自己安排各种休闲活动，有些学生还会自行购物、计划自己的周末活动等。

中年级小学生的心理辅导目标，重在引导学生正确地认识自己，合理地评价自己和他人，欣赏并悦纳自我，树立自信心；培养专注力、观察力和多角度思维能力，勤于思考，激发学习的兴趣，养成良好的学习习惯；学会尊重他人、欣赏他人、坦诚待人，初步掌握人际交往的技巧；了解合作的意义，树立合作意识；认识情绪，初步学会调节自己的心情；学会休闲，提高自理能力和自我保护意识。

3. 高年级小学生心理特点和辅导目标

五、六年级的高年级小学生处于由儿童期向青春期过渡的关键阶段，他们的自我意识、独立意识明显增强，成长中面临的各种烦恼和焦虑也随年龄的增长而增多，学业压力、同伴关系、亲子关系、师生关系、自我概念等都会带给学生很多困扰。这一阶段的小学生自我意识迅速发展，不仅摆脱了对外部评价的依赖，还逐步依靠内化了的行为准则来监督、调节和制约自己的行为，而且开始更深入地关注自己的内心世界。他们情绪的强度和持久性迅速增长并出现高峰，有强烈的情绪体验，对人对事物非常敏感，控制和调节情绪的能力也逐步增强。高年级小学生的求知欲发展得很快，他们在思维、认识、兴趣爱好等方面的个体差异也日渐突出。

这一阶段小学生的心理辅导目标，主要在以下几个方面：

一是围绕抽象思维发展开发学生的智力，培养良好的智力品质。二是引导学生确立学习目标，掌握正确的学习方法。三是培养正确的竞争意识。四是鼓励学生参与社会实践活动，提高做事情的坚持意识，建立进取的人生态度，促进自我意识发展。五是通过技能训练提高学生的情绪管理、人际交往和社会适应能力，形成正确的集体意识及友谊观，克服不良的小团体意识，矫正不良个性倾向和行为习惯，培养面临毕业升学的适当态度，为顺利升入中学做好心理准备。六是进行初步的青春期教育，初步形成正确的性心理及与异性交往的技能。

（三）小学生个体心理辅导的目标

对小学生个体开展心理辅导，需要根据其心理发展特点、心理问题的症状、严重程度及影响因素等方面，通过与小学生协商确定。必要的时候，还需要家长参与一同确定心理辅导目标。而确立的辅导目标，需要具备以下特质：具体、可测，是心理目标而非生活目标，通过心理学的手段可达到现实可行、系统性。

确立辅导目标包括两个步骤：

1. 把目标操作化

可操作的目标需要把一个概念性的目标与特定的时间、地点、情景和行为联系起来。

2. 形成目标结构

先是确定终极目标；然后对现状进行评估；再设立过程性目标，将实现终极目标的过程细化为连贯的子目标体系；随后按照目标操作化的要求，将各级目标的内容设计为可操作化方式；最后，把目标结构记录下来，可以是文字格式，可以是列表格式，也可以是图表格式，以供辅导双方操作使用。

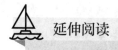

心理辅导案例

一位心理辅导教师与一位因考试失败而感到沮丧的学生共同制定的心理辅导目标：

一、终极目标：人格健全

二、中间目标：

① 认识自己，接纳自己，欣赏自己，建立健康的自我形象；

② 促进自信，对生活充满希望；

③ 正视现实，继续努力。

三、直接目标：

① 将大脑里经常出现的"我没有出息"的想法，从每天多次减至每天至多1次；

② 每天回顾1次以往的成绩，如看奖状、奖章等，同时默念"天生我材必有用"；

③ 控制情绪，把想发火的冲动从每天7、8次降至每天至多1次；

④ 每天至少用半小时同家人愉快地聊天；

⑤ 制定作息时间表，集中精力补习功课，每天坚持1小时自学；

⑥ 每天坚持半小时的体育或文娱活动。

四、心理辅导理论流派

心理辅导缘起于心理咨询和治疗，其理论和技术基础也来源于后者。学校心理健康教育工作中的心理辅导也主要依据心理咨询和治疗的理论。

（一）精神分析理论和技术

精神分析理论是由奥地利精神病学家西格蒙德·弗洛伊德创建的一种心理治疗理论。其理论基础如下：

1. 人格结构理论

精神分析理论认为人格包括本我、自我、超我三个部分。本我代表生物本能和原始欲望，遵循快乐原则；超我代表社会道德和规范，是理想自我，遵循道德原则；自我起协调本我和超我之间冲突的作用，遵循现实原则。本我或超我过于强大，都会引起心理问题。人格健康的人三者是协调、完整的。

2. 潜意识理论

弗洛伊德把心理结构划分为意识、前意识、潜意识（无意识）。潜意识是不被个体意识到却又存在的东西，并时时影响个体的心理。心理辅导就是要寻找辅导对象被压抑的潜意识，并使求助者领悟。

精神分析理论主要是通过分析使来访者自己意识到其无意识中的症结所在，产生意识层面的领悟，使无意识的心理过程转变为意识的，使来访者真正了解症状的现实意义，从而使症状消失。心理治疗的过程主要是通过对来访者生活历史的探索，探讨来访者是如何经历既往的人生而发展变化，帮助来访者更好地应对当下的生活。

精神分析治疗采用的主要方法和技术包括自由联想、释梦、阻抗、移情和反移情、面质、解释等。

（二）行为主义疗法理论和技术

行为主义疗法理论来源有以下三个。

① 巴甫洛夫提出的经典条件反射：一个刺激和另一个带有奖赏或惩罚的无条件刺激多次连接，可使个体学会在单独呈现该一刺激时，也能引发类似无条件反应的条件反应（S-R理论）。

② 斯金纳提出的操作性条件反射：如果一个操作发生后，接着给予一个强化刺激，那么其强度就增加（R-S理论）。

③ 班杜拉提出的社会学习理论：学习的产生是通过模仿过程而获得的，即一个人通过观察另一个人的行为反应而学习了某种特殊的反应方式。

行为主义疗法理论主张个体是通过学习获得了不适应的行为的。个体可以通过学习消除那些习得的不良或不适应行为，也可以通过学习获得缺少的适应性行为。

 延伸阅读

眼动脱敏疗法

眼动脱敏疗法（EMDR）是20世纪80年代兴起的一种行为主义疗法。它是一种可以在不用药物的情形下，有效减轻心理创伤程度及重建希望和信心的治疗方法。

在一次EMDR的疗程中，通常来访者被要求在脑中回想自己所遭遇到的创伤画面、影像、痛苦记忆，及不适的身心反应（包括负面的情绪），然后根据治疗师的指示，让来访者的眼球及目光随着治疗师的手指，平行来回移动约15～20秒。完成之后，请来访者说明当下脑中的影像及身心感觉。同样的程序再重复，直到痛苦的回忆及不适的生理反应（例如心跳过快、肌肉紧绷、呼吸急促）被成功地"敏感递减"为止。若要建立正面健康的认知结构，则在程序之中，由治疗师引导，以正面的想法和愉快的心像画面植入来访者心中。

（三）人本主义疗法理论

人本主义疗法理论认为，人有自我实现的倾向，强调人的价值、意义和独立人格在心理健康中的重要性，认为可以通过建立良好的人际关系来促进求助者自信、自强。关于自我概念，人本主义疗法理论认为，人有两个自我——现实自我和理想自我，两者的距离关系到人的心理健康，距离太大就会使人有心理失常感；人际交往中，人总是希望别人对自己的行为作出有利评价，当一个人的行为产生了积极的自我体验并同时得到他人理解和尊重时，他的自我概念是明确的，人格就能正常发展。但如果他一味地去满足别人期望而忽视自我或不惜改变自己的准则，就会使自我概念扭曲，忽视内心的真实感受，从而造成人格发展异常。

人本主义心理学十分重视人的潜能，重视在心理辅导过程中为求助者创造的平等、理解、接纳、鼓励的氛围，强调要以求助者为核心，给求助者以真诚、准确的共情和无条件的积极关注。这一理论强调非指导的治疗方式，着眼于促进学生的成长，具体地引导学生进行自我探索，促进其自我概念更好的发展。

（四）认知疗法理论

认知疗法认为，刺激S与反应R之间不是简单的、直接的对应关系，其间有一个认知C的作用。即行为和情绪之所以产生有赖于个体对情境所作出的评价，通过改变人的认知过程和从此过程中产生出来的观念，可以纠正其适应不良的行为和情绪。因此心理问题的主要原因是由于认知的错误所导致的，故心理辅导的任务就是帮助求助者调整认知方式。

在中小学阶段应用较为广泛的合理情绪疗法就属于认知疗法。该理论认为外界事件只是引起不良情绪、不适应行为的间接原因，人们对此的信念、看法、解释才是更直接的原因。艾里斯称为"不合理的信念"。心理辅导就是帮助求助者明了自己有哪些不合理的观念，以及与不良情绪之间的关系，继而改变不合理观念，调整认知结构，形成合理信念。

第二节　小学生个体心理辅导过程

一、辅导关系及其建立

（一）设置

学校心理辅导室可以设置办公接待区、个体辅导室、团体辅导室，有条件的学校可以增设心理健康教育拓展功能区域。

办公接待区要求配备电脑、办公桌椅、档案柜、电话、心理书籍等办公用品；应在墙上悬挂《心理辅导室使用与管理办法》《心理辅导工作守则和保密制度》等。个体辅导室配备咨询椅或沙发，成90°或60°摆放，配有小茶几、面巾纸、垃圾桶、挂钟等咨询用品。团体辅导室配备可移动桌椅、坐垫、多媒体设备，根据条件配备团体心理辅导箱、游戏心理辅导包等用品。其他功能区可以独立设置心理测评区、沙盘游戏区、情绪宣泄区、心理放松区、阅览区等。

心理辅导室外应设有心理信箱，并悬挂相关标示牌，公布辅导室开放时间、相关制度及预约、辅导等流程。

另外，个体辅导室还可以根据来访学生的情况，提前布置成儿童的"家"，墙上贴着儿童喜欢的各种各样的卡通画，桌上摆放学生喜欢的小玩具和一些糖果，窗台上放着一些用饮料杯栽的微型盆花。让学生进了"家"，可以看看这个，拿拿那个，感到很舒适、不紧张。

（二）知情同意

知情同意原本是指在心理危机干预中，来访者有权知晓心理咨询师对其进行了哪些操作以及这样做的原因，来访者有权对这些操作表示反对或同意，心理危机干预的有效开展是以来访者与心理咨询师达成一致的干预目标为前提的，并且要求参与双方相互配合。因此，心理咨询师只有充分尊重来访者的知情权并取得其同意，才能建立起双方之间良好的相互信任关系。保密例外是知情同意的重要组成部分。

小学生是未成年人，他们需要社会各界的保护。小学生来做心理辅导时，一般来说，有以下几种情况特别需要签署知情同意书。

① 心理问题为中重度神经症、精神疾病等需要就医、服药，甚至住院但拒绝治疗的；

② 有强烈自杀、自伤意念和严重自伤行为或强烈伤人意念的；

③ 经心理或精神科医生评估后不适宜复学却依旧想复学的学生。

签订知情同意书应注意的沟通策略：

首先心理老师或班主任向家长表达态度要委婉，争取统一战线。其次充分告知家长，帮助家长理解，解除家长疑惑。比如可以向家长这样解释：心理疾病如同感冒一样，是常见的现象。假如你告诉患有感冒的人"均匀呼吸就好了""不要流鼻涕"，当事人是做不到的，因为感冒是无法主观控制的。这时就需要寻求医学上的治疗，看医生、做诊断、吃药或者打针。如果不就医治疗，免疫力强的当事人可能难受一两周后自愈，免疫力弱则可能发展为肺炎甚至威胁生命。最后多方会谈，明晰责任。家长知情同意书的签订，需有心理教师、班主任、校方代表（如年级领导、校级领导）、学生、学生家长多方进行联席会谈，可以保存录音，会后在场所有人员签字。

知情同意书的签订，可使学校和教师在充分行使学生监护人知情同意权的基础之上，明晰职责，通过运用策略，充分利用家校沟通应对问题，化解危机，形成教育合力，帮助学生早日康复。知情同意书（模版如表3-1）一式三份，由校方代表、班主任、心理健康辅导中心分别存档。

表3-1 知情同意书

××市××学校学生家长知情同意书					
学生姓名		性别		年龄	
所在年级		班级		班主任	
首次诊断结果					
当时是否服药：（是 否）			药物名称及剂量		
复诊结果					
没有服药的原因（家长或学生填写）：					
目前是否服药：（是 否）			药物名称及剂量		
是否住院治疗过：（是 否）					

学生须知：

1. 学生在校期间，听从老师和班主任管理，积极参加学校的各类活动，树立集体观念，维护集体荣誉。若不服从管理（如扰乱纪律、毁坏公物、欺负同学、打架、抽烟等），经教育不改正者，学校将通知家长（监护人），并给予相应处理

2. 学生严禁携带所有刀具、管制器械、易燃易爆物品等

3. 加强集体观念和组织纪律性，学生有事须事先向老师请假，注意安全，不做危及自身或他人的事。如遇突发事件，人身安全为上；遇事先向老师反映，不自作主张

4. 尊敬师长，友爱同学，关心他人，相互谦让，若遇问题或矛盾时，应理性解决，无法决断的，及时向老师反映

5. 情绪波动和心情低落时，请及时与班主任或学校心理辅导教师联系

家长须知：

1. 家长（监护人）要正确面对孩子的心理困扰，消除对心理疾患的错误看法，树立战胜困难的信心，并把自己的信心传递给孩子

2. 敦促孩子作息时间规律，保持充分的睡眠及饮食营养，避免过度劳累，增加运动，过健康生活

3. 家长（监护人）及时履行监护职责，每周和班主任联系，孩子如有思想波动，请及时告知班主任

4. 对学生的心理问题，家长（监护人）应有危机意识，要及时到心理门诊就医，不得延误。请家长及时联系心理医生、学校心理教师和班主任，协同学校做好孩子心理护理，避免病情加重或出现更严重后果

5. 家长（监护人）是孩子健康成长的第一责任人，需要依据《××市心理咨询转介指南》定期带孩子去医院进行问诊，接受治疗，督促孩子按时按量服药，保证药物入口吞咽。如果您的孩子住院出院后，请您陪护孩子定期到专业医院复诊。首次复诊应该安排在出院两周后，以后复诊要遵从门诊医生要求。没有遵医嘱定期复诊或服药的后果可能会导致学生在校内外发生危及自己或他人生命健康的情况，或者导致病情进一步恶化

6. 心理咨询和辅导与药物治疗对孩子心理问题的改变同等重要。在适合的条件下，请让您的孩子坚持接受心理咨询。心理辅导教师只对学生提供短期心理辅导，长期的心理咨询需在专业机构进行

7. 心理辅导教师在遵守保密原则的同时，以下情况不需保密：当事人危及自己或他人生命安全，当事人要求透露资料，司法机关要求透露资料，心理辅导教师接受督导，当事人未成年、有关部门要求提供资料。校外咨询机构需要学校提供相关辅导资料时，学校需要征求家长（监护人）同意，并获得学生的认可

本知情同意书一式三份，年级、班主任、心理健康辅导中心分别存档

学生、学生家长（监护人）已经知晓上述情况，请在下面签字
学生、学生家长（监护人）签字：
家长（监护人）联系电话：
家庭住址：
校方代表签字：

年 月 日

（三）保密

心理咨询师应该在初诊接待及其他必要的时候，向求助学生说明保密原则，同时强调保密例外。需要保密的内容包括：心理咨询过程中来访学生暴露的内容，心理咨询过程中与来访学生的接触过程。在没有征得求助者同意的情况下，心理咨询师不得随意透露上述信息；心理咨询师也不得随意打探求助者与咨询无关的个人隐私。

保密例外情况：

① 来访学生同意将保密信息泄露给他人；

② 医疗机构、司法机关要求心理咨询中心提供相关保密信息；

③ 来访学生患有危及生命的传染性疾病；

④ 来访学生可能对自身以及其他人造成即刻伤害或者死亡威胁。

二、开始阶段

（一）初次会谈

来访学生第一次进心理咨询室是紧张的。这时，心理咨询师可以起身迎接来访学生，带领来访学生进入咨询室。待来访学生坐定，稍微熟悉一下周围环境后，开始第一次会谈。

① 彼此介绍自己，完成信息登记表。面对小学生，开始的流程可以简单直接，增强亲和力。然后，完成信息表中的姓名、性别、年龄、班级等。

"我姓×，你可以叫我×老师，请问我应该如何称呼你？"

"我叫×××。"

"哦。×××同学，我们首先来完成这张登记表个人信息部分，好吗？我们尽量把它填写完整，不想说的也可以不说。"

② 向来访学生介绍一些有关心理治疗的基本原则。

a. 时间的约定。小学生一次咨询的时间30～40分钟，特殊情况特殊对待。

b. 保密的限制。强调保密原则及保密例外［详见第二节一（三）"保密"］。这样可以尊重来访学生的自主性；体现心理咨询师的诚信；避免对来访学生的伤害；使来访学生获得安全感；有利于建立良好的咨询关系。

c. 工作的分配。来访者的工作和责任是能按时来（不能来提前取消）并主动向咨询师提供与问题有关的真实信息，积极主动与咨询师一起解决问题。咨询师的责任和工作是通过认真倾听与分析来访学生的诉说来帮助来访学生自我了解，与来访学生一起探讨问题，向来访学生提供不同的观点和角度，帮助来访学生解决问题。

③ 和来访学生商讨咨询目标和咨询方案。根据来访学生主诉的问题、个人史、家庭史，以及医疗史等情况，提出初步诊断，并和来访学生商讨咨询目标以及达成这个目标制定的咨询方案(时间与频率等)。原则上，咨询师可以用1/2到2/3的初次会谈时间，对来访者的问题和困扰进行了解。

④ 结束初次会谈。咨询师在初次会谈时，应预留大约10分钟，再次重申保密原则，并做准备结束工作。

咨询师可以对来访学生说："我们还有10分钟就要结束今天的谈话，我想利用剩下的10分钟，说说我的建议，以及刚刚我们讨论的今后安排。"

（二）开始阶段的任务

开始阶段是心理咨询的第一步，是整个心理咨询的基础。良好的开始是成功的一半。小学生好奇、敏感，对什么都感兴趣，对什么都反应强烈。他们的人际关系简单化或不知所措。对他们进行心理咨询，如果刚开始没有处理好，后面将很难进行下去，所以一个成熟的咨询师，总是非常重视心理咨询的开始阶段，机智慎重地完成这个阶段的工作。开始阶段需要完成的任务有三项，即建立咨询关系、掌握来访学生的资料及进行分析、诊断。

① 建立咨询关系。咨询师通过无条件的积极尊重、共情等方式和来访学生建立起安全、信任、接纳的咨询关系。能否建立起积极的咨询关系，咨询师担负着重要责任。

② 掌握来访学生的资料。通过会谈、观察、倾听、心理测验等方式，了解来访学生的基本情况及存在的心理问题。

③ 进行分析、诊断。在收集资料的基础上，进一步明确心理问题的实质、程度及原因，并对其作出初步正确的评估。

三、指导帮助阶段

（一）确定辅导目标

心理咨询的辅导目标，就是通过心理咨询所要取得的结果、达到的目的。其作用在于：使咨询双方意识到自己的努力方向。小学生心理辅导的基本目标就是帮助小学生正确地认识自己和环境(自然环境以及社会环境)，学会生活、学会学习、学会交际，形成合理的个人知识结构、能力结构以及健康人格，为学生的个人发展进一步奠定良好基础。

不同的心理咨询流派有不同的咨询目标。小学阶段用得比较多的是行为主义学派和人本主义学派，同时兼容其他流派的咨询辅导目标。

小学生的心理辅导目标应由咨询师与来访学生共同商定。经过心理诊断阶段，咨询师已经对来访学生的具体问题、心理问题有了较为全面、深刻的了解，知晓来访学生问题的原因、严重程度及持续的时间等，在掌握来访学生的认知、行为、情绪及个性等前提下，根据心理咨询的流程，可以与来访学生协商咨询目标。有时来访学生急于解决的问题不止一个，咨询师就要发现其中哪一个问题是最重要的。比如来访学生因学习兴趣不大，导致成绩下降，进而情绪低落和失眠。那么咨询辅导目标就应该集中在如何增强学习兴趣上。制定心理咨询辅导目标必须考虑以下七个有效性的因素：属于心理学范畴、积极的、具体或量化的、可行的、可以评估的、双方接受的、多层次统一的。

（二）制定辅导计划

小学生的心理辅导和成年人一样，也是由一连串有序的步骤组成的一个过程。这个咨询过程必包含一些基本的阶段，只是侧重点有所差异。对来访学生无论是多次咨询，还是一次就可以解决，其咨询过程都可以划分为不同的阶段。根据咨询实践，一般把咨询阶段分为三个阶段，即第一阶段（初期）——诊断阶段；第二阶段（中期）——咨询阶段；第三阶段（后期）——巩固阶段。这些阶段的辅导计划，需要咨询师和来访学生在相互尊重、平等的氛围中共同商定。

① 诊断阶段：建立关系，明确问题。这个阶段虽然是了解情况、做出判断的阶段，但同样具有助人的价值。来访学生积压的情感可以得到很好的宣泄；可以找到求助的场所，从而感到安慰和踏实。同时咨询师的介入，可以使来访学生获得尊重、信任和理解的体验。

② 咨询阶段：分析解决问题。此阶段是心理咨询活动的核心、最重要的实质性阶段，包括调整来访学生的求助动机、商定咨询目标、制定咨询方案、实施心理咨询等一系列重要步骤。一般说来这一阶段可能需要的时间较长，因为咨询师要在这一阶段帮助来访学生分析和解决问题，改变其不适应的认知、情绪或行为，促进来访学生的发展与成长。

咨询阶段中制定咨询方案是咨询工作必需的。咨询方案使咨询明确了方向和目标，保证咨询顺利进行，便于操作、检查、总结经验和教训。小学阶段，通常采用的咨询方案包括：

a. 咨询目标；

b. 咨询的具体心理学方法或技术的原理、过程和使用注意事项等；

c. 咨询的效果及评价手段；

d. 咨询双方各自特定的责任、权利和义务；

e. 咨询次数与时间安排：双方商量以一周1～2次为宜，每次咨询的时间应在40分钟左右。根据来访的具体情况，具体安排，特殊情况特殊对待；

f. 有关说明。咨询中如有特殊情况，应具体说明。

③ 巩固阶段：检查反馈，巩固结束。这一阶段是咨询的总结、提高阶段。这里的结束既可以指某一次咨询的结束，也可以指整个咨询过程的结束。如果是前者，咨询师要做好此次咨询的小结和下次咨询的准备，和来访学生商定下次咨询的时间和主题。如果是后者，咨询师要做好咨询的回顾总结，巩固咨询成果，使来访学生把获得的成长经验运用到今后的生活中。

心理辅导计划各阶段所涉及的内容不是截然分开的，应是一个整体。作为整个咨询环节中的每一次咨询都是上次咨询的继续，虽然每次咨询都有上述各阶段，但都是上次咨询的深化和提高。每一次咨询都是相对独立的部分，但又是完整的咨询整体的组成部分。心理咨询辅导计划不是一成不变的，可以随着咨询的具体情况，咨询师和来访学生双方约定而有所调整、改变。

（三）实施辅导方案

咨询师对来访学生进行具体的心理咨询辅导时，可以按照下面的思路进行咨询辅导。

① 激发来访学生解决自身问题的愿望与积极性。心理咨询的本质是咨询师利用心理学的理论和方法帮助求助者，促使求助者对自身的问题进行探索和有所改变，从而实现咨询目标。心理咨询最为重要的改变是，求助者开始探索解决自身的问题。所以为了咨询顺利开展，咨询师要帮助来访学生挖掘自身积极的资源，调动来访学生的积极性，使来访学生拥有改变自身的力量。

② 对来访学生启发、引导，支持、鼓励。咨询师既要站在来访学生的前面，启发、引导、帮助来访学生认识、领悟自身的问题。还要给予其支持和鼓励，推动来访学生自我探索和实践解决自身的问题，向着咨询目标前进。有些来访的学生可能不知道怎么办，希望咨询师直接帮助自己，最好直接告诉自己怎么办，甚至直接替自己去办。这样的做法难以帮助来访学生解决问题，很难实现心理咨询的目标。与促进来访学生的心理成长，达到助人自助的正确咨询理念是不相符的。

咨询师需要耐心细致的启发、引导，帮助来访学生矫正错误认知，自己提出合理的解决方案。在咨询的过程中，咨询师要对来访学生进行支持和鼓励，增强来访学生克服困难的信心和敢于面对困难、解决困难的勇气。帮助来访学生克服阻碍咨询顺利进行的种种因素，保证咨询能够得以顺利进行。

四、巩固结束阶段

（一）结束的计划

① 和来访学生确定咨询结束的时间。心理咨询辅导基本实现咨询目标以后，便可考虑进入结束阶段。

② 做好全面的回顾和总结。咨询师不仅要强调咨询要点，而且要向来访学生阐述咨询效果，充分肯定来访学生取得的进步、成功以及变化，强化来访学生的正确思维和积极行动，让来访学生感到"我是有能力解决这些问题的。"的自信和力量。

③ 帮助来访学生运用所学的方法和经验。这点是最为重要的。心理咨询的本质是"助人自助"。在结果阶段，可以带领来访学生重温咨询过程，让来访学生运用咨询辅导中学到的知识和态度来分析、处理自己的问题。咨询师还要鼓励学生运用这些方法和经验。

咨询师可以这样说："通过这件事，你是不是可以从中体会到很多的东西，比如如何待人接物才能更受人欢迎，诸如此类的，将你的收获运用于今后的生活中，你一定能处理得很好。"

④ 让来访学生接受离别。

（二）结束的时机

结束心理咨询辅导的时机，一般可以根据咨询方案中商定的时间、求助者的感觉及要求、咨询师的经验来决定。一般来说，咨询目标基本达到后，咨询师和来访学生都认为可以结束为宜。一般情况下，在预定咨询次数的前一两次就可以进入结束阶段。比如预定八次咨询，在第七、第八次数就可以进入结束阶段。

（三）结束的方式

心理咨询辅导结束，要注意方式，如果处理不好，来访学生原来的症状可能会重新出现，阻碍结果。因为有的来访学生和咨询师经过较长时间的咨询，形成了依赖，不太愿意结束。这时，咨询师要采用逐渐结束的方法，渐渐缩短每次咨询的时间，加长咨询间隔的时间，慢慢减少来访学生的依赖感，在不知不觉中离别。

咨询师可对来访学生说"你能主动解决自己的问题了，不再需要咨询师的搀扶了，你已经健康了。"让来访学生在心理上有所准备。

第三节　小学生个体心理辅导技术

一、会谈技术

（一）询问技术

询问是指咨询师依据咨询目标，通过各种提问技术向来访学生发问，激发来访学生对某一问题进行澄清、具体化以及积极思考的一种技术。在心理咨询时，尽量少用询问技术。

① 开放式询问是以"什么""如何""为什么""能不能""愿不愿意"等词来发问。通常情况下，带"什么"的提问，是为了获得一些事实或资料。带"如何"的提问，是想了解某件事的过程、次序或情绪性的事物。带"愿不愿意""能不能"的提问，是促进来访学生做自我剖析。带"为什么"的提问，是对原因的探讨。但要慎用带"为什么"的提问，如果用得不妥，会让来访学生感觉受到指责而产生阻抗情绪。

② 封闭式询问。封闭式询问是可以用"是"或"不是"，"有"或"没有"，"对"或"不对"的简单词语来回答问题。封闭式询问的目的是收集材料、澄清事实、缩小讨论的范围。封闭式提问一般不能过多使用。

（二）倾听技术

倾听是心理咨询辅导的第一步。倾听是在接纳基础上，积极地听、认真地听、关注地听，并在倾听时适度参与。倾听是咨询师的基本功，既是咨询师职业理念的体现，也是咨询师咨询技能的展现。倾听不应带偏见和框框，不能作价值评判。咨询师要表现出无条件的尊重和接纳，对来访学生讲的任何内容，不应该表现出惊讶、厌恶、不耐烦、轻视、激动或愤怒等神态。同时避免目光直逼、目光不定或目光过于亲近来访学生。这是建立良好咨询关系的基本要求。

正确的倾听，要求咨询师以机警和共情的态度，细心的注意来访学生的言行，注意来访学生是如何表达的，还要注意来访学生在叙述时的语调变化及伴随的各种表情、姿势、动作等。倾听时，不仅要用耳朵听，更要用心去听。在倾听时，咨询师可以给来访学生适当的鼓励性回应。这种回应既可以是言语性的，也可以是通过非言语性的，比如"是的""我明白了""你可以再说得详细些"。最常用的是边点头边说"嗯"。

（三）影响技术

1. 面质

面质，又称"质疑""对质""对峙""正视现实"等，是咨询师指出来访学生身上存在的矛盾，促进求助者的探索，最终实现统一。当来访学生出现言行不一致，理想和现实不一致，前言后语不一致时，咨询师可通过面质技术，启发来访学生进行思考，最终实现统一。如在咨询的过程中，咨询师所看到的与来访学生的陈述存在矛盾。这时，咨询师可通过面质技术，让来访学生明确自身的问题。

面质具有一定的威胁性。如果使用不当，会伤害来访学生的感情，影响咨询关系，甚至导致咨询失败。所以心理咨询辅导在需要使用面质技术时，务必做到谨慎、适当。在实际咨询辅导中，不得不用面质时，可用尝试性面质，也就是用带"似乎"这一不肯定用词。

"我不知道我是不是误会了你的意思，你前面似乎说你和妈妈关系还不错，可刚才你又说你好不想回来，害怕听到妈妈的唠叨，不知道哪种情况是你想表达的？"

2. 解释

解释技术是指运用心理学理论来描述来访学生的思想、情感和行为的原因、实质等，或对某些抽象复杂的心理现象、过程等进行解释。解释是面谈技巧中最复杂的一种，侧重于做理论上的分析。咨询师在进行解释时，应深入了解情况，准确把握，明确自己想解释的内容是什么。解释应因人而异，不能用理论去套实际，更不能把解释强加给来访学生。最有效的解释是与来访学生的思想基础、认知水平有某种程度的吻合。

3. 指导

指导技术是咨询师直接地指示来访学生做某件事、说某些话或者以某种方式行动。指导技术是对来访学生影响力最明显的一种咨询技术。比如行为主义学派常指导来访学生做各种训练等。使用指导技术时，咨询师应十分明确自己对来访学生指导些什么以及效果怎样，叙述应清楚，要让来访学生真正理解指导的内容。同时注意使用指导技术时，自己的言语和非言语行为对来访学生的影响。

4. 自我开放

自我开放技术也称"自我暴露""自我表露"，是指咨询师提出自己的情感、思想、经验与来访学生共同分享，或开放对来访学生的态度、评价等，或开放与自己有关的经历、体验、情感等。能使来访学生感到有人分担了其困惑，也能感受到咨询师也是一个普通的人，有利于良好的咨询关系的建立。同时有助于来访学生实现更多的自我开放。

咨询师自我开放的次数不能太多。要考虑到自我开放的内容，深度、广度都应与来访学生所设计的主题有关，与来访学生的请求为主。自我开放技术应以有助于促进咨询关系，促进来访学生进一步自我开放和深入地了解自己、加强咨询效果为准则。

二、行为干预技术

（一）放松技术

放松技术，是一种通过训练有意识地控制自身的心理生理活动，降低唤醒水平、改善机体紊乱功能的心理咨询和治疗方法。咨询师第一次使用放松技术时，应该给来访学生示范，让来访学生模仿，减轻来访学生的焦虑。放松的引导语有口头的和录音两种。放松的方法有多种，可以单独使用，也可以联合使用，但一般以一两种为宜，不宜过多。

1. 呼吸放松法

包括鼻腔呼吸放松法、腹式呼吸放松法和控制呼吸放松法。这里分享小学阶段使用较多的腹式呼吸放松法。有坐、卧、站三种准备姿势。常用的是坐姿。训练的指导语是：请你坐在椅子上，身体挺拔，腹部微微收缩，双脚着地，并与肩同宽，排除杂念，双目微闭。一只手放在腹部，另一只手放在胸部。注意先呼气来为后面的深呼吸做准备。下面请听我的指导语然后去做：深吸气，保持1秒钟，1-2-3，再呼气！1-2-3-4-5。深吸气，保持1秒钟，1-2-3，再呼气，1-2-3-4-5。

同时想象你的不开心、烦恼、压力都随着每一次的呼气慢慢地呼出。好！继续这些缓慢的深呼吸练习，你可以感觉到身体完全放松了。让我们最后再来练习一组，咨询师按照上面的口令进行。结束语是现在你的身体越来越放松，你的心情很平静，你已经学会了放松。

2. 肌肉放松法

如果来访学生感觉手抖、头部紧张性疼痛等都可以采用肌肉放松法。肌肉放松法的操作要领就是先紧后松。哪里需要放松，就先把那里紧张起来，然后突然放松，反复多次，直到放松。训练指导语是：请你坐在椅子上，把头和肩都靠在椅背上，双手都放在自己的腿上，双脚平放在地上，脚尖略微向外斜，闭上眼睛，这时你很放松地坐在椅子上，感到很舒服。在下面的练习中，如果感到紧张时，请你再持续这种状态五秒钟，直到感觉紧张到达极点，当你要放松时，又一下子完全松弛下来，并且感觉有关部位的肌肉十分无力。注意一定要用心体验彻底放松后的一种快乐的感觉。

3. 想象放松法

想象放松法主要是通过想象一些美好的、令你愉悦的场景，伴随着放松的音乐，让你的身体进入到一个放松的状态。这个场景可以是来访学生曾经经历过的、给他带来美好回忆的场景。

（二）系统脱敏技术

系统脱敏法是行为矫正技术中的一种重要方法。它是让来访学生在充分放松的心境下，逐渐接近所惧怕的事物，或逐渐提高其对所恐惧的事物的刺激强度，使其对惧怕的事物的敏感性逐渐减轻，直至完全消失的方法。系统脱敏法可以用来治疗恐怖症，还可以治疗其他以焦虑为主导的行为障碍，如口吃和强迫症。

系统脱敏技术前，需做两个准备工作：一是来访学生要通过训练，达到在实际生活中运用放松训练达到娴熟的程度。二是找出来访学生感到恐怖或焦虑的事件，并按等级程度从小到大排列。

系统脱敏技术的流程：

1. 放松状态

让来访学生进行肌肉放松训练。训练依次从手臂、头面部、颈部、肩部、背部、胸部、腹部以及下肢部训练，使得来访学生达到任意放松程度。

2. 想象脱敏训练

让来访学生想象着使自己恐怖或焦虑的刺激物或事件，当来访学生感到紧张时停止想象并全身放松，之后反复重复以上过程，直到患者不再对想象的刺激物或事件感到焦虑或恐惧，那么脱敏训练就完成了。脱敏训练的等级从最低级开始至最高级，逐级放松脱敏训练，一次想象训练不超过4个等级，如果训练中某一等级出现强烈的情绪，则应降级重新训练。当通过全部等级时，可从模拟情境向现实情境转换，并继续进行脱敏训练。在此训练时，当引起焦虑的刺激出现或者存在时，要求来访学生不出现回避行为或意向，这一环节对治疗至关重要。

3. 现实训练

每次治疗后，要对来访学生正确的行为加以赞扬，以强化来访学生的适应性行为。同时要求来访学生每周2次在家里自行做和咨询室一样的脱敏训练，每次20分钟为宜。

（三）阳性强化技术

阳性强化法是通过及时奖励目标行为，忽视或淡化异常行为，促进目标行为的产生，也称为"正强化法"或"积极强化法"。这种方法适用于出现行为障碍、希望改变行为的来访学生。

1. 明确目标行为

根据来访学生的基本情况和问题形成的原因，和来访学生商定需要干预的目标行为。

2. 监控目标行为

详细观察和记录该目标行为发生的频率、强度、持续时间及制约因素。如养成阅读的习惯，需要观察孩子什么时间看书，看多长时间，哪些因素影响了看书等。

3. 明确阳性强化物

选择阳性强化物的标准是现实可行、可以达到的，对来访学生有足够的吸引力，是其需要的、喜欢的、追求的、愿意接受的。如可以与来访学生商定，当看书这一目标行为出现时，给予何种奖励。

4. 制定方案并实施

将行为与阳性强化物紧密结合，当来访学生出现目标行为时立即给予强化，不能拖延时间。当目标行为按期望的频率多次发生，就应当逐渐消除具体的强化物，可继续采用精神上的鼓励或者间歇性强化的方法，直到目标行为达成。例如，当孩子出现看书这一行为时，应该对其进行阳性强化，给予奖励，实现看书的目标行为与阳性强化即奖励的结合，逐渐养成爱看书的行为习惯。

5. 追踪评估

鼓励来访学生将所学到的方法，运用到其他需要改变的行为上去，从而改变不适行为，建立良好行为，获得心理成长。

（四）代币管制法

代币管制法是行为疗法的一种，根据操作条件作用的原理，利用来访学生自发活动，配合外部强化控制，使来访学生循序渐进地以正当行为取代不当行为。小学阶段使用这个方法，主要培养学生的适应性行为，使其不良行为减少、生活秩序好转、恢复社会功能。

代币管制法的流程：

① 根据来访学生的喜好选择强化物。

② 建立代币管制。首先选择代币的类型，如小红旗、小红花、积分卡等；其次制定管理方法，如达到什么行为奖励多少"代币"，多少"代币"换取自己喜欢的强化物；最后是执行。

③ 当目标行为已经达成，逐渐取消代币管制。让物质的奖励换成精神方面的鼓励，使服务对象在自然环境中维持正确的行为。

（五）自我管理技术

在行为主义疗法中，自我管理技术的原理是通过对来访学生行为的分析和评估，找出行为中的问题，并通过学习和实践来建立新的行为模式。自我管理技术的原理还包括自我监测和自我强化。

自我管理技术的流程：

① 制定目标。咨询师根据来访学生的问题，和来访学生商定具体的行为目标。如每天坚持早起锻炼。

② 建立管理机制。来访学生可以通过正向强化，给自己建立积极行为的奖励机制，如完成早起锻炼，可以给自己买一个小礼物。同时也要建立负向强化，避免不良的行为，并将优良行为和积极的激励相挂钩，如没有完成早起锻炼，可以罚自己做20个深蹲。

③ 记录行为。来访学生可以通过文本或表格来记录自己每天的行为。

④ 评估数据及自我反馈。咨询师引导来访学生根据记录的数据对自己的行为进行评估，分析结果，对已有行为的优缺点做出评价，为以后的行为作出调整。

三、理性情绪疗法

理性情绪疗法又称合理情绪疗法，属于认知行为疗法。理性情绪疗法理论认为引起人们情绪困扰的并不是外界发生的事件，而是人们对事件的态度、看法、评价等认知内容，因此要改变情绪困扰不是改变外界事件（A），而是应该改变认知（B），通过改变认知，进而改变情绪和行为（C）。其核心理论又称ABC理论。

理性情绪疗法的操作步骤：

1. 心理诊断阶段

识别不合理的信念。这个阶段主要是根据ABC理论，识别不合理信念，弄清不合理信念与情绪困扰的关系。如不合理信念有"我对她好，她必须对我好。""我真的是太笨了，什么事都做不好。""我再也没有朋友了"等。帮助来访学生学习合理信念，放弃不合理信念。但在进行理性情绪疗法时，应建立良好的咨询关系，帮助来访学生建立自信心。

2. 领悟阶段

在帮助来访学生寻找并分析不合理信念时，可按以下顺序进行：

① 了解有关激发此情绪的外界事件A；

② 来访学生对A事件的感觉体验是怎样反应的；

③ 寻找为什么会对它产生这样的情绪，找出造成这些负性情绪的不合理信念；

④ 帮助来访学生区分对A事件同时存在合理的和不合理的看法或信念；

⑤ 帮助来访学生将愤怒、悲痛、恐惧、抑郁、焦虑等负性情绪和不合理的情绪区别开来。

3. 修通阶段

挑战不合理的信念。在此阶段，咨询师采取多种方法和技术，使来访学生放弃原来的不合理信念，将其修正为合理的信念，为理性情绪疗法中最重要的阶段。常用的方法有以下几点：

① 与不合理的信念辩论。咨询师通过与来访学生辩论，改变来访学生不合理的信念。

② 合理情绪想象技术。通过想象，创设情境，体验负性情绪反应和适度的情绪反应，改变来访学生不正确的认知。停止想象，及时强化合理的认知和积极的情绪体验。

③ 家庭作业。让来访学生写出事件A和结果C，然后从RET自助表中找出符合自己情况的不合理信念B或写出表中未列出的其他不合理信念，最后找出可以代替那些B的合理信念，写出获得的新的情绪和行为。

④ 其他方法。理性情绪疗法中也会经常见到一些情绪与行为方面的治疗方法和技术。如脱敏、操作性条件反射、自主训练、模仿、角色扮演、想象等。

4. 再教育阶段

重建新的反应模式。经过以上方式后，还需要通过再教育，从而进一步巩固上一阶段治疗的成果，帮助来访学生进一步摆脱不合理信念、思维方式，使新观念和逻辑思维方式得以强化，并重新建立新的反应模式，减少以后生活中出现的情绪困扰和不良行为。

理性情绪疗法运用人际关系的案例

案例背景：六年级女生小A，觉得同桌总是用怼人的方式说话，让自己很受伤，但又觉得对方不是有意的，甚至可能对此毫无察觉，因此不知道该怎么办。

辅导过程如下：

① 接纳其情绪。老师首先通过倾听、同理等技术安抚来访者的情绪。经过交谈，老师发现，小A的不合理信念主要在于，她认为向同桌表达对方的不足之处或者向他人表达不满是一件不好的、令同桌尴尬的事（过分概括化、以偏概全）。

② 转变其认知，改变不合理信念。

师：嗯，向人表达她的不足之处确实会让对方感到尴尬。那么，除了尴尬之外，有没有什么好处呢？或者换个角度，如果有人真诚地向你指出你的不足之处，你会怎么想？会有什么感受？

A：我想起来了，好像就有人直接给我指出过，我说话太直接了……

师：很好，那你一定感受很深，能说一说吗？

A：当时确实特别尴尬，同时也很震惊。因为我一直以来都是这样说话的，喜欢跟别人开玩笑，完全没想到给别人的感受是太直接了。但是从那以后，我就特别注意自己的说话方式。我觉得有人给我指出不足还是很好的，不然我可能一直都不会注意到自己这样说话会让人不舒服。

师：我听到你说觉得有人给你指出不足之处你其实是很感激的，是吗？那么我们回到你和小玲的事情上来。同样的，你给小玲指出她的问题，能够让她有意识地去改进，她是否也会感激你呢？

A：嗯。虽然当时可能会让她尴尬、难受，但是从长远来看，帮她指出来对她是有好处的。

③ 促成其行动。光有认知的改变还不够，因此需要马上将认知的改变转换为行动。所以咨询师引导小A思考可以怎么跟同桌去表达。

四、焦点解决短程心理辅导

焦点解决短期治疗(SFBT)是指以寻找解决问题的方法为核心的短程心理治疗技术。焦点解决短期治疗强调如何解决问题，而非发现问题原因；以正向的、朝向未来的、朝向目标的积极态度促使改变的发生。

焦点解决短期心理咨询包括三个阶段：第一阶段，建构解决的对话阶段（40分钟），这是咨询的重点所在，包括设定目标会谈、寻找"例外"会谈、发展未来想象三个区块。第二阶段，休息阶段(10分钟)。这一阶段，咨询师可以整理谈话内容、思考解决方案，来访学生也可以思考自己问题的解决方法。第三阶段，正向回馈阶段(10分钟)，主要包括赞美、提供信息、布置家庭作业。

1. 倾听技术

从来访学生的诉说中，找到有能量与有意义的部分。即使是抱怨，也要找到重要的人、事和物。咨询师要做出回应：

① 摘要。复述与整理来访学生谈话内容，形成后续的问句。

来访学生说："我讨厌妈妈叨叨我，我一听就紧张。"

咨询师摘要出："你讨厌听唠叨，感觉紧张"。

② 一般化。让来访学生感到这种情况是暂时的，并且多数人遇到也会这样的；它是常态的（不是独有的），消除来访学生的恐惧。

来访学生："我的成绩总是这么差。"

咨询师可建议来访学生这样表达："我的成绩'暂时'不理想。"

来访学生："每次参加比赛，我总是很紧张，担心自己会失误，影响了大家。"

咨询师："每个人在遇到比赛时，都会或多或少地紧张。"

③ 重新建构。重新看待与解释同一个问题，赋予正向意义优点、能力、资源、动机、意图、意义，用"虽然（负面），但是（正面）"的句式来重新建构。

来访学生："我很努力地学习，但成绩总是搞不好。"

咨询师："虽然成绩不太好，但是你很努力。"

2. 提问技术

① 成果问句。咨询开始使用，理解来访学生的目的。

"今天我们讨论什么主题对你是最重要的。"

② 假设问句。通过预设问句探索来访学生的目标与愿景。

"如果你的目标实现了，你的生活是什么样的？"

③ 奇迹问句。引导来访学生想象，问题解决后的美好愿景；带领来访学生如何向愿景靠进一步。

"如果有一天晚上，当你正在睡觉的时候，奇迹发生了，问题解决了，第二天早上你醒来的时候，你如何得知这个奇迹的发生？是否有什么事情变得不一样了？"

④ 差异问句。常用在奇迹问句、假设问句之后，引导来访学生思考现状与愿景之间有什么不同（细节），带给来访学生希望感，激发行动的策略。

"如果你能够克服焦虑，不再害怕考试，会和现在有什么不同？"

⑤ 例外问句。引导来访学生看到问题不发生或不严重的时候，调动自己过去的成功经验来应对。

"什么时候打游戏少一点？"

"看来你有时能够控制自己打游戏，你具有控制能力。"

⑥ 应对问句。针对问题的应对与处理，激发来访学生的自发力量，减少挫败感。

"你做了什么没有让事情更糟？"

⑦ 评量问句。可以帮助来访学生把问题具体化，帮助来访学生看到自己已经做了什么，把复杂、模糊的目标简单化。也可用来作为咨询进展的指标，以比较前后的情况。

"如果用1～10分来描述你的状况，1分表示最差的状况，10分表示最好的状况，你目前是几分？若要上升一格，你可以做些什么？"

"上次你给自己的状况打了5分，如果今天再让你打个分数，你会给自己打几分？"

⑧ 关系问句。找出来访学生的重要他人，运用于互动环节中，增加来访学生的现实感和改变的动力。

"你的班主任希望你有什么改变？"

"如果我问你的好朋友，他会对你的处境，提出什么建议？"

第四节　小学生个体心理辅导内容

一、学习心理辅导

学习心理辅导是指教师运用心理学的有关原理，对学生在学习活动中发生的各种问题，包括认知、动机、情绪、行为等方面进行辅导。

（一）学习策略辅导

学习策略指学生在学习活动中有效学习的程序、规则、方法、技巧和调控方式。

1. 认知策略

（1）复述策略辅导

复述的方法有以下几点：

① 不随意识记和有意识记；

② 防止前摄抑制和倒摄抑制的干扰；

③ 整体识记和分段识记；

④ 多种感官参与；

⑤ 分散复习和集中复习；

⑥ 其他方法，如重复、抄写、记录、下划线等。

（2）精加工策略辅导

精加工策略是对知识的加工，帮助记忆，和复述策略结合使用，可以显著提高记忆效果。

① 记忆。记忆方法比较常用的有：位置记忆法、缩略词法、谐音法、视觉想象、语义联想、关键词法、口诀法等。

② 笔记。学生可以把老师讲课的内容记下来，既提高听课的专注力，加深印象，又便于复习用。

③ 提问。教会学生学习时，带着问题去学，会领会得很好。

④ 联系实际生活。鼓励学生将学校所学的知识技能应用于生活中，让他们感觉到学习是有用的。

（3）组织策略辅导

组织策略是整合所学新知识之间、新旧知识之间的内在联系，形成新的知识结构的策略。

① 系统结构图。鼓励学生把学完的知识整理成一个系统结构图，容易理解和记忆，如金字塔式的层次结构。

② 流程图。流程图用来表现步骤、事件和阶段的顺序，它一般是从左向右展开，用箭头连接各步骤。

③ 模式或模型图。模式图就是利用图解的方式来说明在某个过程中各要素之间是何相互联系的。

④ 网络关系图。做关系图时，首先找出文中的主要观点；然后找出次要的观点或支持主要观点的部分；接着标出这些部分，并将次要的观点和主要的观点联系起来。

2. 元认知策略辅导

元认知策略指学生对自己的认知过程及结果的有效监视及控制的策略。元认知策略总是和认知策略一道使用。

（1）计划策略

学习目标前，和来访学生商定计划。包括学习目标、学习准备、学习过程的实施以及可能产生问题的分析。

（2）监控策略

在学习活动过程中，引导来访学生根据学习目标及时评价、反馈活动的结果与不足。

（3）调节策略

活动结束后，帮助来访学生及时进行回顾、检查。如发现问题，及时补救修正、调整认知策略。

3. 资源管理策略辅导

资源管理策略是辅助学生管理可用的环境和资源的策略，对学生的动机有重要的作用。

（1）学习时间管理策略

① 统筹安排学习时间。

② 高效利用最佳时间。

③ 灵活利用零碎时间。

（2）学习环境管理策略

首先需要舒适的自然条件，如流通的空气、适宜的温度、明亮的光线等。其次，要设计好学习的条件，如相对固定的学习场所、室内布置、用具摆放等因素。学习时，要注意桌面的整洁。

（3）社会资源利用策略

老师的帮助和同学间的合作与讨论，是学习最重要的社会性人力资源，必须善于利用。

（二）学习动力辅导

学习动机是指激发和维持来访学生学习活动，并将学习活动指向一定学习目标的动力，是直接推动学生学习的内部动力。动机的培养是从无到有的过程。

1. 成就动机训练

首先，帮助来访学生了解并练习高成就者的行为。其次，运用个别与团体咨询的技巧，使来访学生反省自己是个怎样的人，讨论个人的动机与抱负。接着，指导来访学生树立未来的目标。最后，培养团体情感，以便训练之后个人的努力与改变仍可获得支持。

2. 培养积极的归因观

咨询师先通过说明、讨论，让来访学生明白正确与错误信念、自信心与成功、努力与成功的关系，了解影响学习成败的主要因素等。然后通过观看录像和示范，向来访学生重复类似行为。最后强化矫正，引导来访学生积极归因。如某人考试失利，积极归因是自己不够努力，那么为了下一次能够顺利通过考试，他就会更加努力。

3. 提升自我效能感

提升来访学生的自我效能感方法有以下几点：

① 不断积累成功经验。

② 发现身边的榜样。

③ 寻找正向言语支持。

④ 保持良好生理和情感状态。

4. 促使学生动机的产生

利用阳性强化技术和代币管制法。具体方法见第三章第三节。

（三）考试心理辅导

1. 考试技能训练

（1）考前的准备技能训练

考前三轮复习法：第一轮，全面复习，各科内容都要从头到尾串一遍。第二轮，重点深入复习，分清主次，抓住关键，突破重点和难点。第三轮，侧重于解题训练，把以前做过的试卷和整理的错题本再重点看一看，做到知识的消化、简化和程序化。

（2）考时的应考技能训练

考试的答题技巧有：明确答卷要求；安排好答题顺序，先易后难；合理控制答题时间；认真审题，细心答题；仔细检查，查漏补缺；书写工整，卷面整洁。

（3）考后的调整技能训练

考完试后，要及时调整情绪；及时宣泄紧张情绪、走出挫折的消极情绪；试卷分析；正确归因；重建期望。

2. 考试心态训练

（1）考试焦虑

常用的辅导方式有：尝试与回忆成功经验、认知矫正程序、自我教导训练、放松训练、系统脱敏法等。

① 认知矫正程序。让来访学生按程度轻重，写下自己的担忧。然后分析来访学生所担忧的哪些是合理的，哪些是不合理的。最后通过与不合理担忧的辩论，作出合理的反应。

② 自我教导训练。自我教导的语气，常是自我支持、自我勉励的话。如面对难题时，告诉自己"这道题我认为难，别人也会认为难，所以别慌，让我再想一想，既然想不起来，先做后面会做的题目，回头再来做吧。"考试时间过了五分之三时，"会做的题目都做好了，再来仔细分析这几道难题。"这些都称为自我教导训练。

尝试与回忆成功经验、放松训练和系统脱敏法，详见第三章第三节。

（2）考试中意外情况及处理

考试怯场时，可以运用自我放松、自我暗示、转移注意、回忆成功经验等方式。考试时出现记忆卡壳情况，可以放下这道题，先做别的题目，然后利用多种线索帮助回忆。

二、人际交往辅导

人际交往是人与人之间的交往，与之密切相关的就是人际关系和人际沟通。

（一）小学生的人际关系

1. 儿童友谊的发展阶段

第一阶段：不稳定阶段(3～7岁)　短暂的游戏关系。

第二阶段：单向帮助阶段(4～9岁)　满足自己需求和愿望的才是朋友。

第三阶段：双向帮助阶段(6～12岁)　带有明显功利性。

第四阶段：亲密共享阶段(9～15岁)　具有强烈的排他性。

第五阶段：友谊阶段(12岁以后)　这个阶段的儿童对朋友的选择性逐渐增强，选择朋友更加严格，建立起来的朋友关系持续时间一般比较长。

2. 小学生人际交往的特点

（1）同伴关系

小学生倾向于选择与自己的兴趣、习惯、性格和经历相和谐的人做朋友。也倾向于选择品行得到社会赞赏的人为朋友。在性别问题上，从小学二年级起，男女学生就已经表现出相互忽视。到了小学高年级，开始表现出明显的同性别同伴，如女孩喜欢找女孩。到五年级时，这种情况达到高峰，直到初中时才发生迅速改变。

（2）亲子关系

小学儿童在身体和心理上都对父母具有强烈的依赖性。随着年级的增长，到小学高年级，部分家庭开始出现亲子冲突。

（3）师生关系对小学生成长有更大影响

讲课有趣、耐心、公正、知识丰富、能为同学着想的教师往往是小学生最喜欢的教师。小学生对自己喜欢的教师往往给予积极的反应，反之是消极的反应。

（二）影响小学生人际关系的因素

1. 认知因素

认知因素是影响小学生是否能顺利交往的关键。人际交往是双方彼此满足对方心理需要的过程。如果只考虑自己的满足而忽视对方的需要，则会为人际交往制造障碍。

2. 人格因素

人格因素对人际交往有着重要的影响。有的小学生性格胆小，在交往活动中表现出紧张、害怕、脸红和强烈的恐惧心理。有的小学生，认为自己很了不起，欺负别人；还有的小学生嫉妒，看到别人学习比自己好，能力比自己强，就会产生不满，甚至攻击别人。此外，还有一些性格缺陷，如自私、自卑、虚伪、任性等。这些都会成为人际交往的障碍。

3. 态度问题

人际交往双方相互之间在情绪上的好恶程度，情绪的敏感性，对交往现状的满足程度以及他人对自我成功感的评价态度等。如果一个小学生总是得不到对方的认可或赞赏等，就会影响继续交往。

4. 交往空间

以前小学生经常一起在外面玩耍、做游戏。在活动过程中，人际交往得到发展。现在不少小学生足不出户，削弱了他们交往的动机和欲望，不利于他们之间的沟通。

5. 家庭教养

家庭的溺爱导致有的小学生不愿意与人交往和合作；有的小学生有很强的攻击性，喜欢欺负别的小朋友；还有的小学生对别人斤斤计较，说话尖酸刻薄，乱发脾气。这样的学生很难有同学愿意与他玩。

个人品质受欢迎的程度（Anderson，1968）

值得高度喜欢的品质	中性品质	最不喜欢的品质
真诚、诚实、理解、忠诚、信得过、理智、有思想、体贴、可信赖、热情、友善、乐观、大方、幽默、负责任、开朗、信任别人	固执、循规蹈矩、大胆、谨慎、追求完美、易激动、好冲动、好斗、腼腆、猜不透、文静、害羞、天真、闲不住、好空想、追求享受、叛逆、孤独、依赖	作风不正、不友好、敌意、饶舌、自私、目光短浅、粗鲁、自高自大、贪婪、不真诚、不守时、不友善、信不过、恶毒、虚伪、不老实、冷酷、邪恶、说谎

（三）小学生人际交往辅导

1. 小学不同学段人际交往辅导的重点内容

① 小学低年级：培养学生礼貌友好的交往品质，乐于与老师、学生交往，在谦让、友善的交往中感受友情。

② 小学中年级：树立集体意识，善于与学生、老师交往，培养自主参与各种活动的能力，以及开朗、合群、自立的健康人格。

③ 小学高年级：开展初步的青春期教育，引导学生进行恰当的异性交往，建立和维持良好的异性同伴关系，扩大人际交往的范围。

2. 小学生人际关系辅导中教师活动

① 教师除了团体课辅导外，在日常课堂教学中导入"集体性"的教学活动，为学生的人际关系的形成和发展创造有利条件。教师要开展丰富多彩的课外活动，有利于儿童进行更广泛的交往。

② 教师要帮助学生形成正确的交往原则和态度。人际交往的关键是态度。首先要端正态度；其次是在交往中要遵循一定的道德规范；最后是运用表扬、批评包括自我批评等强化措施，发展良好的人际关系。

③ 对小学生人际关系的辅导，要建立在沟通的基础之上。教师要学会同理和倾听。

3. 小学生人际关系辅导的具体做法

① 助人为乐。引导小学生体会帮助别人时的快乐，同时感受与他人的关系更亲密。

② 交流信件。与同学有矛盾、想感谢某人或想认识新朋友，又不好意思主动表达，可以写一封信给他。可以当面读，可以寄给他，还可以不寄出，自己想象他读到这封信的反应。

③ 欣赏自己和别人。鼓励小学生发现自己，增强自信心。发现别人的优点，交到更多的朋友。

4. 处境不利小学生的人际关系辅导

集体中的人际关系辅导时，重点是处境不利的小学生。通过训练提高他们的社交能力，纠正他们的自我评价，增进他们的社会交往兴趣，改善他们的社交技能。具体方法有：口头指导、角色扮演、正向行为强化等。训练时要取得家长的理解和支持。

心理辅导案例：小学生人际关系的辅导案例

案例1：

案例背景：被同伴排斥、行为习惯不好的五年级学生。

辅导过程：

① 满足期待：满足他的归属感；

② 允许他犯错误；

③ 运用焦点技术，将人与行为区分开；

④ 运用正面强化，重塑自信。

案例2：

案例背景：亲子关系紧张、遇事大喊大叫的六年级学生。

辅导过程：

① 尊重学生，共情；

② 学会合理地宣泄情绪；

③ 学会放松和压力应对的替代方法；

④ 促进亲子沟通。

三、情绪调节辅导

情绪是指人对客观事物是否符合个人需要而产生的态度体验及相应的行为反应。凡能符合需要的事物引起愉快的体验，凡不能符合需要的事物引起不愉快的体验。

（一）小学生情绪特点

1. 表情丰富但不善于控制自己

小学生的喜、怒、哀、惧很容易从他们的表情上反映出来，如高兴时就笑，不高兴时就哭。其情绪情感易受具体事物的支配，容易激动，也不容易受到控制。并且小学生的情绪具有传染性，如同学们高兴时，自己也跟着高兴起来。

2. 情感的内容不断扩大

随着年级的提高，小学生的情感生活不断得以丰富。小学生通过学习活动，理智得到了发展。同时也接受道德感和美感的陶冶。如在阅读文学作品时英雄人物使他们产生敬仰之情，而反面人物使他们产生憎恶之感。

3. 情感的内容不断加深

随着社会性需要的发展，小学生的情感日益深刻。例如，同是惧怕，学前儿童可能怕黑暗，怕打针等，而小学生主要是怕做错了事挨批评，怕考试成绩不好等。

4. 冲动性减少而稳定性增加

小学生控制、调节自己情感的能力更加发展完善。他们在一定程度上，已能抑制自己当前的一些愿望，而去克服困难，完成任务。

（二）影响小学生情绪的因素

1. 家庭环境

父母之间不良的夫妻关系、父母工作的压力、经济条件、家庭暴力等都可能会对小学生的情绪产生负面的影响。

2. 学校环境

老师的教育方式、同学的交往方式、学校的课程负担等都可能对孩子情绪产生影响。

3. 社会环境

家庭和学校外部的环境也会对孩子的情绪产生一定的影响，如媒体的影响、社会事件等。

4. 个人体质

孩子的情绪状态可能受到睡眠质量、饮食、锻炼等影响。

5. 成长阶段

孩子的情绪状态也会受到成长阶段的影响，如青春期，身体发生的变化、自我认同的问题等都可能导致不稳定的情绪状态。

（三）小学生的情绪调节辅导

在小学，咨询师要帮助和指导小学生调节好自己的情绪，努力培养积极情绪，使消极的情绪向积极的情绪转化。

1. 合理宣泄法

咨询师在平时要积极观察学生的情绪变化，当发现学生有不良情绪产生时，教会他们不要强行束缚自己的感情，该笑就笑，该哭就哭，应该合理宣泄，把不良情绪尽快释放出来。

2. 自我赞美法

咨询师要适时给小学生多些赞扬，让他们总有一种心满意足的感觉，这时他的情绪也会变好。

3. 呼吸调节法

呼吸调节是处理情绪波动的有效方法，通过深呼吸可以使波动的情绪及时稳定下来。具体的方法见第三章第三节。

4. 表情调节法

人的情绪可以影响外部表情，如高兴时会手舞足蹈，笑容满面；心情不好时会垂头丧气。反过来，人也可以通过外部表情的有意识改变调节内部的情绪。如有意识地放松肌肉来缓解紧张情绪；当自己情绪低落，可以强迫自己笑，或想自己最高兴的事情，使情绪得到优化。

心理案例 ⋯⋯⋯⋯⋯ ☺

小学生情绪调节的辅导案例

案例1：

案例背景：面对情绪不稳定，烦躁、易怒症的来访学生。

辅导过程：

① 找出引发烦恼情绪的问题。

② 鼓励来访学生以长远、发展、变化的眼光看问题（一切烦恼都会过去的），要一分为二地分析问题，既看到不利的一面，也看到有利的一面。不要斤斤计较于眼前小事。

③ 学习释放情绪压力。具体方法有：深呼吸、户外活动、体育运动（建议轻松愉快的项目）、聊天、旅游、听歌、唱歌、读书等等。

④ 提高自制力。平时养成理性思考、三思而行、信守承诺、反思自省的习惯。

案例2：

案例背景：面对控制不住自己情绪的来访学生。

辅导过程：

① 让来访学生尽量发泄自己的不良情绪，消耗"负能量"。最好带其离开原来的"事故"现场。保证其安全的情况下，允许其发泄。

② 对刚才的事情不评价、不干预的前提下，帮助来访学生认识情绪。让来访学生知道负面情绪是众多对自己不利的情绪中的一种，让孩子主动避免类似的负面情绪。允许孩子发泄情绪。

③ 学习管理情绪的方法。如注意力转移法、自我暗示法、朋友谈心法、运动调解法等等。

实践教学

一、心理辅导方案制定

请根据下面提供的学生信息，制定一个心理辅导方案。具体要求如下：

① 分小组进行。小组成员集体商讨、确定心理辅导方案的结构和内容。

② 方案要明确心理辅导不同阶段的任务、使用的技术、要达成的目标。

③ 小组演练。两名成员分别扮演心理辅导教师和小美，其他成员作为观察员，轮流进行演练。注意贴近扮演的角色，观察辅导过程中存在的问题。

④ 根据演练情况完善心理辅导方案。

个案信息

基本信息： 小美（化名）是一位五年级的女生，大眼睛，短头发，成绩中等偏下，性格内向，喜欢画画。父亲在工厂上班，母亲为家庭主妇，父母亲文化均不高。

主要问题： 小美上课从来不主动举手，即使老师提问她，她也不敢抬头，回答问题的声音很小。下课除了上厕所都是坐在座位上，不和其他同学玩。在家里很少和父母沟通，喜欢一个人待着。

原因分析： 小美父亲每晚工作到很晚才回家，对孩子的学习情况过问不多，当小美的成绩不够理想时，父亲通常只会责骂小美。而母亲整天忙于家庭琐事，对孩子的学习辅导力不从心，也很少和小美谈心。在学校，由于小美属于比较"乖"的孩子，加之成绩不是很好，因此，老师对小美的关注也不多。种种因素造成小美比较自卑、羞怯，表达被动。

二、心理辅导个案报告分析

分小组对下面的心理辅导个案报告进行讨论分析。注意以下几点：

① 重点讨论心理辅导方法的有效性。

② 如果是你们自己在对小望开展工作，工作的重点放在哪里，会采用哪些方法，还要收集哪些信息。

③ 尝试分别体验小望、爷爷、父亲三个人的情绪和情感，讨论如何与小望、爷爷和父亲进行交流。

④ 撰写分析报告，介绍小组研讨的过程和收获，以及以后开展学生个体心理辅导时应该注意的事项。

"棍棒"底下的小望

基本信息： 小望（化名）是一名三年级学生，成绩较差，父母离异，跟随爷爷和父亲生活，父亲工作较忙。

主要问题： 三年级以来，成绩逐步下降。课堂上注意力不集中，经常无精打采，趴在课桌上。作业经常不写、不交，和老师、同学们互动很少。在家，爷爷对他要求严格，非打即骂。

原因分析： 父母离异，母爱缺失对小望的心理造成了一定的影响，爷爷的粗暴管教，给孩子带来更大的心理压力。放学后回家，自由的时间较充足，学习上缺乏家长指导，作息时间也不规律，导致第二天上课无精打采。长此以往，失去学习兴趣，成绩下降又给他带来挫败感，造成恶性循环。

教育对策：

家庭：老师与家长多进行沟通与协调，要求家长改进教育方式，多给孩子温暖。父亲在家时，定期检查孩子的作业，帮助孩子解决学习中的困难。母亲多抽时间给孩子打电话，节假日接孩子到自己身边，进行亲子活动、沉浸式陪伴等，爷爷对待孩子温和一点，少些打骂。

学校：老师经常与小望单独谈心，深入了解其问题行为产生的心理原因。课堂上提问他一些简单点的题目，课下请他帮忙搬作业、发作业。还可以在班级中给他安排"小管家"值日，如每天负责关闭班级电器等。在教学过程中注意对他的点滴进步予以及时、热情的表扬，帮助他慢慢建立集体归属感，提高学习兴趣。

第四章

小学生团体心理辅导

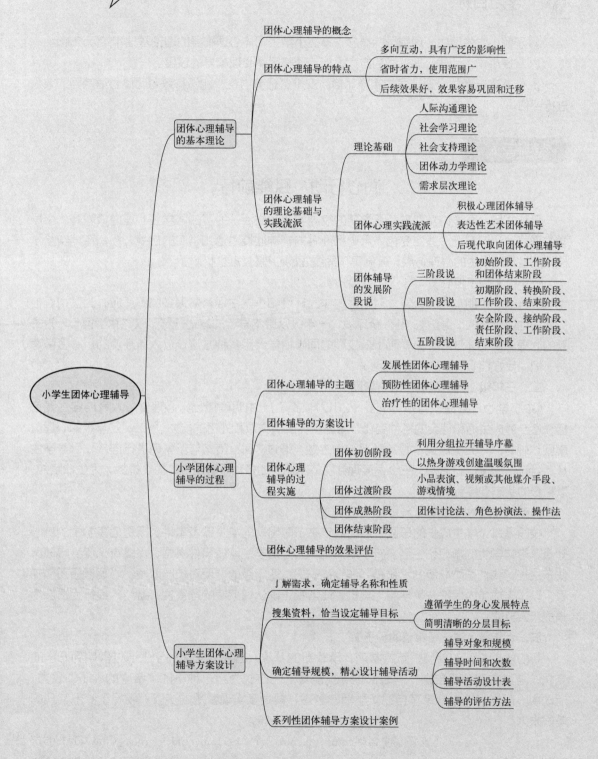

小学生团体心理辅导

- 团体心理辅导的基本理论
  - 团体心理辅导的概念
  - 团体心理辅导的特点
    - 多向互动，具有广泛的影响性
    - 省时省力，使用范围广
    - 后续效果好，效果容易巩固和迁移
  - 团体心理辅导的理论基础与实践流派
    - 理论基础
      - 人际沟通理论
      - 社会学习理论
      - 社会支持理论
      - 团体动力学理论
      - 需求层次理论
    - 团体心理实践流派
      - 积极心理团体辅导
      - 表达性艺术团体辅导
      - 后现代取向团体心理辅导
    - 团体辅导的发展阶段说
      - 三阶段说
        - 初始阶段、工作阶段和团体结束阶段
      - 四阶段说
        - 初期阶段、转换阶段、工作阶段、结束阶段
      - 五阶段说
        - 安全阶段、接纳阶段、责任阶段、工作阶段、结束阶段

- 小学团体心理辅导的过程
  - 团体心理辅导的主题
    - 发展性团体心理辅导
    - 预防性团体心理辅导
    - 治疗性的团体心理辅导
  - 团体辅导的方案设计
  - 团体心理辅导的过程实施
    - 团体初创阶段
      - 利用分组拉开辅导序幕
      - 以热身游戏创建温暖氛围
    - 团体过渡阶段
      - 小品表演、视频或其他媒介手段、游戏情境
    - 团体成熟阶段
      - 团体讨论法、角色扮演法、操作法
    - 团体结束阶段
  - 团体心理辅导的效果评估

- 小学生团体心理辅导方案设计
  - 了解需求，确定辅导名称和性质
  - 搜集资料，恰当设定辅导目标
    - 遵循学生的身心发展特点
    - 简明清晰的分层目标
  - 确定辅导规模，精心设计辅导活动
    - 辅导对象和规模
    - 辅导时间和次数
    - 辅导活动设计表
    - 辅导的评估方法
  - 系列性团体辅导方案设计案例

① 了解小学生团体心理辅导的概念，掌握小学生团体心理辅导的理论基础和实际流派。

② 掌握小学生团体心理辅导的方案设计，理解团体心理辅导的过程。

③ 能够进行团体心理辅导的实施，恰当安排各环节内容，能够有效对团体心理辅导的效果进行评估。

案例导入 ☺

润心行动　赋能前行

金秋九月，同学们又迎来了新学期的校园学习和生活。为了加强学生心理健康教育，引导学生更好地认识自己、适应变化，用更加饱满的精神迎接生活和学习的挑战，扬州育才实验学校根据各年段学生的心理特点，开展了不同主题的心理健康团体辅导。

一年级《我不担心》

一年级的小朋友刚刚入学，对陌生的校园环境和小学生活有着很多的不适应，为了引导他们尽快地适应新的"身份"，融入新环境，一年级以绘本导读的方式开展了以"我不担心"为主题的心理健康团体辅导，引导刚步入校园的同学们学会用多种方法让进入新环境的担心慢慢消失，把"我好担心"变成"我不担心"。

二、三年级《元气满满"心"学期》

《中小学心理健康教育指导纲要（2012年修订）》中明确指出，心理健康教育内容主要包括"逐步适应生活和社会的各种变化，着重培养应对失败和挫折的能力。"二、三年级的心理健康团体辅导以"元气满满'心'学期"为主题，通过"3I"策略与新学期进行连接，引导学生从"I am，I can，I have"三个角度理性看待生活中的各种不确定性，勇于挑战，为生命赋能，以积极的状态迎接新学期。

四年级《反对校园欺凌》

校园是每个学生成长的乐园，然而近年来不时出现的学生欺凌事件，严重危害学生的身心健康，影响学生的学习和生活。新学期伊始，为预防学生欺凌事件发生，保障青少年身心健康快乐成长，我们把防欺凌的"秘籍"送给孩子们！四年级的"反对校园欺凌"心理健康团体辅导，以《未成年人保护法》学习为契机，让学生正确认识欺凌的危害性，避免不良行为发展为未成年人犯罪。

五、六年级《种一颗希望的种子》

新的学期，新的希望；新的学期，承载新的梦想。五、六年级的学生通过假期到开学的变化，与过去的自己告别，同时通过寻找能量水的方式为自己种下的"希望的种子"蓄力。活动中，同学们积极分享了自己新学期的梦想，规划了实现梦想的步骤，畅想了梦想实现的美好未来！

（来源：中国网 https://fj.china.com.cn/Home/Index/article_show/id/35057）

第一节　团体心理辅导的基本理论

一、团体心理辅导的概念

团体是两个或两个以上的人组成的，彼此之间有互动关系、有一致性的共识、有共同目标的集合体。辅导有指导、建议、劝告等多种含义，由于翻译的原因，国内常常将辅导（guidance）和咨询（counseling）互用。中国台湾多用团体咨商或团体辅导，香港多用小组辅导，大陆地区多用团体辅导。

团体心理辅导（group guidance），简称团体辅导，也称小组辅导，是在团体情境中提供心理帮助与指导的一种心理辅导形式。团体心理辅导通常由一位或两位咨询师或心理教师主持，成为团体领导者，多个来访者参加，即团体成员。在学校情境下，团体心理辅导是指由专业训练的心理咨询师或心理教师带领团体成员，在保密的原则下营造一种安全、支持的环境，围绕一个或几个成员共同关心的主题，通过练习、分享、讨论和反馈等人际互动，促使个体获得新的知识，接纳自己，了解他人，形成新的态度和行为方式，增进心理健康及提升生活适应能力的过程。通过几次或十几次的团体聚会，成员互相交流，共同讨论大家关心的问题，彼此启发，相互支持，鼓励分享，可以更加了解自己的心理，了解他人的心理，改善人际关系，增加社会适应性，促进人格成长。

值得注意的是：在中小学心理健康教育工作中，团体辅导和团体咨询的概念常常交替使用，都是针对正常学生开展的教育、发展和预防性的活动。两者有共性又有区别，如表4-1所示。

表4-1　团体辅导与团体咨询的异同

项目	共性	不同
团体辅导	团体情境下的一种心理教育形式 成员在共同的活动中进行心理互动，探讨自我，尝试改变行为，学习新的行为方式，解决生活中的问题	以预防、教育和成长为导向 以普通的正常人为对象 人数可多可少 过程高度结构化，具有特定主题 因主题不同，可分单次或多次
团体咨询		以问题解决为导向 针对正常但有困扰的人 小团体6～12人为宜 形式灵活，以半结构化为主，注重咨询关系

二、团体心理辅导的特点

团体心理辅导是一种有效的心理辅导形式，也是一种有效的教育活动，其特色在于培养人的信任感和归属感，由对团体信任扩大到信任周围的其他人，由对团体的归属扩张到对学校、社会和国家的认同和归属。具体而言，有以下特点：

（一）多向互动，具有广泛的影响性

团体心理辅导是多向的沟通，可以启发彼此的过程。领导者鼓励、启发、引导成员尊重每

个人的个性，发表个人观点，重视团体中的交流和各种发言，适时地提出问题，激发成员思考，培养成员的分析与解决问题的能力。团体辅导中每个成员都可以成为别人的成长资源，彼此之间的所见、所想、所悟，在人际和支持的氛围中，形成强大积极的动力推动团体发展，促进个人更加开放，获得更多的突破和更多的新经验。

但需要谨慎的是，如果团体的动力是负面的，甚至具有破坏性时，团体领导者需要及时发现、调整和干预，减少和降低对团体影响的伤害。如控制欲极强的成员可能使团体成员因表达受阻不得不附和其意见，或者因压抑而退出团体，领导者要及时察觉和干预。

（二）省时省力，使用范围广

团体心理辅导针对成员共有的问题而组织的，过程中始终注意成员共同的志趣和话题，使得个体和成员相互关注，保持共同的信念、利益和目的。其对于正常人群和异常人群均适用，超越了年龄、文化等限制，可以应用在教育部门、社区机构、企业、政府、医疗、司法等领域。同时，因成员的不同，主题丰富多样，利用集思广益的讨论方法，探究问题发生后的处理方式，防患于未然，避免问题的发生；在有限的时间内，增加了辅导数量，提高了辅导效率，节省了辅导的人力和时间成本，提升了辅导的效益。

（三）后续效果好，效果容易巩固和迁移

团体辅导提供了一个类似于真实的生活情境，为成员提供了社交的机会。成员的言行也往往是日常生活行为的再现。在充满安全、信任、尊重的良好团体气氛中，进行示范、模仿和训练，成员们会经历难以突破的瓶颈，重现日常生活中做决定的情形，学会适当的新决定，更容易将所学到的经验迁移到日常生活中。

三、团体心理辅导的理论基础与实践流派

（一）理论基础

团体心理辅导作为心理辅导的主要形式，其理论、方法、技术种类繁多，每个心理辅导学派都能将理论运用于团体辅导中，形成各种学派独特的团体辅导。

1. 人际沟通理论

人际沟通是指人与人之间运用语言或非语言符号系统交换意见、传达思想、表达感情和需要的交流过程，是人们交往的一种重要形式和前提条件。团体心理辅导过程就是人际沟通的过程，了解人际沟通理论，有助于认识和把握团体发展的过程，有效引导团体发展。好的沟通有助于团体内形成真相的动力，促进团体内外成员与成员之间、成员与团体领导者之间的认知、情感和经验的交流。人际沟通研究的领域广泛，内容丰富，成果卓越，为团体辅导过程中人与人之间如何交往，怎样增进沟通，建立良好的人际关系，避免或减少交往障碍提供了大量有价值的参考，也为团体领导者选择怎样的团体沟通方式，如观察、指导团体成员的有效沟通，增进自我了解和他人了解，在协调的人际关系中获得成长提供了具体的方法和技巧。

2. 社会学习理论

社会学习理论由美国心理学家班杜拉（Albert Bandura）提出，他认为个人与环境的相互作

用决定了人的行为。他主张，把依据直接经验的学习和依靠间接经验的观察学习结合起来说明人类的行为，强调人的思想、感情行为不仅受直接经验的影响，也受到间接经验的影响，强调行为与环境的交互作用、认知过程的重要性、观察学习、自我调节过程。

团体辅导为成员创造了一种特殊的情境，充满了理解、关爱、信任，促进个体行为的积极改变。人们通常通过观察、模仿他人的行为来学习，形成一种新的行为方式。如为那些心理适应不良的成员提供多个可模仿的榜样，则有助于其改变不适应的行为。

3. 社会支持理论

社会支持理论认为个体从他人或社会网络中获得一般或特定的支持性资源，包括物质性支持、情感性支持、网络支持。这些支持可以帮助个体应对生活和工作中的问题与危机，缓解心理压力和负性情绪，增进主观幸福感和提升身心健康水平。

团体作为有效的社会支持，可以通过营造温暖、支持、包容的良好氛围，促进团体成员彼此沟通、尊重、理解，帮助成员建立相互支持的亲密人际关系。人的一生都在寻求团体支持，也离不开团体支持，尤其是当人遇到困难而又彷徨无助时，这种支持可以令人产生归属感，获得心理滋养，助人渡过难关。

4. 团体动力学理论

团体动力学产生于20世纪30年代末期的美国，其创始人勒温强调团体是一个动力整体，应作为一个整体来研究。团体动力学旨在探索团体发展的规律，主要有五个方面：团体的凝聚力、团体成员间的互相影响、领导的风格与团队的生产力、团体目标与团体成员的动机、团队的构造。

团体动力学经过不同的发展有着丰富的内容，如怎样的团体是有效团体，如何促进成员的成长发展，团体领导者怎样创设和谐、温暖、理解的团体心理氛围，成员如何拥有强烈的安全感、肯定感、归属感等等。所以团体动力学是所有形式团体辅导的理论基础，其研究成果对团体心理辅导的发展有重要作用。

5. 需求层次理论

需求层次理论由马斯洛提出，认为人的需求包括生理需求、安全需求、归属和爱的需求、尊重需求和自我实现的需求。个体在团体中彼此之间的相互帮助与鼓励、交流，可以使其找到存在感与归属感。团体成员对团体的归属感和凝聚力，可以缓冲压力和应激状态带来的负面影响，持续不断地维持和增进成员的积极情绪体验。

（二）团体心理实践流派

任何心理流派理论都能以个体咨询和团体辅导的方式实施，如精神分析指导团体、个人中心指导团体、认知行为团体、阿德勒团体等等，但团体心理辅导的只局限于某种理论和方法往往难以取得满意的效果。近年来，中小学团体心理辅导整合理论、形式新颖，普遍应用的如积极心理团体辅导、不同表达形式团体心理辅导、后现代资源取向的团体心理辅导。

1. 积极心理团体辅导

积极心理学（positive psychology）是揭示人类优势和促进其积极性能的应用的科学，正式诞生于2000年，其创始人美国心理学家马丁塞利格曼指出在没有社会混乱的和平时期前，致力于使人们生活得更美好，应该成为社会科学和心理学的主要使命。

积极心理团体辅导是以积极心理学的理论为依据，以团体干预的方法为形式，以提升成员积极心理健康与幸福感为目标，强调成员的性格优势。

积极心理团体辅导的干预特点包括：发掘和善用性格优势、培养积极的情绪体验、培养积极认知。具体而言，性格优势能够促进个体的自我实现，全面达到心理健康的状态。积极的情绪体验是积极心理干预的重要起效因素。积极团体心理辅导既可以通过游戏活动和音乐艺术等方式直接促进成员的积极情绪体验；也可以培养积极认知的方式来帮助成员将可能的消极情绪调整为积极情绪，发现事物的积极意义。

2. 表达性艺术团体辅导

表达，是人类的天性和生存的需求。艺术形式展示情感和意念的过程，就是一种疗愈。

表达性艺术团体辅导，形式多样，如音乐团体辅导、舞动团体辅导、园艺团体辅导等，其中，绘画团体心理辅导应用最为普遍。

绘画是一种表达内心世界和自我的有效方法，尤其是创造性的绘画，投射个人独特的人格特质和想法，表达真实自我。绘画技术团体心理辅导增加了以非言语的交流形式，促进人际互动的模式，有效地呈现成员真实的内在特征，更好地加强团队成员之间的凝聚力。

绘画技术团体心理辅导在中小学应用中具有以下优势：

其一，为言语表达困难的成员提供了一种理清思路和表达情感的具体方式。成员相互分享绘画作品，能增强自我价值感，促进更深入的人际交流。

其二，减少团体成员之间的防御，减少了表达风险。如绘画作品保护了个体隐私信息的解释，满足了成员的自尊需求。

其三，适合主题多样、形式多样。如绘画应用于考试焦虑、人际问题处理及学生情绪管理方面，根据不同的目标设计不同的绘画主题，如涂鸦画、自画像、接龙画、学校动态图等。

3. 后现代取向团体心理辅导

后现代资源取向接受多元真实，认为人们是充满资源、有能力的、健康的、有弹性的，并且有能力去发现足以改变他们生活方向的解决之道。

（1）短程焦点解决取向的团体辅导

焦点解决主要取向的团体，重视优势力量、资源、例外等正向层面，关注问题解决的各种可能性，努力激发成员重构自己的生命故事，产生新的正向思考。特有的团体氛围会促进团体领导者与成员发现潜藏的资源。而焦点团体类很多样，常见的有一次团体、主题式短期团体、结合其他取向的团体等。

（2）叙事治疗取向的团体辅导

叙事治疗取向理论试图将人与他们的问题分开，从不同的观点检视自己的故事，最终创造一个替代性的生命故事。叙事团体辅导中，领导者引导成员看到社会的标准期望是如何内化成个人受束缚的狭隘的生活方式。团体成员会感到自己不是问题，问题才是问题，通过将自己原本充满问题的故事创造成替代性的故事，建构出有意义的目标，以朝向更好的未来。

（三）团体辅导的发展阶段说

学校团体心理辅导的历史可以追溯到1907年，我国团体辅导只有30多年的发展历史。团体辅导是动态、连续、复杂的变化过程。由于不同学者在研究团体过程中会注重不同层面的现象描述和特征说明，因此，团体心理辅导发展有不同的分类：三阶段说、四阶段说、五阶段说等。

1. 三阶段说

清华大学教授樊富珉将团体辅导的过程概括为三个阶段：团体创始阶段、团体工作阶段和团体结束阶段。不同阶段的任务如下：

创始阶段：相识—人际热身—设立契约—建立安全感—彼此信任；

工作阶段：依主题设计练习—成员真诚分享—彼此给予反馈—接纳自己和他人—善用团体促成长；

结束阶段：互相给予支持—确认并肯定成长—处理未完成事件—评估团体效果—告别。

2. 四阶段说

科瑞（Corey）于1982年提出的团体发展四阶段说，即认为一个完整的历程发展会经历初期阶段、转换阶段、工作阶段、结束阶段。每个阶段都有明显的特点和不同任务。

初期阶段，团体安全最重要。团体领导者通过示范，帮助成员明确目标，建立规范，清楚领导者和成员的责任和权益，以协助成员顺利进入下个阶段。

转换阶段又叫过渡阶段，是团体发展的关键期。成员在这个阶段会有许多矛盾和冲突，会产生一些焦虑和不安。团体领导者要主动介入，鼓励成员认识并表达他们的焦虑，增加彼此的信任。创造支持性分为协助成员逐步开放，分享自己的经验。

工作阶段，团体有很强的凝聚力。成员沟通顺畅、积极互动、坦诚交流。领导者以鼓励、示范、面质、解释等技巧协助成员面对问题、解决问题，学习和实践新的态度和行为。

结束阶段，整合团体经验。成员看到自己在团体中的成长，将团体中学习到的内容运用到日常生活中，改善自己的适应能力，积极健康地生活。

3. 五阶段说

美国团体咨询专家特罗泽（James P. Troter）在撰写的《咨询师与团体》书中，将团体过程分为五个阶段：安全阶段、接纳阶段、责任阶段、工作阶段、结束阶段。每个阶段的特点和需要解决的问题如下：

安全阶段：创建心理上安全的环境，随心所欲地谈论自己和自己的问题；

接纳阶段：形成一种氛围，体验到归属感和接纳；

责任阶段：建立一种强调个人化的氛围，为自己和自己的问题负责的规范；

工作阶段：形成合作氛围，互相帮助，处理议题和解决问题；

结束阶段：强调学习的迁移，内化改变，肯定和确认。

综上可知，一个完整的团体过程通常会经历五个阶段：准备阶段、初始阶段、过渡阶段、工作阶段和结束阶段。团体心理辅导会随着时间的变化而团体结构、互动过程和影响机制方面发生改变。

延伸阅读

心理健康教育主题活动与团体辅导的关系

中小学心理健康教育是提高中小学生心理素质、促进其身心健康和谐发展的教育，是进一步加强和改进中小学德育工作、全面推进素质教育的重要组成部分。在教育教学中，心理健康教育内容主要包括学生心理素质的培养和学生心理健康的维护，对应学生在成长和发展过程中的不同层面需求。目前，学校心理健康教育主题活动多样，开设心理健康教育课程和心理辅导是最基础的活动形式。

各中小学逐渐将心理健康教育课纳入校本课程，课时安排根据国家课程方案要求及时调整。心理健康教育课程发挥了课堂教学主渠道作用，帮助学生掌握心理健康知识和技能，树立自主互助求助的意识，培养学生积极健康的心理品质，增强学生的责任感和使命感。

学校的心理辅导功能上可以分为：发展性辅导（重在认识自我与开发潜能）、适应性辅导（着重调试自我与提高社会适应能力）和矫治性（重在帮助当事人克服心理障碍）；从形式上包括个体辅导和团体辅导两大类别。一般而言，学校团体辅导分为两种形式：小组团体辅导（或称作成长团体）、班级团体辅导（即心理辅导课）。而发展性团体心理辅导已成为学校心理健康教育的重点。

心理辅导课本质上说就是一种团体心理辅导，是以活动课的形式进入学校教学计划的总体框架。实施学生的团体心理辅导，可以最大限度地降低学生因常识误解产生的心理阻抗，最大限度地提升学生对心理辅导内容的悦纳水平。

第二节　小学团体心理辅导的过程

　　小学阶段的孩子正处于童年期，是生长发育最旺盛、变化最快、可塑性最强、接受教育的最佳阶段，也是以游戏为主逐渐转变为以学习为主的时期。小学生团体，也称为儿童团体，一般为6～12岁学生组织。在小学阶段，对于处于同样发展阶段的学生有许多共同的发展课题，包括人际关系、考试焦虑、异性交往、亲子关系、自信心训练、潜能开发、情绪调节、师生关系、压力应对、生涯发展规划，其他与个人心理健康、心理成长有关的问题。团体辅导能调动儿童的自发性、主动性和参与感，为儿童提供机会表达自己对问题的感受，为团体领导者提供了识别有严重情绪问题和行为问题的儿童的契机。

　　一个完整的小学团体心理辅导的过程包括团体心理辅导主题的确定、团体心理辅导方案的设计、团体心理辅导过程实施和团体心理辅导效果的评估。

一、团体心理辅导的主题

　　每个团体一般只能有一个主题。在小学团体心理辅导中，主题主要包括人际关系、考试焦虑、异性交往、亲子关系、自信心训练、潜能开发、情绪调节、师生关系、压力应对、生涯发展规划，其他与个人心理健康、心理成长有关的问题。

　　这些团体心理辅导一般分为三类：

　　① 发展性团体心理辅导，以开发人的精力潜能、优化人格、促进人的全面发展为目标。

　　② 预防性团体心理辅导，以训练为主，帮助学生学会有效处理人际关系，增强适应能力。

　　③ 治疗性的团体心理辅导，为有深层次困扰、有希望改变的学生专门组织的团体，如为遭受意外伤害、创伤性的事情以及家庭暴力的学生提供的危机干预类的团体。

　　那么，具体开设哪些主题的团体心理辅导活动呢？

　　《中小学心理健康教育指导纲要（2012年修订）》（以下简称《纲要》）明确指出心理健康教育的重点内容是认识自我、学会学习、人际交往、情绪调适、升学择业以及生活和社会适应等。为了落实这些重点内容，帮助学生健康成长，可以从人格辅导、学习辅导、生活辅导、生涯辅导等方面展开心理健康教育活动。而团体心理辅导作为心理健康教育的重要途径之一，在选择主题时，要参照《纲要》指出的内容。

　　小学低年级：帮助学生认识班级、学校、日常学习生活环境和基本规则；初步感受学习知识的乐趣，重点是学习习惯的培养与训练；培养学生礼貌友好的交往品质，乐于与老师、同学交往，在谦让、友善的交往中感受友情；使学生有安全感和归属感，初步学会自我控制；帮助学生适应新环境、新集体和新的学习生活，树立纪律意识、时间意识和规则意识。

　　小学中年级：帮助学生了解自我，认识自我；初步培养学生的学习能力，激发学习兴趣和探究精神，树立自信，乐于学习；树立集体意识，善于与同学、老师交往，培养自主参与各种活动的能力，以及开朗、合群、自立的健康人格；引导学生在学习生活中感受解决困难的快乐，学会体验情绪并表达自己的情绪；帮助学生建立正确的角色意识，培养学生对不同社会角色的适应；增强时间管理意识，帮助学生正确处理学习与兴趣、娱乐之间的矛盾。

小学高年级：帮助学生正确认识自己的优缺点和兴趣爱好，在各种活动中悦纳自己；着力培养学生的学习兴趣和学习能力，端正学习动机，调整学习心态，正确对待成绩，体验学习成功的乐趣；开展初步的青春期教育，引导学生进行恰当的异性交往，建立和维持良好的异性同伴关系，扩大人际交往的范围；帮助学生克服学习困难，正确面对厌学等负面情绪，学会恰当地、正确地体验情绪和表达情绪；积极促进学生的亲社会行为，逐步认识自己与社会、国家和世界的关系；培养学生分析问题和解决问题的能力，为初中的学习生活做好准备。

小学阶段是儿童智力发育的第二高峰期和加速期。结合智力发展水平，团体辅导的主题突出重点。小学生会经历低年级阶段（7～8岁）、中年级阶段（9～10岁），高年级阶段（11～12岁）智力发育的三级跳高。其中"加速度"的高点在第二阶段，也即三、四年级。每个阶段的核心发展任务不同。7～8岁的学生，生活场景发生转移，新鲜的信息大量涌入大脑，使得他们的注意力和观察力品质不断被挑战，这一阶段的核心是发展注意力和观察力，所以在选题时可以特别关注注意力品质和观察力品质的培养，对感统失调的学生进行矫正、弥补。9～10岁的学生思维方式从形象思维为主逐渐过渡到抽象思维为主，所以在选题时，要重视对思维品质和想象力的培养。11～12岁的学生理解记忆和归类记忆的能力迅速发展，可以利用团体心理辅导课的载体，推动学生记忆能力的记忆技巧的提升。

二、团体辅导的方案设计

学校团体辅导方案设计是带领团体的第一步，依据一种有组织的行动计划，以确保活动的有效进行。精心设计的团体方案就像地图，对团体心理辅导实施具有导航作用。团体方案设计必须了解设计项目和注意事项。

团体心理辅导方案的设计项目包括，方案名称、活动地点、活动时间、活动对象、设计目标、活动资源、活动内容和效果评估。方案设计、活动选择必须考虑到团体成员的需求、团体目标及期待的结果。合适的活动对团体的过程和发展的重要保障。

在方案设计时，有一些关键问题必须充分考虑。

① 活动的目标和方式要考虑成员之间的熟悉程度、个性等因素。

② 设计的座位因团体大小不同。小团体的座位安排可以是钻石形、圆形、八边形和枫叶形，大团体的座位安排可以是扇形、小半圆形、圆形或大半圆形。

③ 设计时要充分考虑学生的特点。团体心理辅导设计活动要遵循学生的身心发展规律，不能忽略学生的实际接受水平。小学生团体可设计设置学生实际会遇到的、常用的、操作性强、易迁移的主题，多一些动态性活动。方案设计要有弹性，还应考虑安全性。活动必须能在特定的时间内完成，让每位同学都有参与的机会。

④ 团体领导者要了解自己的特质、能力、偏好、领导风格发展。其中的活动是领导者熟悉且能活用的，还要充分考虑保密性和适用性。

⑤ 各项活动的设计应具有逻辑一致性，前后连贯。选择活动时必须基于成员的需求、团体的目的及想要的结果。活动不应只是有趣，应该要有团体目标，有所呼应。

三、团体心理辅导的过程实施

任何一个团体心理辅导都会经历初创、过渡、成熟、结束的发展过程，且每个阶段会连续地、相互影响。

（一）团体初创阶段

万事开头难，好的开始是成功的一半。初创阶段的目标是促进学生互相沟通、尽快相识，建立起信任的关系、愿意在活动中积极互动；探讨确定团体目标和个人的成长目标、订立团体契约，建立团体规范，逐渐形成合作互助的气氛。

初创阶段常称为"暖身"或"破冰"。互不相识的学生聚在一起，既好奇其他人的背景和问题，又有点焦虑甚至恐惧，害怕不被接纳，在他人面前出丑。团体领导者要敏锐地觉察并尊重学生的行为，主动带头示范表达自己的感受，不指责、不嘲笑、不否定；创造机会让他们自主讨论，建立团体契约，以便共同遵守。

这一阶段，小学生团体心理辅导，以动态性活动为主，选择比较简单的非语言式或语言式的交流形式游戏或活动，使成员互相认识，以便投入团体活动。

暖身的活动形式多样，最为常见的有以下几种形式：

1. 利用分组拉开辅导序幕

① 随机报数法：最简单常用的分组方法，报数相同的组员为一组。

② 抓阄随机组合法：准备不同颜色、数字、词组等的纸张或卡牌，抓取相同或相似物品的成员成为一组。

③ 同类组合法：设置学生某一特点，如生日月份相近、着装颜色相同的成为一组。

④ 分层随机组合法：根据性别、班级等特点，进行混编，如男生女生混合安排等。

⑤ 内外圈分组：成员分为一半外圈、一半内圈，随着活动进行，内外圈人员互换。

2. 以热身游戏创建温暖氛围

热身阶段常采用有肢体动作类的游戏活动和语言类的热身活动，主题鲜明的游戏，可以快速地活跃气氛，游戏后的分享又可以迅速导入主题。

游戏热身，如微笑握手、反口令动作等。

语言类，如名字雪球、自我介绍、唱歌接龙、诗词比拼等。

心理案例 - - - - - - - - - - -

例1：飞啊飞、跑啊跑

规则：教师公布4种口令，所有同学原位起立。当老师喊"1"，做"飞啊飞"的动作三次；喊"2"，做"跑啊跑"的动作三次；喊"3"，做"跳啊跳"的动作三次；喊"4"，原地不动。学生听口令后，如果没有反应或做错了，要大声喊"sorry，sorry"，坐下来。直至全班没有同学站立，活动结束。

例2：青蛙跳水

规则：活动以小组进行，以组长开始，每位同学一个词组，进行句子接力："一只青蛙""一张嘴""两只眼睛""四条腿""扑通一声""跳下水"，"两只青蛙""两张嘴""四只眼睛""八条腿""扑通扑通""跳下水"……如此累计，若小组内同学出错，则重新开始。比一比特定时间内，哪一组准确率最高。

（二）团体过渡阶段

目标是发展团体凝聚力，促进学生互动与彼此信任，鼓励他们表达和处理冲突的情景和情绪。

过渡阶段也成为团体凝聚阶段，学生的自我觉察提高，试图融入团体中，并企图找到自己在团体中的位置。随着活动的深入，学生间的关系也由浅入深，相互认同，相互信任，慢慢形成相互合作的团体气氛。部分学生可能心理上比较矛盾，既想大胆地说，又害怕想要躲起来；也可能抗拒、焦虑，自我防卫意识强，甚至挑战领导者。这时，团体领导者需要给学生们示范，用接纳、开放的态度鼓励学生们积极讨论，彼此接纳。

这一阶段的活动肩负着创设情境，提出问题，激发学生探索成长困惑需求的任务。常用的活动方式如下：

1. 小品表演

小品表演是一种生动地呈现生活场景的大众化的文艺方式。人的心理困扰和问题离不开特定的生活场景，小品表演运用在团体辅导中往往采用非结构式的、开放结局的形式，把问题和解决问题的方法留给台下观众，也称为"非治疗"功能的校园心理剧。学生观看完小品后，可以全班讨论，理清解决问题的思路。

心理案例 ------------ ☺

例3：行不行？

此活动形象地展示了小学生缺乏自信的一些具体想法，引起学生的自我反思。教师需要提前选好演员并认真排练，适当加一点儿小道具。

规则：教师开场说有一个小朋友觉得自己做什么事都能行，另一个小朋友却觉得自己做什么事都不行。有一天，他们碰到了一起。请看角色扮演。

学生入场。

我能行：小朋友们，你们好！我的名字叫"我能行"。

我不行：小朋友们，你们好！我的名字叫"我不行"。

我能行：我是一个能干的小朋友，朗读课文可棒了，经常得到同学的称赞。我会帮爸爸妈妈做家务，会照顾邻居的小弟弟。我很喜欢旅游，爬山、游泳，样样都难不倒我。

我不行：我什么都干不好，做事总是不会成功。写作业时，老是会有错误。帮妈妈洗碗还不小心打破了一只碗，被妈妈批评了一顿，真不高兴。本来唱歌最拿手，可一到台上，心里就紧张，连歌词都忘了……哎，我这个人，做什么都不行！

我能行：其实，我也有遇到困难的时候。但我总是想，我肯定行。有时候虽然事情没有做好，但我想既然已经认真做了，就没有遗憾了。

我不行：有时候，我也会得到大家的赞扬，但是比我做得好的人太多了。

小组内交流思考：你遇到过这样的小朋友吗？你和谁更像呢？

2. 视频或其他媒介手段

选用视频音频等资料来呈现情境问题，具有极强的可观赏性，能迅速引起学生观看的兴趣。但在资源选择时需要注意：内容尽可能呈现一个贴近学生现实生活的冲突的场景，以便作为讨论的焦点；时间控制在5分钟以内，太短的故事矛盾冲突不能充分展示，太长就会影响团体工作阶段的活动。

心理案例 ☺

例4：我的好朋友

此活动引导学生学习倾听的正确方式，了解倾听在人际交往中的重要作用。

教师提前录制微课：《我的好朋友》视频。

教师：同学们我们来认识一位主人公，请你仔细观看视频，注意主人公的态度、语气、眼神、动作和身体姿势，以及他们的互动，并思考：如果你是主人公，你更愿意和哪位同学成为好朋友呢？为什么？

视频内容：一天下午，乐乐在课外活动中与同学打篮球，扭伤了脚，心里很烦恼。他一瘸一拐地回到班级后，看到了他的朋友漠漠。乐乐就对他说起自己受伤的事情，想得到一点安慰。而漠漠却一会儿转笔、抖腿，一会儿低头看书，一会儿与别的同学打招呼，总是心不在焉。在放学回家的路上，乐乐遇到了笑笑，笑笑赶紧走过来扶他。于是乐乐就对笑笑说起自己受伤的事情，说打球时对方前卫是如何把自己撞倒在地的，自己心里又是如何感到窝火的。笑笑始终认真地倾听，并不时地拍拍他的肩膀，说安慰的话。

3. 游戏情境

创设具有针对性、时长适中的团体游戏，提出一个发展性的问题情境，引导学生在游戏中感悟和成长。

心理案例 ☺

例5：采摘情绪蘑菇

活动流程：教师拿出课前制作的彩色蘑菇图片。请同学们在每一个蘑菇卡片上，写上自己知道的情绪词。如高兴、愤怒、伤心、喜悦、苦恼、激动、沮丧等等。由组长将所有情绪词语贴在墙上。教师先制作数十个彩色酵菇的图片（情绪类型可以重复）。

学生在《采蘑菇的小姑娘》的乐曲声中采摘自己这一周里情绪状态的蘑菇，然后回到自己的小组里。分组说一说：自己为什么要采这几个蘑菇？最近这一周里发生了哪些事情，诱发了这些情绪？

（三）团体成熟阶段

团体成熟阶段也称为团体工作阶段，是团体心理辅导是否成功的关键阶段。其目标是进一步增强团体凝聚力，激发学生思考和讨论。学生们在合作中寻找解决对策、学习并获得收获。领导者需要及时评估学生们的活动兴趣和参与程度，以便调整活动方式。

团体心理辅导成功的关键阶段。学生彼此分享自己或别人的心理问题和成长体验，争取别人的理解、支持、指导；利用团体内人际互动，发现自己的优点与缺点，对存在的不足，努力加以纠正，练习改善自己的心理与行为，以期能迁移到现实社会生活中。

发展性团体在此阶段大多进行一些有趣的活动，以及活动后的交流分享来帮助团体成员成长。团体领导者可以综合运用团体讨论、创意思考、联想活动、辩论活动、机智问答、角色扮演、身体活动、回馈活动和纸笔练习等多种形式。

1. 团体讨论法

① 小组讨论法。学生被分为若干小组，鼓励学生畅所欲言，形成小组意见，然后小组与小组进行讨论，或小组发言人做交流，最后老师总结。

② 代议法。各组推荐小组代表，组成"参议会"，选出一位主席来主持。代议中只有小组代表有发言权，其他人若有补充，可写纸条传递给本组发言人，由他代表发言。

③ 辩论式讨论。学生就一个讨论话题分成正反两方，成为意见对立的两组，然后根据自己所开放立场进行辩论。

④ 配对讨论法又称"二四八法"，先由两人配对，配对讨论取得共识后，再和别的小组合成四人小组进行讨论，取得共识后再和另一小组的八人进行讨论。经过三轮的讨论，往往可以从不同的意见中得出一种结论。

⑤ 脑力激荡法。学生对一个问题自由思考发言，不立即评判、多多益善，在安全接纳的氛围下使观念相互激荡，发生连锁反应，引出更多的意见或想法。

心理案例 ⋯⋯⋯⋯ ☺

例6：100种可能

教师呈现塑料瓶一个，请学生在五分钟内就"塑料瓶有多少种用途"进行讨论，并把讨论结果记录在纸上。讨论和记录结束后，各组展示讨论的结果，并将塑料瓶的用途进行归类。

---

2. 角色扮演法

角色扮演法是通过学生扮演或模仿一些角色，重现部分场景，使学生以角色的身份充分表露自己或角色的人格、情感、人际关系、内心冲突等心理问题，进而加深自我认识，减轻或消除心理问题，提高心理素质的一种教学方法，角色扮演有疏解情绪、澄清问题、塑造行为和成长心智的功能。

角色扮演的重点是问题分析和演员与观众之间的交流，鼓励扮演者现场发挥，做真实、自然的演出。小学生的角色扮演有以下三种：

（1）独角戏，即只有一个人扮演角色

形式一：哑剧表演，学生扮演角色，用表情和动作来表情达意，训练非言语沟通能力。

形式二：空椅子表演。学生扮演内心相互冲突，具体方法是：将两张椅子面对面放好，要学生坐在一把椅子上，面对另一把椅子，大声地说出自己的某一类观点，然后再坐到另一把椅子上，说出相对立的另一类观点。若是表演与他人冲突时，则在另一把椅子上扮演他人，以此来增加扮演者的自我知觉和他人的直觉。

（2）人生AB剧

小组成员共创剧本，呈现学生常见问题的不同应对方式。在表演中，可以采用角色互换法，即角色A和角色B通过互换角色，理解彼此。镜像法，通过看别人演自己而客观了解自己生活中的言行，激发改变的主动性。

（3）多种角色表演

根据同一特定场景，分小组进行角色扮演，再将成果在班级汇报演出，即同一剧情中的主角有多人扮演。

心理案例 .... ☺

例7：手机啊，手机

教师呈现剧情，请各小组根据剧情发展，一步步思考可能下一幕会发生的情节。小组根据情节编写剧本，轮流展演。剧情如下：

雯雯是六年级的学生，成绩优异，刚拥有了一部手机。而她的朋友马小跳可是网络原住民，在互联网的世界里如鱼得水，各种娱乐app玩转自如。有一天，她收到了马小跳的留言，说晚上在线游戏，她……

小组讨论：她会上线游戏吗？她可能采取的不同行动会有哪些不一样的结果呢？请小组续写故事，自由编排剧情，分组角色扮演。

3. 操作法

学生通过语言、动作的操作活动实现团体活动目的。

（1）自述法

学生自己述说事情的经过和感受，以达到情绪宣泄和增进自我认识的目的。教师可以采用联想活动如完成句子、绘画创作、故事接龙等形式有意识引导学生讲述自己对某一件事情的感受、自己的某一次经历、成长旅程等。

（2）游戏法

游戏是小学生最喜欢的活动，常见的是身体活动法。其实施分为选择游戏、学习规则、观察行为、调节情绪、澄清问题和再来一次六个步骤。游戏完成后，学生的回馈分享，可以深化活动经验，增讲学生的自我觉察。

（四）团体结束阶段

团体结束阶段的目标是回顾与总结团体经验，评价学生的成长与变化，鼓励学生表达团体结束的感受，核对团体中还未解决的问题，提出对学生的希望，把学习收获应用到生活中。

团体结束阶段往往容易被忽视，但若结束阶段总结团体的成效、处理离别的情绪，则是给团体画上一个圆满的句号。

这一阶段，常常采用的活动有总结会、联谊会、反应会、大团圆等形式。通过前面阶段的互动，原本不认识、不相识的学生，已成为朋友，团体气氛和谐亲密，情绪高涨，身心放松，心情畅快，相互信任。

例8：大团圆

规则：所有学生站立，面对面围成内外两圈，将两个手在两侧成员的肩膀上，静默30秒；伴随着音乐声轻轻哼唱，并随着旋律自由摇摆，在充满温馨的情境中结束活动，留下美好的回忆。

小学生团体心理辅导的四个阶段是团体运作的规律，并非团体辅导课的模式和教学环节。

根据学术界的一般共识，具体到一节课时限制的中小学团体心理辅导课的微观动力进程，可以划分：团体暖身阶段—团体转换阶段—团体工作阶段—团体结束阶段。这四个阶段的重点不同，起到一节课的起承转合作用。目前，各省份中小学阶段心理辅导课多采用钟志农2009年描述的年讲心理辅导课中团体结构与团体动力的关系框架，以40分钟课程为例，具体如下：

暖身阶段：建立关系，营造气氛，启动团体动力，时间在5分钟以内。

转换阶段：创设情境，呈现问题，推进团体动力，时间分布在课程5～15分钟内。

工作阶段：解决问题，形成共识，团体动力高涨，时长在20分钟左右。

结束阶段：总结升华，引导时间，团体动力回敛，时间在5分钟左右。

四、团体心理辅导的效果评估

团体心理辅导课在一个单元、一个阶段或团体结束时，采用一些量表或问卷调查来做量化评价或是定性、定量评价。虽然团体辅导的目标在实施过程中可以随堂粗略观测和评量，但实际效果如何，往往不能当堂呈现。因为认知的改变、情绪情感的变化及行为的转变，都可能是滞后的，需要比较长的时间才能呈现。所以，团体结束后，也可以在必要时召集学生重新聚会，进一步交流、了解团体心理辅导的实际效果。

第三节 小学生团体心理辅导方案设计

团体方案的科学合理程度影响着团体辅导的效果。要设计好符合小学生学情的团体辅导，需要做很多的准备工作，包括了解小学生的特点和需求、积累相关的理论背景知识、做一些调研和预研究等，以明确团体辅导的主要目标，并根据目标制定合理的计划。

一份结构严谨、要素充分、活动内容适宜的团体辅导方案设计就像地图一样，使得团体领导者心中有数、脚下有路。在设计团体辅导方案时，教师要有自己的特质、带领风格、能力范围，以及学生的特质和辅导主题等，设计一份切合实际、具体可行、贴合目标的团体辅导方案。具体而言，系列性的团体心理辅导方案相比单次辅导内容要素更多，设计包括：团体名称，团体的依据和目标；团体理论框架；团体的内容和功能；团体参加对象；团体主办单位；团体的结构性质；团体领导者的简介；团体进行的时间和次数；团体进行的场所；团体评估的工具；报名须知及注意事项等等。

一、了解需求，确定辅导名称和性质

小学生没有接触团体心理辅导时，会存在一些误解，将团体心理辅导看成游戏课，在方案设计时充分考虑小学生的特点和需求，运用不同的方法因材施教。尤其是年龄小的学生，由于知识能力的限制，方案设计要清晰简明地表达思想。

一个新颖、生动、表达准确、具有积极意义的名称是团体活动的点睛之笔。如"看见的力量"，是提升小学生亲子沟通能力的团体心理辅导；"新学期、心动力"，是提升学生新学期适应能力，平稳衔接假期生活的成长团体。"和焦虑一起成长"，是帮助学生应对考试焦虑，积极迎考。需要注意的是：名称切忌用负面语言、避免标签效应。

团体心理辅导的性质分类多样，可以分为半结构化或结构化团体；发展性、训练性或治疗性团体；开放式或封闭式团体；同质性或异质性团体等。小学团体心理辅导主要包括两种：班级团体（以心理健康教育课或者心理班会的形式）和教师招募团体，所以其性质一般为：结构化、发展性、封闭式和同质性团体。

二、搜集资料，恰当设定辅导目标

目标即方向，清晰明确的目标有助于制定计划和付诸实践。构建符合学生年龄特征的、系统的、发展性的辅导目标，必须分层次、方向明确，层层分解，形成体系。

（一）遵循学生的身心发展特点

1. 依据法规的指导

明确的目标指向和顶层设计的计划，体现了发展性、预防性的团体心理辅导，促进学生个性健康发展的积极功能。团体心理辅导课是一个伴随和协助学生成长、适应发展的过程，其目标设定要遵循法规依据。

其一，《中国学生发展核心素养》提出以培养"全面发展的人"为核心，分为文化基础、自主发展、社会参与三个方面，综合表现为人文底蕴、科学精神、学会学习、健康生活、责任担当、实践创新六大素养。

其二，教育部颁布的《中小学心理健康教育指导纲要（2012年修订）》指出总目标是：提高全体学生的心理素质，培养他们积极乐观、健康向上的心理品质，充分开发他们的心理潜能，促进学生身心和谐可持续发展，为他们健康成长和幸福生活奠定基础。

2. 符合学校教育的总目标

学校心理健康教育是学校德育工作的核心内容，而学校教育总目标是以生为本，融入了国家和学校对育人总目标的宏观思考和顶层设计，所以团体心理辅导课的目标设定需要充分考虑校情，做到因校制宜、因生制宜。

（二）简明清晰的分层目标

所有的团体都有特定的目标。根据团体的框架结构及辅导次数，尤其是系列性团体心理辅导需要呈现清晰的总目标、单元目标或阶段目标、练习目标。

总目标是团体辅导中希望学生改变的方向，大致描述为提高全体学生的心理核心素养，充分开发他们的智力潜能，培养学生乐观、向上的个性心理品质，促进人格全面发展，也即学会认识自己、学会有效学习、学会社会交往、学会适应环境。

单元目标一般是总目标分板块划分到每次的团体活动中；而阶段目标是根据系列团体发展的历程设定，是每一次的团体心理辅导。练习目标是指每一个团体辅导过程中运用的练习的具体目标。单元目标、阶段目标、练习目标都需要可操作性强、操作表达准确，以便观察和评价活动目标，切记笼统抽象。示例如下：

1. 系列性小学高年级青春期团体心理辅导

单元目标：

第1～2次辅导目标：认识生命的奥秘，了解青春期生理变化及自我保健。

第3～4次辅导目标：了解青春期异性交往的心理表现与调试，学会正常交往的方法。

第5次辅导目标：引导学生懂得自爱、自重，学会自我保护。

2. 不害羞的妙方——小学生单次团体心理辅导

总目标：让学生正确认识害羞，帮助学生克服过于害羞的心理，引导学生远离害羞带来的负面影响。

阶段目标：热身阶段——以"击鼓传花"的活动，引导学生看到班级中的害羞表现，引出话题；转换阶段——用身体姿势为自己的害羞程度打分，引导学生觉察自己的害羞水平；工作阶段——以正面榜样示范案例引导学生认识到"不断练习"和"自我肯定"是不害羞的技巧，可以在学习生活中多尝试；结束阶段——启发学生告知，课后遇到困难还可以找教师、家长、同学帮忙。

练习目标：在辅导中重点部分，进行了"我的优点我们说"的练习，引导学生大声说出自己和他人的优点，肯定彼此，增加自信。

综上而言，辅导目标是为了便于给团体实施过程指出具体的路径。小学团体心理辅导课的目标要有法可依、体系完整、清晰明了。同时，要做到目标设计清晰、明确，需要"四不、二要"。"四不"即不使用晦涩、深奥的语言；不使用模棱两可、有歧义争议的表述；不使用太长、复杂的句式；不使用大而空、口号式的语言。"二要"即目标要集中，切记贪多嚼不烂；目标要可操作，以便观察和评价。

三、确定辅导规模，精心设计辅导活动

（一）辅导对象和规模

小学生团体心理辅导除了面向小学生之外，也可以将其支持系统内的资源，形成亲子团体心理辅导、师生团体心理辅导、家校合作（老师和家长）团体心理辅导等。

小学团体活动的规模可多可少，少则2～8人，常见的是以班级为单位30～50人。那么多少最为合适呢？一般两人的团体规模太小，容易让学生紧张、不舒服；三人的团体，其中两人容易结对，第三位同学可能被孤立。对于小学生而言，5～7人左右的小组最理想，有足够的空间让学生进行角色转换，产生多元意见，且每个人的观点都能被老师关注到。由于学校课时安排的限制，也有团体辅导课以3～5个班级集中进行，甚至有上千人的大型团体心理辅导。但是人数多，老师就难以关注每一个学生，学生之间的沟通不易，参与和交往的机会受限，难以形成凝聚力，讨论分享上也可能流于表面。在实施过程中，需要尽量分成若干个小团体进行工作。如300人的团体，可以以班级为单位分为6个小团体。

（二）辅导时间和次数

设计团体心理辅导方案时，需要充分考虑辅导的总时长、团体进行的次数、每次团体课的时长、两次团体间隔等。因校情学情主题进行选择，小学生团体心理辅导可以设计成单次辅导或系列辅导。单次团体辅导通常在一节课内完成一个主题的内容；而一个主题的系列团体辅导通常设置为6～10次。

一般认为团体每次进行的时间以90～150分钟为宜，因为团体时间过短，成员的参与度不高，时间过长，又负担重，容易疲惫。不过，系列团体辅导由于其辅导历程长，对于增进特定学生心理健康水平发挥了更加具有针对性、更加稳固的作用。由于儿童注意力不容易集中、兴趣容易转移，活动开展最好多次少时，小学低年级每次以30～40分钟为宜，即一节课的时间；中高年级可以增加到45～60分钟。在团体间隔方面，时间间隔长会减弱团体辅导效果，每周两次的团体，成员间的关系更强，有较多的时间面对个人问题。小学实际教学情境中，由于学生同一个班集体，会形成天然的凝聚力，一般以班会课或心理健康教育课的机会进行，多以一周一次或间周一次为主。

（三）辅导活动设计表

系列性团体辅导计划书是以总计划表（表4-2）和分单元计划表（表4-3）的方式呈现精心设计的辅导活动。团体辅导计划包含团体的名称、目标及具体内容，所需要的时间，以及准备的材料、道具等。

表4-2　小学生团体心理辅导方案总计划表示例

单元	单元名称	单元目标	活动内容及流程	时间	物料准备
一					
二					
三					

分单元计划表需要列出单元名称、单元目标、所使用的练习及其目标，活动流程，单元所需要的道具、材料等，是将总计划表细化、分解。表4-3没有统一标准，教师可以根据自己习惯调整。

表4-3　小学生团体心理辅导方案分单元计划表示例

单元名称		次数：	人数：	时间：
单元目标				
所需器材				
活动名称	活动流程	目标	时长	道具
实施情况及注意事项				

多媒体课件、视频、微课能够以新颖生动的方式展示活动流程，抓住学生注意力，丰富团体活动形式。由于活动场地的限制，若场地中不具备播放课件的条件，也可不做要求。

（四）辅导的评估方法

团体心理辅导可采用心理测验、自陈报告、观察等方法进行分阶段评估或结束后总体评估。教师需要考虑评估工具、评估时间和评估内容。由于中小学生家长对于心理测验的接纳程度不同，且选择合适主题的科学的心理量表难度较大，心理测验在小学阶段并未普遍使用。

四、系列性团体辅导方案设计案例

（一）团体名称

沟通小达人——小学生沟通能力提升训练营。

（二）团体性质

发展性、结构式、封闭式团体。

（三）团体目标

① 总目标：提升学生的人际交往中的沟通能力。

② 分目标：认识沟通的重要性，学习沟通的方法感受到人与人之间的真诚和关爱；培养主动沟通的意识，提升学生在日常人际交往情景中的技能。

（四）理论依据

马斯洛的需要层次理论，每个人都有爱与被爱的需求，同时也有着接纳与被接纳的需求，随着年龄的增长，这两种需求会越来越强烈。同伴交往是儿童社会性发展的重要途径，正常的同伴交往不仅可以满足儿童的集体归属需要，还可以促进儿童人格和社会认知的发展。

（五）前期准备

① 海报设计。

② 面谈：你为什么要参加这个团体？

你对团体的期望是什么？

你以前参加过什么团体？

你需要帮助解决的是什么问题？

你是否有不愿相处的人？

你愿为团体做些什么？

③ 确定团体对象与规模：通过班主任推荐和自由报名的形式，形成8～12人团体。

④ 活动次数、时间、地点：共5次、每周心理社团课时间、心理教室。

⑤ 团体约定书：

> 亲爱的 _____ 同学：
> 你好呀！很高兴你来到温馨的心理乐园，一起分享成长中的点点滴滴。
> 我们在这里，要彼此信任、积极倾听、认真分享，以达到预期的目标。在此，我们真诚地邀请你一起做到以下约定，请你签名表示愿意配合。
> 一我同意全程参加，不会无故缺席。
> 一认真倾听。我会对讨论的内容保密，不在团体外讨论。
> 一当想法不一时，不批评、不指责、不嘲笑，尊重同学、接纳差异。
>
> 签名：

（六）团体单元执行计划书（表4-4）

表4-4　单元执行计划

单元名称	活动名称	单元目标	材料准备
1. 很高兴遇见你	大风吹 Copy不走样 隔山喊话 我的团体我做主 我得改变一小步	使团体成员明确团辅意图；团体成员初步建立联系，消除成员间陌生感；制定团体规则	1. 团体契约书 2. 纸、彩笔
2. 我会听	我们的小秘密 倾听小剧场 倾听与回馈 倾听意见	明白听的重要性，学习倾听的方法	1. 倾听小故事 2. 白纸、笔
3. 我会说	同舟共济 故事驿站机 非暴力沟通 紧紧相连	了解非暴力沟通，学会如何好好说话、说好话	1. 白纸、卡片 2. 报纸

单元名称	活动名称	单元目标	材料准备
4.学会说"不"	Yes or No	理解拒绝是一种正常的沟通方式；体验如何说"不"，掌握一些拒绝他人的技巧，加强人际交往能力	1."尝试说不"卡 2.拒绝情景故事
	尝试说"不"		
	拒绝的学问		
	我的沟通未来式		
5.合作向未来	螃蟹走	回顾总结，处理分离	充气毛毛虫；歌曲《青春就这Young》
	奔跑吧，毛毛虫		
	合影留念		

（七）团体辅导活动设计

单元一：很高兴遇见你

1.大风吹

目的：活跃气氛，放松心情。

规则：每人原位坐好。听口令"大风吹"，所有人齐声问到"吹什么"。当听到吹的关键词，如"吹戴眼镜的同学"，符合这一条件的同学请迅速地交换位置。

2.Copy不走样

目的：相互认识。

规则：所有人起立围成一个圈。

用固定句式介绍自己：我是××班+喜欢××的（兴趣、特长等）+名字，如我是6班喜欢书法的小欣；在介绍自己时，用一个动作表达自己此时此刻的心情。每个人在介绍自己之前都要说出他之前的学生的名字，同时做出他的动作，然后进行自己的介绍从第一位同学开始，顺时针或逆时针传递。

3.隔山喊话

目的：巩固认识，建立友谊。

规则：听指令中的"名字"，要求坐在被叫到名字同学左右的两位同学站起来，并快速喊出对方的名字与特征。回答不出来，请向对方说三句"你最棒"。

4.我的团体我做主

目的：分享活动想法与活动期待。

规则：按照报数的方式，学生分成若干组，并讨论选出组长，给小组命名，设计口号。并分享：第一次参加团体有什么样的感受、最担心哪些问题、有哪些期待等。所有内容记录在白纸上，小组轮流分享。

5.我得改变一小步

目的：倾听期待，分享感受。

规则：每人一句话描述自己期待的改变。

单元二：我会听

1.我们的小秘密

目的：活跃氛围，引出主题。

规则：传递一段富有意义的话，作为小秘密，如一个小孩叫小杜，上街买布又打醋，回头看见鹰和兔。请学生以直排式分组，由最前或最后一位同学开始传话，传话过程中不允许有第三个人听到内容，传到最后的同学请说出内容。

2. 倾听小剧场

目的：了解倾听的误区，体验积极倾听带来的感受。

请学生进行以下三个情景的表演：

情景一：课上，小欣东张西望，做小动作，被老师提问时，愣住了。

情景二：同学跟小欣说生日聚会在这周六晚上，但是他却记成了下周六晚上。

情景三：小欣的朋友小华演讲比赛没有进入决赛，很是伤心，来找他诉说烦恼。小欣刚开口，小华就说，"算了，反正你也不理解我。"

请在小组内讨论：你有遇到过类似的情况吗？应该怎么做？

3. 倾听与回馈

目的：耐心听，梳理掌握积极倾听的技巧。

规则：3～4人一组。每组成员轮流当说话者（一次1人）、倾听者（1次1人）、观察者（1～2人），每人皆需分别体验三种角色，体会到每种角色的立场与感觉。

三种角色的任务分别是：说话者，在2分钟内主动引发各种话题的套路；倾听者扮演听与响应的角色，不主动引发任何话题；观察者，不介入说话者与倾听者的对话，只负责观察两人的对话情形。活动结束后，说话者和倾听者分享感受，观察者说出所观察的情形。

小组内分享完成后，请填写"倾听秘籍卡"，梳理倾听的小技巧。

4. 倾听意见

目的：将倾听的技巧进行实际应用，鼓励学生倾听别人的意见。

请邀请五位同学给自己提意见，认真倾听，做好记录，表达感谢。

单元三：我会说

1. 热身：同舟共济

目的：增强小组合作意识，营造和谐氛围。

规则：以小组为单位。每人将报纸看作是茫茫海洋中的一艘救生艇，想方设法让更多组员站在报纸上获救，看看哪一组救的人最多。

2. 故事驿站机

目的：练习非语言表达。

规则：呈现5～8个故事中的关键词。每组同时开始组织故事。每位同学可以选取其中的一个关键词加入故事中，但只能接着上一位同学传递过来的"故事"逻辑，写下一句完整的话；每一个句子尽可能含有关键词并用笔圈出关键词；如果不能，也尽可能引导到会出现关键词的方向；故事接龙到小组的最后一位同学时，需故事完整。请投票选出最喜欢的故事组。

3. 非暴力沟通

目的：觉察表达方式的重要性，用非暴力的沟通技巧解决问题。

情景一：回家之后，你想自己安静一下，于是关上了房门，但妈妈却误认为你在看课外书，非让你去开门，你很是烦躁，你对妈妈说……

情景二：班里要进行班长选举了，明明同学给很多同学都买了小礼物，想让大家推选他。

当他对你说：选我吧，我以后会在检查作业上照顾你。你会说……

请小组任意选择一个情境进行续写和创排故事，鼓励尝试创作不同的结局。小组完成后在班级展演。

4. 紧紧相连

目的：增进团体的凝聚力。

虽然短暂，但在我们共同成长的经历里，我要把名字镶嵌进你的记忆。请以小组内成员名字为基础，造出尽可能长的句子，谐音即可，作为背景墙合影。

单元四：学会说"不"

1. Yes or No

目的：感知生活中的拒绝有哪些情况。

规则：根据以下情况回答 Yes or No。如果你想说"Yes"，就把手打成一个 OK 字，如果你想说"No"，就请将双手在胸前交叉。

① 上学快迟到了，好朋友要你跟他一起爬学校围栏，节约时间。

② 同学受伤了，需要你扶去医务室。

③ 艺术节快到了，好朋友想叫你和他一起合唱一首歌，可你已经答应与同桌合唱了。

2. 尝试说"不"

目的：联系实际生活觉察拒绝别人的事。

规则：请按照事件的类型"拒绝别人的事情""被别人拒绝的事儿""内心拒绝但又接受的事"，填写"尝试说不"卡片，并在小组内分享：在什么情况下说"不"？又如何说"不"的呢？

3. 拒绝的学问

目的：肯定拒绝的合理性，体验拒绝别人的表达方式和效果的差异。

规则：分小组演绎下面三个情景：如何做到既不伤害别人，又不委屈自己的拒绝？

周一晚上9点，小新正在写作业，同学小明急匆匆地微信他，让他上线打游戏。小新该如何做呢？

情景一：说教式拒绝

小新：你看看你，什么时间了？作业写完了吗？不好好学习就打游戏。

情景二：迁就对方

小新：你真好，我正写作业累了呢，就玩一把休息一下吧。作业就打完再写吧。

小明：还是我懂你吧，真是好哥们！

情景三：委婉地拒绝

小新：我的作业还没写完哎，现在九点了，如果打游戏，我就得熬夜了。等周末吧，你也别太晚啦。

小明：好吧。

请体验三种不同方式拒绝的结果，感受人物的心理变化过程，并在小组内分享拒绝的方法和技巧。

4. 我的沟通未来式

目的：结束团体，鼓励其用所学沟通技巧迁移到生活中，以积极的心态面对未来的生活。

规则：以小组为单位，成员在纸上画出未来某一天的生活状态，或者描述一个故事呈现未来的自己。小组内分享自己对未来的期盼，最后组长总结发言。

<h2 align="center">单元五：合作向未来</h2>

1. 螃蟹走

规则：每组各一个呼啦圈。学生从排头开始将呼啦圈套在身上，横着直线走或跑到终点，返回后，接力给下一个同学。用时少的组获胜。

2. 奔跑吧，毛毛虫

规则：教师请五位同学演示，分组进行练习；结束练习后，各组以接力的形式完成奔跑吧，毛毛虫活动。

第一组通过协作配合使比赛器材在跑道上行进，按规定赛程进行，全部学生通过终点后将器材接力给第二组队员，第二组以同样的形式前进，所有组以接力完毕，比赛结束。

毛毛虫行进中，学生手不得离开器械把手，不得脱离器械前行。根据用时长短决定名次顺序，用时越短越好。

3. 合影留念

团体成员围成一个圈，伴随着音乐声为旁边的同学吹吹肩膀、拍拍背，放松一下；结束后根据指令，摆出姿势，合影留念。

（八）团体评估方法

领导者自我总结、团体成员填写反馈单，评估团体辅导效果。

实践教学

结合本章学习的内容，分小组从下面五个方案中选择一个，开展团体心理辅导，撰写一篇活动反思。具体要求如下：

① 每个小组选择一个团体心理辅导方案，小组成员分别扮演教师和学生角色，实施团体心理辅导。

② 熟悉方案，熟悉对应年级小学生的心理和行为特点，准备好教学活动所学的器材。

③ 注意团体辅导各环节之间的衔接、师生的互动和反应，反思自身存在的不足和需要提升的能力，把握好时间和节奏。

④ 撰写团体心理辅导活动反思。每位同学提出自己参与活动后的发现和感悟，分析问题和原因，总结经验，提出以后团体心理辅导能力提升的思路。

⑤ 活动反思的要求：结构完整，条理清晰，内容全面，字数不少于300字。附上小组成员分工、团体心理辅导活动照片。

团体心理辅导方案一：独一无二的我

【辅导理念】乔哈里窗（Johari Window）从关系角度把自我分为四个区域：公开我、盲目我、秘密我和未知我。《刚要》指出要帮助小学高年级的学生了解自我、认识自我、悦纳自我。小学生对自我的认识容易受到外界环境的影响，面对负面评价容易产生不自信、不能合理看待自己的情况。因此，帮助学生认识自己的独特性，学会悦纳自我显得尤为重要。

【辅导目标】

① 了解认识自己的特点；

② 学会全面认识、欣赏自己；

③ 体验接纳自己的愉悦感和幸福感。

【辅导准备】教材，课件，笔和纸。

【辅导时间及次数】单次，40分钟。

【辅导教师】心理老师或班主任。

【辅导过程】

（一）热身：问路

规则：假如你迷路了，你会向团体的谁问路？如果你找到了被求助者，请走过去，将一只手搭在他的肩膀上。看一看谁的肩膀上的手掌最多，请肩膀上手掌最多的人分享感受；请求助者分享求助理由。

（二）不一样的我

活动一：制作个性名片

规则：

① 思考自己的特点，制作属于自己的专属名片。

② 从外貌、性格、兴趣、能力或者其他方面来描述自己，并把五个句子填写完整。

③ 写完后，组内分享。小组长随机抽取名片读给成员听，其他成员猜一猜这是谁的名片。

教师：有些同学的特点非常明显，他们还没读完，就被其他同学猜出来了。抓住自己明显的特点，是了解自己的表现。其实，我们眼中的自己和别人眼中的自己是有区别的。

活动二：别人眼中的自己

教师：我们可以去问问周围同学自己还有哪些特点。请小组成员互相增添特点，注意：给同学增添特点的时候一定要真诚，要尊重同学，不能写攻击他人的词语。

规则：

① 小组成员的卡片在组内逆时针漂流。

② 成员轮流在名片卡的反面，写上该张卡片所有者最显著的特点。

③ 组内分享。

（三）更新版的我

教师：哪些特点是我们需要保持的？哪些是无法改变需要她接纳的？哪些又是需要不断改进的呢？

规则：

① 找出名片中自己不满意的特点，根据以上问题进行分享。

② 请挑选一两个进行"虽然—但是"造句，如"虽然我个子不高，但是我热爱运动"。

（四）对话未来的自己

规则：请你写一句话，送给未来的自己，全班学生分享。

总结：感谢大家的分享，多么激励人心的语言啊。我们是独一无二的，正因为我们的独一无二，世界才更加缤纷多彩。祝愿所有同学努力遇见更美好的自己。

团体心理辅导方案二：情绪调色盘

【辅导理念】小学中年级的学生情感开始由浅显、外露向深刻内控方向发展，这是情感变化的转折期，也是情感能力培养的关键期。学生通过活动体验到情绪的变化和多样，就像一个万花筒，这一刻折射出喜悦，下一刻又可能折射出愤怒或忧伤。《刚要》指出引导小学中年级的学生学会体验情绪并表达自己的情绪。本课通过活动让学生觉察到自己的情绪，并且感受到情绪是变化的，引导学生在日常生活中树立主动调适情绪的意识，培育学生积极阳光向上的心态，促进学生身心健康发展。

【辅导目标】

① 了解多变的情绪及基本情绪的种类。

② 体验情绪的丰富变化，并用语言表达。

③ 觉察情绪状态，并尝试调节自己的情绪。

【辅导对象】小学中高年级。

【辅导准备】苹果，教材，课件，笔和纸。

【辅导过程】

（一）热身：神秘的盒子

规则：教师呈现神秘盒子，学生猜测盒子里的物品，闭眼摸取盒子里的物品，再上台来揭秘盒子里的物品；一名情绪观察员观察同学的情绪变化。

教师：同学们脸上的表情都发生了微妙的变化，期待、激动、兴奋等等。情绪是多种多样的，我们进入今天的主题"情绪的万花筒"。

（二）认识情绪

活动：情绪词语头脑风暴

规则：小组派代表抽取基本情绪卡，头脑风暴想出关于喜怒哀惧的词语。时间3分钟。完成后全班分享。如抽到"喜"字情绪组，需要尽可能地想出关于"喜"字的词语。

（三）觉察情绪

教师：在学习生活中，我们无时无刻不在体验着情绪，但因为情绪的抽象性，我们有时会忽略它的存在。那我们如何了解觉察自己的情绪呢？今天小小画家文小可同学带来了精彩的作品，通过她的作品，或许能给我们一些启发。

规则：

① 展示文小可的情绪调色盘的样板。

② 回忆近一周的情绪体验，给自己的情绪调色盘上色。

③ 观察一下自己的情绪调色盘，哪些情绪占的比例较大。

（四）小小烦恼盒

规则：请同学们聚焦调色板上最不开心的区域，将引起情绪的具体事情写下来，回收到烦恼盒里；老师从烦恼盒里随机抽取"烦恼"，让大家一起给出意见，试着解决烦恼盒里的问题。

教师总结：解决烦恼的方法多种多样，我们可以深呼吸、运动、做让自己放松的事情、合理宣泄，如难过了哭出来、唱唱歌，向朋友倾诉等，让自己的情绪调色板更加明亮温暖。

团体心理辅导方案三：合作魅力大

【辅导理念】人际合作能力包括沟通能力、创新规划能力和冲突解决能力，特别是分工精细化的现代社会，创新合作能力就显得更为重要。小学生的学习生活存在着各种需要合作的场景：课间游戏、班级活动、项目学习、团队比赛等，许多学生由于欠缺人际合作的氛围和经验，导致人际关系紧张。本次团体辅导通过小组竞争、组内合作的形式，引导学生记性创新合作，在积极的情绪体验中感受合作的重要性，掌握合作的方法，增强自信。

【辅导目标】

① 知道生活处处有合作，感受集体的力量；

② 体验用成功的经验互相帮助的快乐，感受合作的重要性；

③ 学会以其适当的方式与人合作。

【辅导准备】呼啦圈。

【辅导对象】小学中高年级。

【辅导时间及次数】单次，40分钟。

【辅导教师】心理老师或班主任。

【辅导过程】

（一）热身：一圈到底

规则：男生女生各一列，各自手拉手，将呼啦圈在不松手的情况下由队首传递到队尾。活动中相互拉着的手不能放开，也不能用手指去勾呼啦圈。男生女生比赛。

教师：我看到大家非常认真地完成游戏，将一大一小的呼啦圈从队首到队尾进行传递，合作得非常顺利。

（二）珠行万里

规则：

① 每组成员站成一排。共同传递一个圆球，将圆球先传递到终点的小队获胜。

② 前四位同学每人手上会有一个弯曲的塑料管道；管道连接起来可形成小球的滚动轨道。

③ 由于人数大于管道数，小球在向前滚动时，需要完成管道的接力，以免小球落地。

④ 开始计时，小秋滚到终点的纸杯内，即胜利。

小组分享：我印象最深的时刻内容；我最欣赏的组员。

教师：良好的合作，需要共同的目标和及时分享交流成功的经验。

（三）拼出精彩

规则：

① 老师提前将几张学校风景海报，剪成若干碎片。打乱顺序，分发给各个小组。

② 请各个小组合作安排组员的角色，一部分同学担任拼图人员，一部分同学负责到其他组找到班组需要的碎片，一部分同学提出要求。

③ 负责找碎片的同学不能回到本组，而只能在其他组听指挥。

④ 在规定时间内完成任务的总获胜。

分享感受：负责拼组的同学有何感受？负责找碎片的同学接受的任务是否明确？中间负责布置任务的同学是否能准确地传达信息？

总结：人与人之间的合作是我们社会生存和发展的动力，我们每个人都有自己的弱点和优点，如果将我们各自的优势组合起来，可以更加顺利地完成任务。

（四）人椅

规则：围成一圈。每人将手放在前面的学员的肩上；听从指挥，徐徐地坐在他后面学员的大腿上；尽可能坚持更长的时间。

教师总结：合作可以给我智慧和力量，让我们在合作中健康快乐地成长。

团体心理辅导方案四：我能行

【辅导理念】《纲要》要求"初步培养学生的学习能力，激发学习兴趣和探究精神，树立自信，乐于学习"。小学生正处于接受新鲜事物和良好教育的关键时期，自信心的树立对其性格的形成十分重要。随着年龄的增长，小学生会因不能够正确认识自己，缺乏自信心，甚至产生消极、自卑的心理。所以树立"我能行"的信念，是一把战胜困难的金钥匙。

【辅导目标】

① 认识到我能行，突破自我设限。

② 掌握一些突破自我的方法，运用于生活当中。

③ 树立突破自我，不惧困难的信心。

【辅导对象】小学中高年级。

【辅导时间及次数】单次，40分钟。

【辅导教师】心理老师或班主任。

【辅导过程】

（一）热身：30秒鼓掌

规则：

① 请猜测自己30秒内能鼓掌多少下，记录猜测次数。

② 计时30秒，尽自己最大的努力鼓掌，次数越多越好。看一看实际次数。

教师：很多时候我们真的低估了自己的实力。那这节课我们重新认识自己，我能行。

（二）情景演绎：小宇的烦恼

故事简介：小宇一开始因为写字不好看而苦恼，经过练习进步很大。老师鼓励他参加书法类比赛，他却不敢。小东和班主任住在同一个小区，每次在小区遇见，都会远远地躲开或低着头假装看不见。

小亮非常喜欢演讲，但上次演讲比赛发挥失常。从那以后，他变得害怕上台，害怕比赛。

规则：请小组表演故事，并讨论如何帮助主人公突破自我。

小组内分享，小组代表发言。

教师：我们都会有自己不擅长的地方，例如写字不好看、不敢当众讲话。但我们要有积极应对、勇于尝试的精神，也许没有想象的那么难，只要相信自己，敢于尝试，就可以做到。

（三）突破自我

活动一：重温过去的成长经历

活动规则：头脑风暴，在你长大的过程中，哪些事情是你自己觉得最难做成的？把它写在学案纸上；请在小组内，分享故事与感受。

教师：很多看似棘手的困难，是由于自我设限导致的，如果能勇于尝试，突破自我，就会发现原来事情没有想象中的那么困难。

活动二：用行动突破自我

活动规则：4人为一组进行小组讨论，针对刚才小组成员写的难题，想一想解决的办法，来打破自我设限，突破自我。

教师：无论用哪种方法，我们都要持之以恒，贵在坚持。遇到困难时，不怀疑自己的能力，不放弃坚持的事情，才能突破自我，体验成功后的喜悦和幸福。

（四）自我寻宝

规则：以"我开始喜欢／相信我自己，因为……"为句式，在小组内分享活动感受。

教师寄语：相信自己，我能行，勇于尝试，通过孜孜不倦地努力和追求，老师相信在未来大家会遇到更好的自己。

团体心理辅导方案五：我的未来我做主

【辅导理念】根据舒伯（D.E.Super）的生涯发展理论的五个阶段：成长期、探索期、决策期、保持期和衰退期。小学生正处于生涯成长期0～14岁，此阶段的任务是该阶段个体开始认识自我并发展自我概念，并对周围人的工作角色有初步的认识。有助于儿童生涯意识和决策制定的八个概念分别是：好奇心、计划、信息、关键人物、兴趣控制点、时间透视、自我概念和探索。基于此，本次团体辅导活动，希望培养小学生对于外部职业世界和环境的好奇心和兴趣，了解更多的职业信息；了解自己、培养对工作世界的正确态度。

【辅导目标】

① 感知生涯角色，认识自我，接纳自我；

② 感受分享与互动中的温暖与支持，学会了解和欣赏彼此；

③ 觉知每种职业对于从业的不同要求，设立职业初梦想。

【辅导对象】小学中高年级。

【辅导时间及次数】单次，40分钟。

【辅导教师】心理老师或班主任。

【辅导过程】

（一）热身：职业蹲蹲乐

规则：根据人数分组。每组选择一种职业，在两分钟内熟悉其他组所选择的职业。小组成员手拉手，组与组之间进行萝卜蹲游戏，齐声喊如"医生蹲、医生蹲、医生蹲完教师蹲"，听到职业名称的组集体蹲，并接力喊出下一个职业名称，比一比哪一组反应快且不出错。

（二）绘本欣赏：大脚丫跳芭蕾

绘本故事简介：主人公贝琳达热爱芭蕾舞可却因为有一双异常的大脚而被排斥在舞台之外。但即使在餐厅里工作，她还是常常怀念跳舞，不放弃任何跳舞的机会，为快乐而跳舞，用舞蹈为别人带去快乐，最后感动了大都会的指挥，如愿以偿登上舞台，受到观众和评委的热烈欢迎。

教师将绘本根据剧情的发展，分成三个部分，分别录制成视频片段。

第一步：欣赏片段并思考：她长大后可以从事哪些职业呢？

片段1：贝琳达喜欢跳舞，她媒体拿都去舞蹈学校，认真练习跳舞，她跳舞的时候，姿态优雅，无比轻盈灵活。

第二步：欣赏片段2，并思考：贝琳娜会放弃她的职业梦想吗？为什么？

片段2：贝琳达还没试跳，评审们就说：回去吧！你那一双大脚，永远跳不好。

第三步：欣赏片段3，并分享感受。

片段3：贝琳达在餐厅跳舞，顾客们口口相传，最后大都会的指挥都来看她跳舞，被她感动，非常欣赏她，邀请她去大队会的舞台。

教师总结：在职业追梦的道路上，并不是一帆风顺的，但若能发现自己的优势，坚持自己的方向，就会为之梦想的实现多一份可能。

（三）我的职业梦想树

教师设计学习单。以树的框架呈现职业梦想、梦想实现后自己的状态、可能遇到的困难、自己具有或想要培养的优势。

在音乐背景下，学生填写学习单，完成后在小组内分享。

（四）梦想行动一小步

每人用一句话描述，今天愿意为梦想的实现坚持的一件小事情。

教师总结：如果喜欢一件事，就要热爱它，努力地去做，享受它带来的快乐。即使遇到一些困难也不怕，热爱可抵岁月漫长，祝同学们追梦成功。

第五章

小学生心理危机预警与干预

小学生心理危机预警与干预

- 心理危机预警与干预概述
  - 心理危机预警与干预的含义
    - 心理危机干预的定义
    - 心理危机预警的定义
  - 小学生心理危机的类型、表现与重点人群
    - 常见心理危机的类型
      - 突发性危机事件
      - 冲突性生活事件
    - 常见心理危机的表现
      - 易怒、易哭泣、过度依恋人、过分争宠、攻击行为、畏惧夜晚、噩梦连连、不愿上学或不能专心做事等
    - 小学需重点关注的对象
      - 情绪冲动、心理承受力弱、亲子关系紧张、考虑问题比较消极、个性敏感、不太自信等
    - 危机排查的重要时间节点

- 小学心理危机预警与干预体系建设
  - 构建学校心理危机预警与干预机制
    - 家校协同建立三级危机预警与干预系统
    - 危机预警与干预系统工作内容
      - 提高对特殊群体学生的危机预警意识
      - 筛查关注高风险学生群体动态
      - 及时化解各种心理问题
  - 危机干预重在预防
    - 搭建小学生的心理支持系统
      - 搭建有效的学校支持系统
      - 搭建有效的家庭支持系统
      - 搭建医教结合的心理危机识别与评估模式
    - 心理危机的识别与发现
      - 观察法
      - 访谈法
      - 量表筛查法
      - 小学生心理危机评估
      - 建立小学生心理健康档案
  - 小学生自杀危机预警与干预
    - 自杀前的干预
    - 自杀事件发生后的干预
      - 确定事实，发布事实，制订行之有效的干预方案
      - 学生表达处在危机中的感觉和情绪时，教师要积极为学生做出榜样
      - 对学生进行如何面对危机的教育
      - 引导学生表达危机事件的感觉和情绪
      - 心理问题严重学生的转介
      - 心理危机干预要持续进行

- 生命教育
  - 小学生命教育的意义
    - 有助于培养学生珍爱生命的意识，塑造健康的生命理念
    - 有助于培养学生的生存技能，提高自我保护的能力
    - 有助于素质教育的落实，培养新时代德智体美劳全面发展的社会主义建设者和接班人
  - 小学生命教育的途径
    - 生命教育课程
    - 校园文化建设
    - 心理咨询与辅导
    - 团体心理活动
    - 课程中融入生命教育
    - 家校协同共育

① 了解小学生心理危机预警与干预的含义，了解常见的心理危机的类型与表现，知晓三级预警与干预系统的主要内容。

② 掌握小学生心理干预的主要内容与方法，学会识别与发现心理危机，了解如何对小学生进行自杀危机预警与干预。

③ 认识到生命教育的意义，理解生命教育对小学生健康发展的重要性，能够在各途径对小学生进行生命教育。

案例导入

伤口让我很"舒服"

基本信息： 小萌（化名）是一位六年级女生，高高胖胖，成绩中下，在家喜欢玩手机。上面一个哥哥和一个姐姐都因意外去世，小萌是父母的"老来子"。

主要问题： 五年级以来，小萌和父母经常吵架，她的手臂上时有划痕，甚至出现在课堂上用小刀割手臂。她说看到血渗出来的时候很舒服。不喜欢学习。晚上在家玩手机到深夜，第二天早上起不来，因此经常不上学。

深层信息： 父母将小萌当成哥哥姐姐的替代，总是把她们做对比。对小萌的成绩要求很高，在亲朋好友面前经常说小萌的缺点，导致小萌的内心委屈、气愤。当她用刀子划手臂时，伴随着疼痛，她觉得情绪得到了缓解，父母也会对她表现出温情和担心。因此，她经常会以自残的方式进行宣泄。

心理辅导：

① 建立关系。在安全、接纳的氛围中，小萌讲述自己自残行为发生发展的过程以及心理感受，展示手臂伤痕。

② 调整认知。对小萌进行心理教育，帮助她认识到这种行为产生的根本原因，并引导思考"伤害自己带来的危害"；同时，帮助父母认识到每一个孩子都是独立的个体，不是别人的替身，小萌有自己的优点。

③ 干预行为。帮助小萌认识到自己的行为可控，并采取有效干预，如收起伤害工具、调整作息，阅读适合自己年龄的书籍，和同学们一起玩耍，减少和网友的聊天、打游戏。另外。多和父母沟通，向父母表达感情。

研究结果显示，非自杀型自我伤害行为极易引发自杀行为。对小学生发生的类似行为，学校和老师应高度重视，并保持警觉，及时采取有效的措施，避免意外伤亡事件的发生。

第一节　心理危机预警与干预概述

小学阶段是个体心理素质和人格发展的重要阶段。小学生处于身心快速发展之际，是自我意识、人格成长、个性形成的关键时期，其心理健康状况对学业成就与个体幸福感产生极为重要的影响。近年来，小学生心理问题有不断增多的趋势，如果未能得到及时预防和干预，有可能发展为精神障碍，还有可能导致极端的危机事件，甚至夺走宝贵的生命，对家庭造成严重创伤，也影响社会的安全稳定。构建科学合理、行之有效的小学心理危机预警和干预机制，有效预防、及时处置、合理善后心理危机事件，是小学教育管理工作的一项重要内容。

一、心理危机预警与干预的含义

（一）心理危机干预的定义

心理危机是指当人们遭遇突发事件或面临重大的挫折和困难时，当事人自己既不能回避又无法用自己的资源和常规处理问题的方法方式来解决时，出现的暂时心理失衡状态或心理应激反应。从定义可以看出：第一，危机事件是突发的，往往无法预料；第二，危机事件的破坏性较大，会给当事人造成重大压力；第三，不具备解决危机能力的当事人会体验极大的痛苦，产生紧张、恐惧、悲伤、绝望等情绪，甚至作出自杀等极端行为。

心理危机干预的概念最初源于林德曼和凯普兰的研究，他们认为危机干预是化解危机并告知被干预者如何应用较好的方法处理未来应激事件的过程。帕德瑞认为，危机干预就是在混乱不安的时期，一种积极主动地影响心理社会运作的历程，以缓解具有破坏性的压力事件所带来的直接冲击，并协助受到危机直接影响的人们，激活其明显的与潜伏的心理能力及社会资源，以便能适当地应对压力事件所造成的结果。

《心理学大辞典》对心理危机干预的定义为：危机干预是心理治疗措施的一种，是对处于心理危机状态的个体、家庭及群体采取明确有效的措施。在危机状态下，个体无法用惯有的方式解决难题，体现出极大的痛苦，产生紧张、恐惧、悲伤等情绪以及躯体不适，甚至无法适应而作出自杀等极端行为。在危机发生的最初阶段，可提供个体情感支持，以缓解其紧张情绪，然后指导个体根据自己的实际情况，寻求可能的帮助，进而帮助个体分析危机情境与其人格的关系，与之讨论危机事件为何会使人心理失衡以及怎样使人心理失去平衡，指导个体学习新的认识方法和应付方法，有效地处理危机事件，达到完善人格、提高适应能力的目标，使个体最终战胜困难，重新建立人际关系，更好地适应社会生活。

（二）心理危机预警的定义

心理危机预警是心理危机干预的一个环节，是为了能够对学生的心理危机早发现、早通报、早评估、早干预，将学生的心理危机消除在萌芽状态，最大程度保障学生的生命安全而采取的一系列举措。心理危机预警具体内容包括生命和安全教育、心理健康普查和严重心理问题排查、心理咨询和辅导、实施"一生一档"制度和家-校-生信息畅通机制。心理危机预警遵循"预防为主、及时预警"的原则，坚持"生命第一""健康第一"，全员参与，面向全体学生，重点关注有精神障碍、自我伤害想法和行为等特殊情况的学生。

二、小学生心理危机的类型、表现与重点人群

（一）小学生常见心理危机的类型

小学生心理危机是指小学生在学习和生活中发生的，由于身心发展和家庭、社会等各方面的原因，依靠其自身能力无法承受危机事件所带来的冲击，出现严重的身心失衡，表现出强烈的心理和行为症状。小学生心理危机的诱发因素可分为两大类：一是突发性危机事件，例如洪水、地震、重大传染病疫情、被抢劫、遭受性侵犯等；二是个人难以应对的冲突性生活事件，包括以下几点：

① 丧失问题，涉及人员、财产、地位、尊严等的丧失，如亲人离世、钱财丢失、班干部调换、考试失利被老师批评丢失颜面等；

② 适应问题，如新生入学不适应、年级发生变化、搬家、转学等情况，多指对新的环境或状态要重新适应的心理应激；

③ 矛盾冲突，即面临各种急须作出决断的矛盾及长期的心理冲突等状况，如退学、家庭纠纷、网络成瘾、内心价值观激烈冲突等；

④ 人际关系问题，即人际关系紧张或者是持久的人事纠纷都会导致心理危机，如同伴关系僵化、校园暴力等。

（二）小学生常见心理危机的表现

小学生在面临突发危机事件时，由于身心发展特点的影响，无法依靠自己的力量进行控调，表现出各种严重失衡的状态。

① 身体方面表现为失眠、头痛、紧张、消化不良、疲劳、头痛恶心等。

② 情绪方面表现为一些持续低落甚至是崩溃的情绪，如焦虑、紧张、恐惧、易怒等。

③ 认知方面表现为注意力不集中、记忆力下降、价值观混乱、错误认知等。

④ 行为方面表现为哭泣、咒骂、指责、暴力行为、离家出走，甚至可能出现自残、自虐和自杀等严重行为。

如果遇到突发性危机事件，如目睹车祸，经历火灾、震灾、洪灾，小学生可能会反复诉说灾难时的恐怖情景，或者一遍一遍地向大人诉说自己多么害怕和恐惧。临床上表现出易怒、易哭泣、过度依恋人、过分争宠、攻击行为、畏惧夜晚、噩梦连连、不愿上学或不能专心做事等。

（三）小学需重点关注的对象

容易让学生陷入困境的情况按影响程度从高到低排列的顺序为：情绪冲动、心理承受力弱、亲子关系紧张、考虑问题比较消极、个性敏感、不太自信等。其中，小学生认为"情绪冲动"是最容易让自身陷入困境的要素。小学生处在身心发展的关键时期，表现出强烈的自主意识，较为敏感，是心理冲突和情绪波动较大的阶段，而其应对能力有限，容易陷在极度激动状态中。情绪冲动时，小学生对周围事物的理解力降低，对自己行为的控制力减弱，意识不到自己在做什么，也无法预见行为的后果。

对小学生自杀事件的调研分析发现，几乎每一起小学生的自杀事件都是遭遇重大事件、缺

失支持系统和自身特质三大要素的叠加。

其一，遭遇重大事件。每一起自杀事件的背后几乎都会有一个重大事件。影响的程度取决于当事小学生的认知，可能是一次考试成绩不理想，也可能是一次剧烈的人际冲突。

其二，心理支持系统缺失。个体在遭遇重大事件后，是否会采取自杀等极端行为与个体是否有足够的心理支持系统相关。对于小学生而言，这个支持系统的核心在于个体与家庭、同伴、社会的连接程度。如果学生个体在遭遇重大事件后没有得到足够的心理支持，那么这个事件极有可能压垮他（她），让个体感到无比的绝望与痛苦，进而采取放弃自己的生命来结束这个巨大的痛苦。

其三，个体自身特质存在问题。调研发现，有些个体尽管有可以利用的支持系统，但由于自身的特质（性格或精神异常）原因却无法利用这些支持系统。有的家庭关系并无明显异常，父母平时也很关心当事人学习与生活，但对于该学生而言，父母的关心可能只是单向的，该学生始终未与父母建立起有效的连接。或者是由于个体自身严重的心理问题或精神疾病无法利用这些支持系统。

 延伸阅读

需要被纳入重点关注对象的高危群体

① 学业成绩不良、学习压力过大而造成心理和情绪异常的学生；
② 人际关系不良、社会支持系统功能也不好的学生；
③ 父母离异或一方死亡、成长过程中缺失爱的单亲家庭的学生；
④ 近期遭遇重大变故且以个人经验难以应对的学生；
⑤ 因生活贫困而诱发自卑心理和情绪不稳定的学生；
⑥ 躯体有疾病，给个体带来痛苦和生活学习不便的学生；
⑦ 有家族精神病史的学生；
⑧ 曾经出现自残或攻击他人等不良行为习惯的学生。

符合这些特征的学生，如果六个月内经历了重大事件，出现危机的可能性会大大增加。这里所讲的重大事件以学习事件（考试失败或不理想、学习负担过重、升学压力过大、预期落空等）、丧失事件（亲人去世、毁容或失去部分肢体、失恋、父母下岗、亲友或本人重病等）、心理不适应事件（搬家、意外惊吓事故、转学或更换班主任等）、人际关系事件（被人误会或错怪、受人歧视或冷遇、与好友发生纠纷、当众丢面子等）为主。由于生活经验有限，在成人眼中可能并不算严重的事情，小学生也会感到超出他们的能力而难以应对。

（四）危机排查的重要时间节点

学生容易出现心理危机的敏感时段包括以下时间节点，如春季、冬季、开学前后、学习生活环境变化后、进行新的学习阶段、进入寄宿制环境初期、重要考试前和成绩公布后、评优选干前后、受到惩处时、群体或个体突发事件发生后、发生严重人际冲突后等，学校应在这些时期对较为敏感的高危群体进行重点关注，实施危机排查。

第二节　小学心理危机预警与干预体系建设

根据小学生心理发展特点及心理危机预警与干预技术的专业要求，心理危机干预机制包括危机发生之前的预警机制、危机发生时的处理机制和发生之后的善后机制。这些机制对小学生健康心理发展和生命安全具有重要的意义。

一、构建学校心理危机预警与干预机制

学校心理危机预警是心理危机预警和干预的中间环节，同时也是关键环节，是整个心理危机预警与干预体系的核心与纽带，因为有效扎实的预防机制，可以在一定程度上避免小学生心理危机的最终发生，减少心理危机带来的负面影响，降低心理危机对社会、学校、家庭及个体所造成的损伤。

（一）家校协同建立三级危机预警与干预系统

建立心理危机预警监测中心，形成"学校 - 年级 - 班级"的三级心理危机预警与干预系统。预警与干预的流程为：

第三级以班级为单位，由班主任、班干部及家长组成。他们距离学生最近，接触学生的机会多，最了解学生情况，一旦发现危机现象，立即向第二级传递信息。同时，班主任、学生家长负责对出现心理危机的学生进行力所能及的保护和基本干预。但由于他们缺乏专业知识，所以这种干预必须是在学校具有专业资格的心理辅导教师的指导下进行。

第二级是由学校各年级成立心理危机预警与干预工作组，年级组长担任工作组负责人，成员由班主任、任课教师组成。工作组根据不同年级学生心理发育特点，开展相应心理健康教育，发现问题及时向学校心理危机预警与干预领导小组报告。

第一级是学校层面，成立学生心理健康教育领导小组，学校主要领导任组长，教导处负责人、少先队辅导员、各年级组长、心理辅导室教师任组员，心理辅导室在领导小组指导下开展心理危机预警与干预工作。心理辅导教师一方面就学生心理危机问题给予年级主任、班主任、家长和学校提出专业性建议，另一方面在学生同意的情况下运用心理咨询技术进行干预。

学校一旦发现有本校无法独立处理的学生心理危机事件，要及时上报给辖区政府和上级教育主管部门，以寻求帮助和指导。

根据各地各校的不同情况，以市、区（县）的相关行政主管部门为单位，邀请当地高校心理专业教师、社会心理咨询机构的心理咨询师和医院精神科或心理科的执业医生组成学生心理危机预警与干预指导小组。指导小组承担学校教师的专业培训，提供专业的指导性意见，必要时还需要直接参与干预工作，如接受学校心理辅导教师的转介，对相关学生开展心理咨询或心理治疗。

（二）危机预警与干预系统工作内容

学校心理危机预警与干预系统主要是指对容易发生心理危机的特殊群体和一些重点关注对象建立高度关注的防范性体系。任何心理危机在其发生前都有一个从量变到质变的累积过程，

容易出现危机的学生群体都会经历危机发生前的动荡、转折与过渡，如果此时小学生能得到及时的关注与有效帮助，就可能将成长中遇到的困扰与问题及时解决，就不会进一步向危机方向转化，他们也可能获得问题解决的能力，在问题解决中成长。因此学校心理危机预警系统的总体目标主要是当学生面临生活或学习中的困难情境或出现心理问题时，通过心理危机预警系统的发现与后续工作，避免小学生群体中发生心理危机，从而产生自伤、伤人等严重后果。

学校心理危机预警与干预系统的主要工作内容包括：

1. 提高对特殊群体学生的危机预警意识

针对特殊群体学生进行生命教育，增强他们珍爱生命的意识，树立健康积极的生命价值观，使他们在面对各种困难和挫折情境时，能有更大的心理弹性和自由度，从而预防危机。加强危机应对教育，可以增强这部分学生的防范心理危机的意识，帮助他们识别心理危机现象，了解常见心理问题的表现、类型及其成因，让他们了解什么是危机，什么情况下容易出现危机，哪些言行举止可能是心理危机的前兆，如果自己或周围同学出现一些类似的征兆，需要大家有意识地自助或互助，对自己或同学的心理状态及时发现和识别。

2. 筛查关注高风险学生群体动态

开展科学有效的学生心理普查工作，运用专业科学的评估量表，初步了解学生的心理状态。实施定期或不定期的心理排查，既要做好高危人群和敏感时段的心理健康重点关注，开展及时有效的心理健康教育、引导和管理，也要在学生及其周围人员出现重大意外突发事件或受到强烈刺激，可能引发学生心理危机时，根据现实情况开展临时动态的排摸。要根据需要主动约谈疑似产生心理危机的学生，对心理测评显示疑似心理问题的学生、平时学习生活中显示存在风险的学生及时开展访谈工作，以进一步识别这些学生是否存在心理危机。

3. 及时化解各种心理问题

开展专业化的、有针对性的心理咨询辅导。通过面谈咨询，心理工作者可以及时发现来访学生可能存在的心理危机，根据需要设计专题，实施针对性的个别心理咨询或团体心理训练，以改善高危个体或群体的心理状态，减轻或缓解其心理痛苦，增加他们的适应能力，化解心理危机高风险学生的各种内心冲突。

二、危机干预重在预防

（一）搭建小学生的心理支持系统

社会支持系统对于小学生的身心发展有着非常积极的作用。好的社会支持系统可以让学生体验到设身处地的理解和关怀，负面情绪得到宣泄，从而预防心理危机事件的发生。小学生从家人、朋友及团体中所获得的支持越多，体验到的被尊重、被理解的程度越高，其主观幸福感也越高。心理支持系统的缺失是小学生自杀的一个重要原因，而构建强有力的心理支持系统是预防小学生自杀的有效防线。

1. 搭建有效的学校支持系统

进一步提升小学专职心理教师比例，并加大对专、兼职心理教师心理危机识别与评估能力的培训。每所小学至少有一名专、兼职心理教师接受过省或市、县（市、区）的相关心理危机识别与干预专题培训班，切实提升对中小学生心理危机的识别与干预能力。

班主任与学生朝夕相处，对学生各方面情况是最了解的，应成为心理危机预警工作的第一道防线，也是最有力的一道防线。为有效识别与预防中小学生的自杀事件，各地须进一步加强对小学教师，特别是小学班主任心理健康教育工作能力的培训力度，增加对小学生阶段性常见问题及师生沟通技术的专题培训，提高班主任沟通与交往能力，从学校班级层面为学生提供有效的心理支持，并提升他们预防中小学生心理危机的意识以及识别学生心理危机的能力。

结合"全员育心"要求全体教师要做到：教学态度体现关爱、教师眼神传递关爱、教学语言表达关爱、教学行为显示关爱。在开学三周内，对所带班级学生进行全覆盖的"谈一次话""走一次心""送一份礼"，进一步拉近师生之间的距离。教师不仅仅传道授业，还是学生学校生活的陪伴者、学习生涯的引导者、成长路上的关爱者等。另外，老师对学生的了解更全面，学生的形象也变得更立体，在了解的基础上才会有理解，有了理解才会有更多的尊重，由此降低师源性的伤害，增进了师生之间的情谊。小学教师要有积极的心态、具备合格的专业能力，以耐心、爱心、关心激发儿童形成积极的行为习惯。对学生充满爱心，这也是引导小学生塑造良好行为习惯的重点。

学校可以通过心理活动课、学科渗透、主题班会、专题讲座等形式，加强对学生的心理健康教育，学校可以借助心理测评建立心理档案，给予可能产生心理危机的高危群体"必要帮助"，及时化解学生的心理压力。

2. 搭建有效的家庭支持系统

不良的亲子关系是小学生自杀事件的重要诱因之一。为有效预防中小学生的心理危机事件，应高度重视亲子关系的辅导，通过家长课堂、家长交流会等方式，引导家长加强沟通，学会倾听，了解孩子内心的需求，让孩子感觉到父母永远是他坚强的后盾，所有的委屈可能都会消散；引导家长学会管理自己的情绪，父母在孩子面前，应该是温和、乐观、快乐的，孩子耳濡目染，也会形成温和的性格及健康向上的心理；建立良好的亲子关系，营造和睦的家庭氛围，为学生提供强有力的家庭心理支持。同时，鼓励家长和学校加强沟通，协同合作，才能形成教育合力，从根本上保障小学生的身心健康发展。

3. 搭建医教结合的心理危机识别与评估模式

学校在面对疑似精神障碍学生时，应邀请专业的精神科医生协助开展评估，或交由家长带去专业的医疗机构进行诊断与治疗。有条件的学校要搭建"医教结合"的心理危机评估与干预模式，在小学引入校外的专业机构，参与对心理高危学生的心理评估与干预。校外医疗机构及专业机构人员在接到学校的求助电话后第一时间开展心理评估，根据危机的严重程度指导学校、家长做好工作，或赶赴现场指导危机处理。

教育行政部门充分发挥在医教结合模式中的组织协调作用，整合社会各方面资源，提供心理问题识别、心理约谈技术、师生沟通技术的专题培训，提高班主任沟通与交往能力，从学校班级层面为学生提供有效的心理支持，并提升他们预防中小学生心理危机的意识以及识别学生心理危机的能力。

 延伸阅读

医校共建就诊绿色通道

共建医院为共建学校开通绿色通道，指定专门负责人，为共建学校师生就诊提供便利。共建医院设立学生转介的绿色通道后，联系人协助学校心理健康教育教师做好转诊工作。学校无法排查、明确问题的，也可以通过绿色通道预约心理专家，由心理专家作进一步的确诊、治疗及记录。联系人将疑似心理问题学生的确诊和治疗情况与学校心理教师进行沟通，以让学校明确下一步的治疗方案。

（二）心理危机的识别与发现

心理危机往往不断发展变化，具有一定的隐蔽性。另外，小学生年龄小，自我控制能力差，遇事容易冲动等，这些都使得小学生心理危机较难发现。因此，如何准确及时地发现高危学生，评估当事人心理危机的严重程度、目前的情绪状态以及潜在的危险性，是一项困难又十分细致的工作。通过心理危机识别与发现，学校心理危机预警与干预工作小组可以了解和监测学校全体学生的心理健康状况、特点和发展趋势，及时发现问题，有效监控、防范和应对各种突发事件，可以减小危机事件对学生的消极影响。心理危机的识别与发现的常用方法有：

1. 观察法

观察法是心理危机工作者有目的、有计划地在自然条件下，通过感官或一定的仪器设备直接观察当事人，由此分析评估其心理危机的类型和特点，并提出有针对性干预方案的一种方法。小学生的心理活动有较突出的外显性，通过观察其外部行为，可以了解他们的心理活动。观察法需要确定观察内容，例如，是观察学生的情绪表现还是行为表现，是观察学生的人际关系还是学业状况等。观察策略包括参与式观察、取样观察、行为核查式观察。可以制订相关观察记录表。观察法可以即时地观察到现象或行为的发生，还可以注意到特殊的气氛和情境，能够得到危机当事人不愿或不便、不能作答的信息，但是对观察者的能力要求比较高，还可能受到观察者的主观影响，而且受时间的限制比较大。

2. 访谈法

访谈法是运用最广、内容最丰富的方法，主要是心理危机工作者与当事人面对面谈话。按照不同的分类标准，谈话可以分为结构型访谈和非结构型访谈、个别访谈和集体访谈。因为访谈法可能受到干预者的能力和主观性的影响，所以事先最好充分准备，对谈话进行的方式、提问的措辞及说明等预先设计，尽可能详细地搜集当事人的背景资料。

干预者谈话所提问题要符合规范，要掌握适宜的提问与沟通技术，聚焦主题把控会谈方向。访谈提纲如下：

① 最近一周，你的睡眠、饮食和人际交往怎么样？
② 你当下的情绪、行为状态怎么样？
③ 这个情绪或行为问题持续了多长时间？
④ 生活、学习与同伴交往方面有什么困难？
⑤ 以前遇到类似困难的解决办法？这些办法能否应对当下危机？
⑥ 当下，谁可以帮到你？

3. 量表筛查法

量表筛查法是指采用标准化的心理测评量表，对当事人有关心理特质进行定量评价，研究其心理发展状况，发现和评估心理危机。测评量表可用于普查、筛查，也可以单独针对某些有危机征兆的学生进行诊断、评估测试。常用的心理测评类型有智力测评、人格测评、心理问题及心理疾病的症状和严重程度的评估、应激与压力评估等，具体如心理健康诊断测评、学习适应性测评、儿童焦虑状态量表、儿童抑郁量表、问题行为早期发现测评、亲子关系诊断测评、自杀态度问卷、儿童创伤后应激反应量表等。

在测评量表筛查工作中需注意：

第一，在测评实施前，一定要严格筛选科学性和针对性强、具有权威性的心理测评量表。最好选择那些能够进行追踪测评、具有多项测评指标、测查多项心理健康特征的测评，这样的测评会达到一举多得的结果，减少测评对学生心理状态的干扰。

第二，测评实施过程中，严格遵照测试流程和有关要求，事先填写《学生家长知情同意书》，告知学生测评说明，并坚持进行测评后脱敏等流程。对小学生进行心理测评，重要的是要知会学生家长，并要求家长、班主任教师和学生三方都签署《知情同意书》，并允许学生有权随时退出测评。

第三，小学生心理测评是进行心理健康水平的评估，而不是进行精神障碍的诊断。测评结果只能作为心理健康教育工作者分析和诊断的参考，不应直接告知当事人测评分数；可以用小学生能够理解的语言，对结果进行解释。如果小学生的心理测评结果显示异常，首先需要专门的一对一的访谈，来明确这个孩子是否真的有危机的可能，或者是不是真的会导致自杀危机。然后将结果异常的学生通过家长转介给具有专业资质的精神科医生，让他们作进一步的诊断和处理。

第四，测评本身不是目的，测评只是达成目的过程中的一个工具。测评结果被用于促进学生们的心理健康发展，才是测评的最终目的。要让学生及其家长从接受测评中获得更好的学业发展和更幸福的家庭生活。

4. 小学生心理危机评估

对通过以上途径筛查出来的学生，还应当进行危机类型的鉴别和危机水平的评估，为危机干预提供参考。危机评估是危机干预过程中的重要环节，小学班主任或任课教师如何在短时间内通过评估迅速准确地了解个体面临的危机情境及反应，是进行有效危机干预的前提。个案心理危机的严重程度如何，个案是否有自杀或伤害他人的倾向，个案解决此危机情境需要哪些资源，该个案是否需要住院，需要从家庭朋友或社会机构获得哪些支持等等，对这些问题的回答就是对危机个案进行评估，评估包括对危机情境的评估、个体差异的评估、个体支持系统状况的评估。

对构成心理危机的学生，学校、教师要及时地与其家长沟通，教育家长给予其更多的关爱与支持，加强信息的沟通与反馈。教师要了解有心理问题的学生的交友状况，督促好友及时与其沟通，给予其更多的关心。对有心理危机的学生，学校要督促和指导家长对学生进行及时的专业治疗，以接受心理咨询或在专业机构接受心理治疗为主，辅以药物治疗。

5. 建立小学生心理健康档案

在重大事件、支持系统和个体特质等三个与小学生自杀相关的要素中，最难识别的就是小学生的重大事件。因为同一事件对于不同的个体可能会产生完全不同的意义，这与个体的支持系统以及个体特质都是密切相关的。因此，要识别个体的重大事件需要进一步了解其背后的支持系统与个体特质，建立动静态相结合的识别体系。在静态识别体系方面，各中小学校应全面建立学生的心理健康档案，并将心理健康档案纳入学生的入学档案，及时了解学生的家庭情况以及家庭关系（支持系统），以及曾患有的身体与心理疾病（个体特质）。日常管理中，还要做到及时了解家庭关系出现的异常（支持系统），察觉学生是否出现严重的心理问题或明显的性格异常（个体特质），纳入动态的心理危机预警库，予以重点关注。

三、小学生自杀危机预警与干预

自杀是个体心理困境难以摆脱而采取的一种极端行为，是所有人最不愿意看到的心理危机的一种结局。从选择自杀到最终真正实施自杀，一个人往往要经过自杀意愿萌生期、自杀意愿彷徨期、自杀决定确定期三个阶段。

在萌生期，自杀者因各种心理压力和各种困扰而出现消极人生情绪，自认无价值，活着无意义。当心理状态脆弱，感到无助、绝望时，试图采取自杀的形式来"保护"自己、逃避现实。萌生期虽可能有情绪低落、抑郁、孤独、沉默寡言等表现，但不易被他人发现。

在彷徨期，自杀者往往处于彷徨不安的心理状态中，开始考虑自杀方式、自杀后果、自杀感觉、自杀不成后造成残疾的各种可能，试验性割腕是自杀者选择生与死强烈的冲突。

在确定期，自杀者经过激烈的生与死的心理抉择后，如确定自杀，那么自杀者往往会有反常表现。虽有遇事不顺当天就自杀的，但多数会有半年以上的心理过程，因此，从时间角度讲，自杀预防还是可以产生效果的。

（一）自杀前的干预

对于学生的自杀事件，学校的预防不可能百分之百有效，但能够在一定程度上减少自杀事件的发生。学校预防的重要途径是开设生命教育和心理健康教育等有关课程，从教育角度提高学生对自杀预防的认识；鼓励学生寻求帮助的行为，要让学生知道学校及社会有关心理咨询的热线电话，以供学生在发生心理危机时，能寻求有效的社会支持；帮助学生提高对自杀风险的识别，即识别"警告征象"，做到自助助人。

目前没有任何证据表明自杀危机相关的询问会诱发自杀。甚至，假如一个孩子有自杀的想法，合适的询问反而有助于降低他的自杀风险。通过关心，让这个孩子感受到被关爱、被接纳。如果发现一个学生可能处于高度危险中，必须去开展核实、甄别和判断工作，带着爱心去关心、询问孩子的心理状况。如：

你在这样的压力状态下，有想过自杀吗？

你上一次有过自杀念头是什么时候？

你想过用什么方式结束生命吗？

你认为谁可以帮到你？

有的时候因为这种人工的互动式筛查，它不仅仅是个筛查，它更多的是传递一种关心、温暖，这种方式能够给被访谈的人带来理解、共情和支持。首先，对于小学生来讲，要更多地强调生命至上。命比什么都重要，这是第一位的。小学生有的时候可能有一些冲动行为，尤其是小男孩，很多事情就比较喜欢冒险，那么这个时候我们应该更多地去跟他讲安全的问题，可能会产生哪些不良的后果，应该让他们意识到这些危险。

加强学校教师特别是班主任的心理健康培训也是重要途径。学校要让教师和班主任懂得，谈论自杀、写自杀日记、出现自伤行为的学生确实处于危险中，但这些学生通常对死亡或生存充满矛盾的心理。有自杀意念的学生想用死来结束痛苦，但又希望出现某件事情或者某个人来改变这样的状况，希望得到理解和救助，使他们的生活上出现根本性的改变，使他们能够继续活下去。因此，从心理救援角度讲，干预有可能有效。遇到这样的学生，切不可草率地对待，要对他们表达同情和爱，让他们感到被爱，而不是批评或警告；不要让他们独处或将他们简单送走了事，要及时向有关部门或家长反馈所了解到的信息。这样的处置，会大大降低悲剧发生的概率。

（二）自杀事件发生后的干预

自杀死亡不仅给家人、朋友等带来极大的悲痛，增加抑郁、创伤后应激障碍等精神障碍发生的危险性，还可能在更大范围内诱发模仿性自杀事件的发生。自杀死亡后干预是指在自杀死亡后开展的一系列支持性和康复性的服务，其本质是将自杀死亡看作创伤性事件，预防和缓解因自杀事件导致的心理危机，减少精神障碍及可能的模仿性自杀事件。心理学家根据自杀事件后不同阶段心理危机干预需求的差异，将自杀及类似事件后的干预分为心理急救和危机治疗两阶段。

心理急救是在自杀事件后24小时内进行，其主要目标是保障人员安全、缓解应激相关的情绪和躯体症状、提供社会支持和其他资源。

危机治疗通常在事件发生后更长的一段时间内开展，目标是帮助个体恢复到自杀事件前的状态。干预的核心内容包括快速评估、保障安全、稳定局面、安抚情绪，建立社会联系与提供社会支持、帮助解决问题和提供应对策略、转介其他服务等。哀伤辅导以解释、理解和支持为主，同时建立学校与专业机构的联系，提供转介服务。

在自杀事件发生后，教师可采用的干预措施和技巧有：

1. 确定事实，发布事实，制订行之有效的干预方案

在得到学校心理危机预警与干预领导小组准许后，按照统一的规定说出危机事件的事实，向学生解释已经发生了什么和各种相关信息，描述应该准确、诚实，要用适合学生年龄和认知水平的方式；向学校里受过危机干预训练的专业心理教师咨询如何有效地指导和处理学生在危机中的各种反应。

2. 教师以身示范，提供心理支持

学生表达处在危机中的感觉和情绪时，教师要积极为学生作出榜样，表达自己的感觉和情绪允许和引导学生用他们的语言来表达他们正在经历的感觉，这对帮助学生面对危机情景常常是非常有效的。最重要的是，在帮助学生处理各种情绪反应时，教师自己要始终保持对自我情绪的控制。当某个教师难以有效地发挥自己的功能来支持学生时，学校其他工作人员可以暂时替换这位教师，或者帮助这位教师。但是，无论采取哪一种做法，都应当始终让这位教师和他(她)的学生在一起。

3. 对学生进行如何面对危机的教育

学生通常倾向于按照成年人对情景的反应来评价和要求自己，所以，教师要向学生解释，他们在危机中的各种反应都可能是"对不正常情景的正常反应"。可以和学生分享不同年龄的学生在危机事件中的不同反应，要告诉学生，他们正在经历着强烈的情绪波涛，他们正在接受如何有效地处理危机问题的训练(向他人谈出自己的感觉或向他人寻求心理支持)，要让学生明白，他们需要一起来讨论他们的感觉，他们所感受到的害怕和各种反应需要与别人分享。

4. 引导学生表达危机事件的感觉和情绪

这一阶段，辅导教师要注意以下几点事项：

① 当学生讨论他们的感觉时，教师需要认真听，不加以任何批评或评价。

② 和学生交流时，教师要表达对学生的各种反应的理解。要让学生明白，他们的任何反应都是对不正常情景的正常反应。

③ 对不愿用语言来表达自己感觉的学生，要鼓励他们用语言说出来，但教师要避免用要求的方式让学生去说。

④ 对不愿或不能用语言来表达自己感觉的学生，可以用写的方式，也可以用画画的方式表达出来他们的感受。

⑤ 用恰当的方式、方法帮助和引导学生了解和掌握应对危机事件的方法。如把学生组成小组进行讨论；设计一些班级活动、各种家庭作业来帮助和引导学生表达出对危机的反应。

5. 心理问题严重学生的转介

班主任老师的心理专业知识有限，要照顾整个班级学生的情绪，要正常开展班级的各项活动，因此，需要把个别有严重情绪压抑状态的学生转介到学校心理辅导室。可以组织其他学生陪伴他一起前往，对这类学生作出统计和跟踪，并就这些学生的心理问题和心理辅导老师展开讨论。

6. 心理危机干预要持续进行

在危机发生后的一到六个星期里，对危机情景所产生的强烈情绪反应通常会逐渐地被克服，但是有些长期性影响可能还需要若干星期或若干月才可能消失。有些学生可能在危机事件发生的情况下，或者在危机事件发生后的几天或几个星期中没有表现出对危机事件的反应。有些学生或许会说他们自己没有受到影响，然而，他们会突然表现出某种强烈的情绪反应。教师要对这些现象保持警觉。

第三节　生命教育

生命教育是直面生命和人的生死问题的教育，其目标在于使人们学会尊重生命、理解生命的意义以及生命与天、人、物、我之间的关系，学会积极生存、健康生活与独立发展，并通过彼此间对生命的呵护、记录、感恩和分享，由此获得身心的和谐，事业成功，生活幸福，从而实现自我生命的最大价值。生命教育是一种全人教育，它涵盖了人从出生到死亡的整个过程和这一过程中所涉及的各个方面，既关乎人的生存与生活，也关乎人的成长与发展，更关乎人的本性与价值。

一、小学生命教育的意义

小学阶段实施生命教育具有重要的意义。

（一）有助于培养学生珍爱生命的意识，塑造健康的生命理念

由于小学生年龄尚小，生理和心理发展都处于不成熟和尚未完善的阶段，他们对生命的含义和死亡的后果大多没有认真思考过，并不了解甚至想都没想过自己的行为会给自己和他人带来多么巨大的伤害。在小学开展生命教育不仅可以使学生学会珍爱生命、珍惜现有的美好生活，也可以使他们懂得体谅和理解他人，从而学会尊重、关爱和宽容。这样，有助于儿童远离不正确的生命观和颓废消极的生活态度，让他们以一种积极健康的人生姿态面对今后的学习和生活。

（二）有助于培养学生的生存技能，提高自我保护的能力

小学生往往缺乏生活经验和自我保护能力，在面临一些自然灾害和安全突发事件时，不少儿童不懂得怎样以正确的措施实施自救，从而错失了最佳生还时机。通过生命教育，引导小学生从小养成防患意识，让他们在真正遇到危险时做到临危不惧。增强生还意识和自我保护能力，注重灾难教育，就是珍视生命，这是落实生命教育的基础。

（三）有助于素质教育的落实，培养新时代德智体美劳全面发展的社会主义建设者和接班人

培养全面、和谐发展的新时代青少年是当下素质教育的核心。青少年的健康发展不仅包括文化知识与情绪情感的提升，还包括道德理念的塑造和人格的完善。生命教育正是从人的生存与发展出发，力求通过相应的教育促进儿童知、情、意、行的和谐与统一。它以人的发展为本，融汇了素质教育的理念。只有帮助儿童缔造更加健全和积极的生命观，才能为他们正确的人生观和价值观的养成奠定稳固的基础。

以生命为主题的内容、目标设计方面，小学低年级可以从认识自身出发，去感受身体的温度和心脏的跳动，体验生命的存在，称为"触摸生命"。小学中年级通过身边周围人生病的故事或病逝的事例，让学生理解死与生共存，认识到生命的重要性，称为"感受生命"。小学高年级

通过参观婴儿室，了解生命诞生的过程，理解生命是祖先的赐予，受惠于父母和其他一切生命，因此要尊重生命，称为"热爱生命"。

二、小学生命教育的途径

小学要根据儿童的身心发展特点和认知规律，用适当的内容和方式将生命教育融入课程和日常活动，借助社会力量形成家、校、社三位一体的生命教育模式，帮助学生认识生命的意义和价值，让学生珍惜和敬畏生命，提高生存技能，在提高生命质量的同时懂得关爱他人，欣赏一切生命的存在。

目前，小学开展生命教育多采取以下几种途径。

（一）生命教育课程

近年来，小学生命教育课程建设已在我国教育实践中取得了一些进展。通过课程教学活动，向小学生渗透生命安全保护意识，提高学生对突发性危机事件的适应能力；教给学生情绪调适的方法，保持心理平衡；训练学生的人际交往能力，优化人际关系；学会珍惜身边人，懂得热爱和珍惜自己的生命，善待自己。

2021年，教育部制定并发布《生命安全与健康教育进中小学课程教材指南》，指出小学阶段的主要任务是要通过基本知识介绍、具体技能训练和个人卫生习惯培养，引导学生了解健康及其影响因素，了解生命与生长发育知识，了解自己、悦纳自己，掌握自我保护、求助、避险与逃生的基本技能等内容。

（二）校园文化建设

学校是小学生的第二个家，校园就是每个学生日常学习和生活的重要栖息地。因此，建设好校园文化对于在小学传播生命的种子至关重要。一方面，可以通过装饰室内的板报、墙壁和书架以及室外的走廊、标语和花草树木等"硬文化"来彰显学校的生命教育理念，向学生传递丝丝生机。譬如标语"一花一草皆生命，一枝一叶总关情""小草含羞笑，请君莫打扰"等，诙谐幽默地强调了保护草木、珍爱环境的重要性，同时也向学生展现出生命的可贵与脆弱，教育他们要珍爱与呵护幼小的生命。另一方面，与"生命"有关的校园活动、主题班会等"软文化"的建设也具有引领和推动校园生命教育的作用。例如，主题班会中的"珍爱生命，扬帆启程"既让学生了解了生命的起源和发展历程，让他们明白了生命的顽强，同时又让他们懂得了生命的短暂、脆弱和宝贵，从而激励他们做好现在的自己，活出精彩的自我。

（三）心理咨询与辅导

小学儿童自杀、自我伤害、攻击他人、虐待动物的现象偶有发生。这其中有些只是由于不能及时找到倾诉的对象，无法有效宣泄自己的消极情绪，从而导致悲剧的产生。在小学设立心理咨询与辅导机构，对小学生进行科学与专业的心理辅导、治疗和救助，可以帮助学生纾解心理压力，预防心理疾病，保护他们的身心健康，也有利于青少年形成健康的人生观和生命观，有助于他们的社会化和人格的健全发展。

（四）团体心理活动

对小学生而言，用于心理教育的团体活动和普通的集体活动是有区别的。团体心理活动具有严格的计划性、组织性和较强的教育性、主体参与性，其形式主要包括角色扮演、游戏、室外活动、公益劳动、辩论等。以生命教育为主题的团体心理活动，既要紧紧围绕生命教育的内容，又要结合小学生心理发展的规律和特点，不能太复杂，又要很有趣，还能给小学生带来启示。

例如，对低年级小学生开展"乐动童年，微笑的你最美"鼓圈游戏团体活动，通过有节律地演奏奥尔夫乐器，宣泄和表达情绪，感受同伴间的相互支持与协作。跟随着指引者的手势动作，参与的小学生击打乐器，声音或快或慢，或轻或重，时而热情奔放，时而鸦雀无声。演奏结束，孩子们的欢声笑语都溢满整间教室。

对中年级小学生开展"成长印记，我爱我家"OH心灵卡牌游戏。借助OH卡，引导小学生回顾自己与家人相处过程中愉快、苦恼的难忘经历，感受家庭氛围所带来的能量，充分挖掘自身作为家庭一员所具有的动力，激发了维护温暖幸福家庭氛围的意愿。

对高年级小学生开展"巧手慧心，一片叶子的故事"团体心理活动。小学生通过收集落叶，感受叶子的生命成长历程；再动手用落叶创作出美丽的画作。小学生看到一片片叶子在自己的手中获得了"重生"，描绘出他们色彩斑斓的美丽心灵。再指导小学生在画作中写下自己对生命的感悟，表达自己对生命意义的思考。

（五）课程中融入生命教育

1. 道德与法治课

小学道德与法治课程可以启蒙学生心智，引领学生向真、向善、向美。把生命教育渗透到学校道德与法治课中，这既是学校课堂教学的重要特点之一，也是学校激励学生关爱生命、珍惜生命的主要方法，更有利于提高学生的生命意识，引导学生树立正确的生命观。

在具体实施过程中，一方面根据教材中已有的内容进行生命教育相关内容的拓展，另一方面根据不同年段学生的认知规律，设计了系列主题课，穿插在道德与法治课中进行。比如，小学三年级道德与法治教材中的第一课是"生命最宝贵"，教师采用视频、图片、游戏、交流互动等方式让学生正视灾难与死亡，并引导学生明白生命来之不易，懂得敬畏生命，学会保护好自己的生命安全和健康。同时，引导学生学会关爱他人，懂得团结协作的道理。

2. 科学课

在科学课程中，教师可以针对科学课程的特点，以多种形式对学生进行生命教育。1～6年级的教材里有观察植物、观察小动物、观察我们的身体结构、了解生物与环境的关系等内容。在学科教学渗透生命教育的过程中，教师鼓励学生仔细观察、完整记录，让学生通过自身体验来感知动植物的生命，让学生了解生命的诞生、生长、繁殖、衰老、死亡等现象。比如，二年级《观察我们的身体》、三年级《蚕的一生》、四年级《植物的生长变化》、五年级《种子发芽实验》等，都是鲜活的生命教育内容。

3. 绘本课

小学低年级学生识字量少，进行生命教育时需要尽量让内容设计简单一些，形式有趣一些，绘本阅读是最好的选择。学校精心挑选与生命教育相关的系列绘本，不同年级汇编成册。绘本课的主要目的是教会学生理解并处理好四个方面的关系：

人与己——认识自己、接受自己、欣赏自己；

人与人——接纳他人、懂得关爱和尊重他人，学会分工合作；

人与地——适应环境、爱护环境、尊重一切生命；

人与自然——接触大自然，感受并认识自己与世界之间的关系。

比如，《小蝌蚪找妈妈》告诉孩子生命成长的历程，《小黑鱼》则告诉孩子团结就是力量的道理。

4. 劳动与体育课

通过劳动教育，学生走进大自然，接触动植物，理解保护环境、关爱动物的重要性。同时，通过日常活动，更能体验生活的不易和生命的珍贵。生命教育需要让学生明白，生命的所有物种应该平等和谐地生活在同一片天空下。生命教育需要让学生参与生命活动，从而启迪他们对生命的思考。因此，以小动物孕育下一代为契机，进一步引导小学生对生命的深入探索。学生分成若干小组，每天详细观察和记录孵化器中蛋的变化，一个月左右终于先后孵化出小鹅、小鸡等。让学生见证一个又一个新生命从孕育到诞生的全部过程，让学生感受自然界生命的起源与延续，丰富学生对生命内涵的认知，培养学生以更积极的态度面对生命，以最淳朴的方式去实现生命的价值。

体育运动能够增强小学生体魄、砥砺德行和磨炼意志，从根本上增强学生面对未来学习和生活压力时的耐挫力和意志力。同时，学生通过体育锻炼提高了生存技能，更好地认识生命，学会珍惜生命、热爱生命。为真正保障学校体育对生命教育的作用，学校可以打造集必修课、选修课、专业队、体育特色班级、特色大课间和校外特色运动等多形式融合的体育课程体系，不断完善体育课程体系与内容，增强运动的趣味性、知识性和竞技性。

还可以因地制宜，定期开展"阳光体育节""亲子体育活动"等，邀请家长一起参与，通过一些项目加强孩子与家长的默契程度和家庭凝聚力，让家长感受孩子的变化和成长，以及体育带给他们的影响，让家长更加重视体育在孩子成长过程中的积极作用，让家长在体育运动中培养孩子坚韧的意志、顽强的性格、不惧挑战的品格。

（六）家校协同共育

良好的家庭教育对于小学生积极、健康的生命观的养成也非常重要。俗话说"父母是孩子最好的老师"，温馨和谐的家庭氛围有助于儿童养成乐观积极的性格，从而避免缺失性人格的产生。学校可以通过家长会、家长课堂、家访等形式，与家长积极沟通协作，共同开展生命教育，指导家长建设良好的家庭环境，以身作则，引导儿童懂得感恩与关爱他人，促使儿童学会热爱生活、珍爱生命。除此之外，家长应按照《家庭教育促进法》的要求认真履责，与学校和相关部门积极配合，参加生命教育的宣传和教育活动，与学校和教育部门保持一致，为构建多位一体的生命教育安全网络尽最大的力量。

林思伶：生命教育的理论与做法

　　生命教育将成为全民终身学习的核心课题，使人们内心进行下列美好的转变。这些转变包括：有一颗柔软的心，不做伤害生命的事；有积极的人生观，终身学习，让自己活得更有价值；有一颗爱人的心，珍惜自己、尊重别人并关怀弱势团体；珍惜家人、重视友谊并热爱所属的团体；尊重大自然并养成惜福简朴的生活态度；会思考生死问题，并探讨人生终极关怀的课题；能立志做个文化人、道德人，择善固执，追求生命的理想；具备成为世界公民的修养。

　　生命教育是一种全人教育，是对个人生存能力的培养与生命价值的提升。小学生命教育不仅包含对生命本身的关注，还应延伸至所有自然生命。只有用适当的方式，从与学生息息相关的日常课程和活动着手，在学校、家庭和社会建立起一套完整的生命教育体系，才能在小学真正实施高质量的生命教育。

实践教学

一、小学心理危机干预方案制定

结合本章学习的内容，认真阅读下面的《某小学心理危机干预应急预案（样例）》，每个小组根据下面案例（其中单位和人名均为化名）具体情境制定一个《心理危机干预方案》。

横山区实验小学五年级的晓柯在上学路上目睹了一起车祸，到学校后，他绘声绘色地和班级同学说起"车毁人亡"的现场惨烈情景。班级雨菲同学听完后，情绪非常激动，嚎啕大哭。同学安抚她，她仍然大喊大叫，说自己的奶奶被撞死了，要马上回家。老师联系雨菲家长后，确定她的奶奶平安在家，但雨菲仍然无法安静下来。

要求：

① 注意结合案例中学校和学生的具体情况；

② 注意方案的结构完整、内容全面；

③ 小组充分讨论后拟定心理危机干预方案，推演后进行修改完善；

④ 小组成员在推演过程中扮演不同角色，并注意体会角色的真实感受。

某小学心理危机干预应急预案（样例）

为了建设健康和谐的校园环境，帮助有严重心理问题的学生顺利度过心理难关及早预防，有效干预，快速控制可能出现的心理危机事件，降低学生心理危机事件的发生率，减少因心理危机带来的各种伤害，促进学生健康成长，特制订学生心理危机干预机制。

一、成立学生心理危机干预工作领导小组

领导小组由学校校长担任组长，主管德育工作的校领导任副组长，成员由教导处、年级组、卫生室、心理辅导室等负责人组成，办公室设在心理辅导室。

学生心理危机干预工作领导小组的职责是：全面规划和领导我校学生心理危机干预工作，督促相关人员认真履行危机干预工作的职责，为重大危机事件的处理做出决策。

各年级的学生心理危机干预工作由年级组长负责，全体教职员工均有责任和义务。各班班主任应积极协助学校负责人抓好学生心理危机干预工作。

二、干预对象

存在心理危机倾向与处于心理危机状态的学生是我们关注与干预的重点对象。确定对象存在心理危机一般指对象存在具有重大影响的生活事件，情绪剧烈波动或认知，躯体或行为方面有较大改变，且用平常解决问题的方法暂时不能应对或无法应对当下的危机。

（一）高危个体

对存在下列因素之一的学生，应作为心理危机干预的高危个体予以特别关注：

① 情绪低落抑郁者(超过半个月)；

② 过去有过自杀的企图或行为者；

③ 存在诸如学业失败、躯体疾病、家庭变故、人际冲突等明显的动机冲突或突遭重挫者；

④ 家庭亲友中有自杀史或自杀倾向者；

⑤ 性格有明显缺陷者；

⑥ 长期有睡眠障碍者；

⑦ 有强烈的罪恶感、缺陷感或不安全感者；

⑧ 感到社会支持系统长期缺乏或丧失者；

⑨ 有明显的精神障碍者；

⑩ 存在明显的攻击性行为或暴力倾向，或其他可能对自身、他人、社会造成危害者。

（二）警示信号

对近期发出下列警示信号的学生，应作为心理危机的重点干预对象及时进行危机评估与干预：

① 谈论过自杀并考虑过自杀方法，包括在信件、日记、图画或乱涂乱画的只言片语中流露死亡的念头者；

② 不明原因突然给同学、朋友或家人送礼物、请客、赔礼道歉、述说告别的话等行为明显改变者；

③ 情绪突然明显异常者，如特别烦躁、高度焦虑、恐惧、易感情冲动，或情绪异常低落、或情绪突然从低落变为平静、或饮食睡眠受到严重影响等。

三、预防教育

立足教育，重在预防，做好学生心理危机干预工作。心理健康教育教师和班主任应做好以下工作：

① 对学生进行生命教育，引导学生热爱生活，热爱生命，善待人生；

② 对学生进行自我意识教育，引导学生正确认识自我、愉快接纳自我、积极发展自我、树立自信、消除自卑；

③ 对学生进行危机应对教育，让学生了解什么是危机，人们什么情况下会出现危机，同学们的哪些言行是自杀的前兆，对出现自杀预兆的同学如何进行帮助和干预。

学校层面工作：在学生中大力普及心理健康知识，引导学生树立现代健康观念，针对学生中广泛存在的环境适应问题、情绪管理问题、人际交往问题、学习方法问题等开展教育；组织形式多样的心理健康教育活动，在学校形成良好的心理健康氛围；通过主办主题鲜明的特色班会，帮助学生优化个性心理品质，增强心理调适能力，提高心理健康水平。

四、早期预警

做好学生心理危机早期预警工作，做到对学生的心理状况变化早发现、早通报、早评估、早治疗，信息畅通，快速反应，力争将学生心理危机的发生消除在萌芽状态。

（一）建立学生心理健康普查和排查制度

（1）心灵家园每年对新入学学生进行心理健康测评，根据测评结果筛查出心理危机高危个体，与班主任一起对这些学生做好危机的预防与转化工作。

（2）学校每年对三类重点人群进行有针对性的排查：

① 对不能适应学习环境的学生进行排查；

② 对经济特别困难的学生进行排查；

③ 对心理压力太大的学生进行重点排查。

（二）建立学生心理健康汇报制度

为掌握全校学生心理健康的动态发展，随时掌握高危个体的心理状况，学校建立学生心理问题报告制度。

① 学生发现有同学存在严重心理问题时，应将该生的情况迅速报告给班主任。

② 班主任要随时掌握全班同学的心理状况，发现同学有明显的心理异常情况要及时向学校心理教师汇报。

③ 专职心理教师要深入学生之中并通过班主任、班级心理健康委员等及时了解学生的心理健康状况。

④ 主管学生工作的负责人每周一次向专职心理教师了解全校学生心理健康变化情况。

⑤ 对学生中存在的严重的心理危机，发生的心理危机事故及其处理情况，应及时向学校学生心理危机干预领导小组汇报。

（三）建立学生心理危机评估制度

心理危机评估小组对学校、校医务室、心理教师等报告上来的存在心理危机的学生进行及时的心理危机风险评估。不确定或评估困难的，可邀请心理危机专家进行评估。

五、危机干预

（一）建立支持系统

学校要通过开展丰富多彩的文体活动丰富学生的课余生活，培养他们积极向上、乐观进取的心态，在学生中形成团结友爱、互帮互助的良好人际氛围。全体教师应该经常关心学生的学习生活，帮助学生解决学习生活上的困难，与学生交心谈心，做学生的知心朋友。学生干部对有心理困难的学生应提供及时周到的帮助，真心诚意地帮助他们渡过难关。动员有心理困难学生的家长、朋友对学生多一些关爱与支持，必要时要求学生亲人来校陪伴学生。

（二）建立治疗系统

对有心理危机的学生应进行及时的治疗。对症状表现较轻、危机程度不高者，以在校接受心理咨询或到专科医院等专业机构接受心理治疗为主，可辅以药物治疗。对症状表现较重者必须在医院等专业机构接受药物治疗的基础上，再在校或在相应的专业机构接受心理咨询。对症状表现严重、危机程度较高者，必须立即联系监护人将其送医院等专业精神医院治疗。

（三）建立阻控系统

对于学校可调控的、引发学生心理危机的人事或情景等刺激物，协调有关部门及时阻断，消除对危机个体持续不良刺激。对于危机个体遭遇刺激后引起紧张性反应可能攻击的对象，学校应采取保护或回避措施。心理健康教育教师、校医在接待有严重心理危机的学生来访时，在其危机尚未解除的情况下，不让学生离开，并立即报告给心理辅导室及学生所在年级班主任。

（四）建立监护系统

对有心理危机的学生在校期间要进行监护。

① 对心理危机程度较轻，能在学校正常学习者，学校成立以班主任、学生干部为负责人的不少于三人的学生监护小组，以及时了解该生的心理与行为状况，对该生进行安全监护。监护小组及时向学校教导处汇报该生的情况。

② 对于危机程度较高但能在校坚持学习并接受治疗者，学校将其家长请来学校，向家长说明情况，家长如愿意将其接回家治疗则让学生休学回家治疗，如家长不愿意接其回家则在与家长鉴定书面协议后由家长陪伴监护。

③ 经心理危机评估小组或心理健康专家评估与确认有严重心理危机者，学校及时通知学生家长立即来校，并对学生作休学处理，让家长将学生接回家或送医院治疗。在学校与学生家长作安全责任移交之前，学校对该生作24小时特别监护。对心理危机特别严重者，学校派人协助保卫人员进行24小时特别监护，或在有监护的情况下送医院治疗。对于出现危机事故的学生在医院接受救治期间，学校亦指派相关人员根据医院要求在病房进行24小时特别监护。

六、后期跟踪

因心理危机休学的学生申请复学时，除按学校学生学籍管理办法办理复学手续外，还应向学校出具学校认可的心理康复证明。

学生复学后，学校对其学习进行妥善安排，帮助该生建立良好的支持系统，引导其他同学避免与其发生激烈冲突。班主任对其要密切关注，了解其心理变化情况，每周与其谈心一次，并通过课任教师和班级其他同学随时了解其心理状况。

对于因有强烈的自杀意念或自杀未遂休学而复学的学生，学校要对他们给予特别的关心，安排班主任、心理健康教育教师、学生干部等对其密切监护，制定可能发生危机的防备预案，随时防止该生心理状况的恶化。心理辅导室对他们保持密切的关注，组织心理咨询师和专家对其进行定期跟踪咨询及风险评估。

心理辅导室在开展心理危机干预与危机事故处理过程中，做好资料的收集与证据保留工作，包括与相关方面打交道的重要的谈话录音、记录、书信、照片等。

某小学心理健康教育工作领导小组

年　月　日

二、生命教育心理活动设计

学习李惜纯老师的课例；每个小组设计一堂生命教育主题活动课。教学对象为四年级小学生，活动时长40分钟。请注意以下几点：

① 结合小学四年级学生的心理发展特点；

② 围绕生命教育选择明确的主题；

③ 小组成员充分讨论后确定活动内容，试讲后修改完善教学活动设计。

小学生生命教育课程设计：我的"能量音符"

李惜纯　浙江省温州市市府路小学

【活动理念】

本节课是一堂以生命教育为主题的心理活动课。教师通过热身游戏让学生放松身心，引出课题；借由小米的案例和"画出我的五线谱"环节，引导学生初步构建自己的"社会支持系统"；最后，通过"互送小音符"环节，让学生分享自己的感受，发现自己原来也可以成为他人社会支持系统中的一员。

【活动目标】

① 通过不同形式的活动，让学生明白每个人经历生活或学习上的困难时，都会有不安、无助和害怕的感受。

② 学生通过游戏体验、方法讨论、小组分享等活动，构建自己的社会支持系统，即画出自己的"五线谱"。

③ 使学生认识到自己也可以成为他人社会支持系统中的一分子，体验"被他人需要"的满足感。

【活动准备】

"五线谱"图，音符卡片，小品音频，PPT课件。

【活动对象】

小学三、四年级学生。

【活动时长】

40分钟。

【活动过程】

一、团体热身阶段：音符协奏曲

1. 热身活动

师：上课前，老师想邀请大家玩一个"音符协奏曲"游戏。

规则：一组同学代表一个音符（哆、唻、咪、发、嗖、拉、西），一共七个小组，正好七个音符。如果PPT上出现你这组所代表的音符，就请这组的全体同学起立，并大声唱出来。

活动：PPT上依次呈现不同的音符，各小组看到自己组所代表的音符出现时，集体起立并唱出来。唱完后学生发现，这些音符连起来就是音乐课上学过的《土风舞协奏曲》。

2. 学生分享

教师随机采访学生，学生分享感受。

师：同学们，刚才我们全班用一种特别的方式演唱了《土风舞协奏曲》，玩的过程中你有什么感受？

生1：好玩。

生2：很开心。

师：刚刚这首曲子演唱得这么成功，你想要感谢谁？

生3：感谢我自己，我唱得很响亮。

生4：感谢我们这组的同学，他们唱得很认真。

生5：我觉得全班同学都很认真，所以我们唱得很好听。

师小结：这些美妙的小音符连起来构成了《土风舞协奏曲》。其实，人的生命也像一首歌，由许多小音符组成。那你的生命之歌又是由哪些音符组成的呢？这节课上，我会带领大家寻找自己生命中的重要音符。

设计意图：用游戏营造轻松的氛围，巧妙引出课题，激发学生的学习兴趣和学习动机。

二、团体转换阶段：案例引入，激情引趣

1. 案例呈现：音频《小米的烦恼》

音频：前段时间小米同学的腿摔伤了，需要在家静养。小米在家里烦死了，不能见同学，也不能出门，她变得越来越不开心。这天早上她感冒了，一个人躺在床上难受极了。

2. 学生分享

教师采访学生，学生分享感受。

师：请同学们猜一猜此刻小米的心情如何？

生6：害怕。

生7：担心、紧张。

师：如果这种害怕、担心和紧张的情绪持续下去，会对小米产生什么影响？

生8：小米的感冒可能会越来越严重。

生9：小米心情越来越不好，可能还会生其他的病。

生10：小米越来越郁闷。

教师根据学生的回答，总结这种情况持续下去对小米的身体和心理可能造成的影响。

师：听完大家的回答，真是让人为小米担心。

请大家猜猜小米的情况会好转吗？如何才能让小米的情况好转呢？请小组讨论两分钟，将答案写在刚才准备的纸上，之后请每组组长汇报。

教师把学生们讨论的结果写到黑板上的五线谱里。

生11：妈妈给她买来蛋糕，她的心情也许会好一点儿。

生12：奶奶来看望她并安慰她，会让她心情好一点儿。

生13：爸爸给她做好吃的，吃饱了，她的心情也好了。

生14：有布娃娃陪她，她心情好多了。

生15：家里人轮流照顾她，她就会好一点儿。

教师根据学生的回答，在黑板上的五线谱中写上美食、宠物、玩具、家人的关心等。

师小结：谢谢你们为小米找到了她生命中的这些重要的能量音符，相信有这些音

符的帮助，小米一定会很快好起来。

设计意图：出示案例，引导学生给小米帮忙，与小米共情，适当宣泄不良情绪，为下面的环节作铺垫。

三、团体工作阶段：画出我的五线谱，成为你的小音符

1. 画出我的五线谱

师：在你们以往的生活中，肯定有过和小米一样的时刻。在那个时刻，你可能也会因为某件事情感到无助和不安，但是此刻你仍然安全、安心地坐在这里。我猜可能是通过你自己的努力，也可能是身边有人帮助过你。现在，请拿出抽屉里的五线谱，在上面写一写，在过往的经历中，曾经是谁给过你帮助和支持，成了你的小音符？注意这里的"谁"不一定指人，也可以是一件东西或一件事，只要帮助过你的都可以。如果是陌生人的话可以用"阿姨"或者"叔叔"代替。请同学们将他们（它们）一个一个写下来，当音乐停止时落笔。

2. 学生分享

师：他们（它们）在你紧张、担心的时候曾经帮助和支持过你，这些帮助可能是一句话或一个眼神或一个拥抱。你现在有什么感受？

生16：我有次考试没考好很难过，家里的机器人玩具在身边陪着我，我好多了。

生17：我小时候经常生病，妈妈会熬夜照顾我。

生18：我考不好的时候，表哥经常过来辅导我。

生19：奶奶每天给我做菜，这让我觉得很幸福。

师小结：谢谢你们的分享，也感谢这些美妙的"音符"让我们的生命之歌可以这么动听。

3. 成为你的小音符

师：你是否想过，其实你也可以成为他人五线谱中的一个重要音符，成为能给他人支持的人。请先和小组里的同学说一说你想成为谁的音符，然后全班分享。

生20：我想成为我同桌的音符，教她朗读《小古文》。

生21：我想成为我妈妈的音符，帮她做家务，我觉得她太辛苦了。

师：你想成为妈妈的小音符，你真是个孝顺的孩子。能具体说说你可以为妈妈做些什么吗？

生21：我可以帮她收衣服、拖地以及照顾小弟弟。

生22：我想成为老师的音符，帮她收发作业。哈哈哈。

生23：我想成为我家楼下小弟弟的音符，带他出去玩。

师小结：这些小音符多么动听！世界会因为这些有爱的小音符而变得更美好。

设计意图：本环节是这节课的亮点。通过"画出我的五线谱"活动让学生自己发现生命中重要的人和事，学会构建自己的社会支持系统。在设计这个环节的时候，教师准备了五线谱表格让学生填写，因为上个环节学生刚刚帮助了小米，所以在这个环节都能比较顺利地构建自己的社会支持系统。

接着，通过问题"你想成为谁的小音符"，将活动推向高潮，让学生明白，支持是相互的，相互支持能让生命更美好。

四、团体结束阶段：互送祝福与音符

1. 书写音符小卡片

师：请同学们打开信封，里面有很多音符卡片，请你在卡片上写上你最希望成为谁的能量小音符，并写下你最想对他说的话。

播放背景音乐，学生书写音符卡片并互送音符与祝福。

2. 结束语

在生活中，我们每个人不管多么弱小，也可以在某个时刻给他人帮助；不管多么强大，有时候也可能会感到脆弱，需要他人的帮助和关怀。让我们用双手抱抱自己，同时把这份支持和温暖传递给他人。祝福我们每个人越来越好，愿我们的生命之歌越唱越动听。

设计意图：用写话语送音符的活动让学生与他人产生连接，感受到自己被需要。

【活动反思】

最近几年，中小学生抑郁、自伤、自杀等事件屡见报端，这些孩子的生命没有活力、缺少支持，于是他们用伤害自己或放弃生命的方式寻求解脱。本堂课旨在让学生学会构建自己的社会支持系统，珍爱生命。

本节课的主体活动是"画出我的五线谱，成为你的小音符"，意在让学生参与游戏的同时，发现能给予自己支持的人、物或事。因为有前面活动的铺垫，所以当音乐响起时，很多学生都能静心思考，构建自己的社会支持系统。但是也有少部分学生五线谱上的小音符很少，所以在最后阶段，教师特地安排了给其他人送音符的活动，让学生发现自己原来还能成为他人的支持者，从而引发学生对生命的感悟和思考。

第六章

小学心理健康教育工作体系

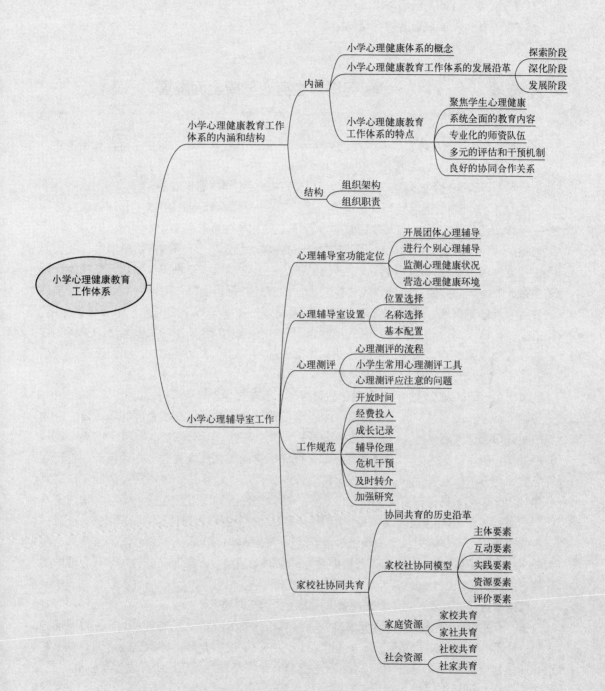

学习目标

① 了解小学心理健康教育工作体系的内涵与结构，认识小学心理辅导室主要设置与要求。
② 掌握心理测评的方法与常用工具，认识心理测评需要注意的问题。
③ 了解家校社协同共育的内容与模型。

心闻传播

促进学生身心健康全面发展

——教育部体育卫生与艺术教育司负责人就《全面加强和改进新时代学生心理健康工作专项行动计划（2023—2025年）》答记者问

请问《行动计划》如何落实德智体美劳五育并举促进学生心理健康？

答：《行动计划》提出五育并举促进心理健康。一是以德育心，将学生心理健康教育贯穿德育思政工作全过程，融入教育教学、管理服务和学生成长各环节，纳入"三全育人"大格局。二是以智慧心，优化教育教学内容和方式，有效减轻义务教育阶段学生作业负担和校外培训负担。教师在学科教学中注重维护学生心理健康。三是以体强心，发挥体育调节情绪、疏解压力作用，实施学校体育固本行动，开齐开足上好体育与健康课，支持学校全覆盖、高质量开展体育课后服务。四是以美润心，发挥美育丰富精神、温润心灵作用，实施学校美育浸润行动，广泛开展普及性强、形式多样、内容丰富、积极向上的美育实践活动。五是以劳健心，丰富、拓展劳动教育实施途径，让学生动手实践、出力流汗，磨炼意志品质。

请问《行动计划》对加强心理健康教育提出了哪些要求？

答：一是开设心理健康相关课程。中小学校要结合相关课程开展心理健康教育。普通高校要开设心理健康必修课，原则上应设置2个学分（32～36学时），有条件的高校可开设更多样、更有针对性的心理健康选修课。托幼机构应遵循儿童生理、心理特点，创设活动场景，培养积极心理品质。二是发挥课堂教学作用。关注学生个体差异，帮助学生掌握心理健康知识和技能，树立自助、求助意识，学会理性面对困难和挫折，增强心理健康素质。三是全方位开展心理健康教育。组织编写大中小学生心理健康读本，向家长、校长、班主任和辅导员等群体提供学生常见心理问题操作指南等心理健康"服务包"。依托"全国大中学生心理健康日"、中考和高考等重要活动和时间节点，多渠道、多形式开展心理健康教育。发挥共青团、少先队等作用，增强同伴支持。

请问《行动计划》对完善心理预警干预提出了哪些办法？

答：一是健全预警体系。县级教育部门要依托有关单位建设区域性中小学生心理辅导中心，规范心理咨询辅导服务，定期面向区域内中小学提供业务指导、技能培训。中小学校要加强心理辅导室建设，开展预警和干预工作。鼓励高中、高校班级探索设置心理委员。高校要强化心理咨询服务平台建设，完善"学校—院系—班级—宿舍/个人"四级预警网络，辅导员、班主任定期走访学生宿舍，院系定期研判学生心理状况。二是优化协作机制。

指导学校与家庭、精神卫生医疗机构、妇幼保健机构等建立健全协同机制，加强物防、技防建设，及早发现学生严重心理健康问题，畅通预防转介干预就医通道，及时转介、诊断、治疗。健全精神或心理健康问题学生复学机制。

（来源：教育部网站）

第一节　小学心理健康教育工作体系的内涵和结构

一、小学心理健康教育工作体系的内涵

（一）小学心理健康体系的概念

"体系"在《现代汉语词典（第七版）》中，被解释为"若干有关事务或某些意识相互联系而构成的一个整体"，比如市场体系、课程体系。小学心理健康教育工作体系是以全面加强和改进新时代小学生心理健康工作、提升小学生心理健康素养为目标，由学校、家庭、社会相关部门协同联动，为小学生提供健康教育、监测预警、咨询服务、干预处置等专业化、个性化心理健康服务的整体。

 延伸阅读

　　2023年12月，在人民网举办的"教育思享汇·青少年心理健康问题如何破解"主题沙龙研讨会上，中国人民大学心理健康教育跨学科平台首席专家、教育部全国学生心理健康工作咨询委员会副主任俞国良表示，心理健康教育是一个有规可循的系统工程，需要创新系统思维，以学校教育、卫生健康、社会建设三个领域为横坐标，以个体、人际、群体、社会和环境五个维度为纵坐标，纵横交错、"综合治理"、网格化治理。

　　教育部基础教育家庭教育教学指导委员会委员、首都师范大学家庭教育中心主任康丽颖认为，应对青少年成长问题，要通过机制建设推动教育生态建设，建设儿童友好城市、儿童友好社区，营造好的文化生态。在教育制度创新方面，她建议把家庭、学校、社会协同育人作为突破口，提升家长、教师、社会教育工作者的协同育人能力。

（二）小学心理健康教育工作体系的发展沿革

小学心理健康工作体系的发展历程，可以追溯到20世纪末，经历了探索、深化和发展阶段，现在已经形成了一个较为完善的工作体系。

1. 探索阶段

在最初的探索阶段，国家政策文件开始强调心理健康教育在增强学校德育工作的针对性、实效性和主动性方面所发挥的积极作用。这一阶段，心理健康教育的目标主要是纠正人们对心理健康教育的错误认识，并根据学生的身心发展特点和规律，灵活地开展心理健康教育。

延伸阅读

2012年12月，教育部为进一步科学地指导和规范中小学心理健康教育工作，在认真总结近些年来全国各地心理健康教育工作经验的基础上，修订了2002年颁布的《中小学心理健康教育指导纲要》。《中小学心理健康教育指导纲要（2012年修订）》提出"规范的心理健康服务体系"，要在学校普遍建立，全面提高全体学生的心理素质。

2016年12月，国家卫生计生委等22个部门联合发文《关于加强心理健康服务的指导意见》，提出"儿童青少年"作为重点人群之一，要加强心理健康服务，该《意见》是我国首个针对加强心理健康服务的宏观指导性文件，就加强心理健康服务、健全社会心理服务体系提出了指导意见。

2. 深化阶段

在接下来的深化阶段，心理健康教育工作不断推进，政策更加完善，实施更加深化。这一阶段的目标主要是不断完善心理健康教育体系，提高学生的心理健康素质，同时注重学生个性发展和潜能开发的统一。政策上坚持以人为本、科学发展、全面推进、突出重点的原则，实施上采用多种方式和手段，包括课程建设、心理咨询、心理辅导、学科渗透等。

随着教育改革的不断深入和心理健康教育工作的不断加强，小学心理健康教育工作已经逐步形成了较为完善的工作体系。这个体系包括目标明确、政策完善、实施深化等多个方面，旨在提高学生的心理健康素质，促进学生的个性发展和潜能开发。

延伸阅读

2018年9月，习近平总书记在全国教育大会上提出，要培养德智体美劳全面发展的社会主义建设者和接班人。在深入贯彻习近平总书记重要讲话精神过程中，教育系统逐步形成"五育"并举提法。

同年11月，国家10个部门联合发文《关于印发全国社会心理服务体系建设试点工作方案的通知》。明确"心理健康教育工作机制"是由各级各类学校建立的，以专职心理健康教育教师为核心，以班主任和兼职教师为骨干，全体教职员工共同参与。在校园内，对于学生，要在日常教育教学活动中融入适合其特点的心理健康教育内容；对于教师，学校要定期对其开展心理评估，根据评估结果有针对性地开展教师心理疏导工作。在校园外，要密切与村(社区)联动，及时了解遭受欺凌、校园暴力、家庭暴力、性侵犯以及沾染毒品等学生情况，并提供心理创伤干预。要创新和完善心理健康服务提供方式，通过"校社合作"引入社会工作服务机构或心理服务机构，为师生提供专业化、个性化的心理健康服务。

2019年12月，国家卫生健康委等12部门联合印发《健康中国行动——儿童青少年心理健康行动方案（2019—2022年）》，提出到2022年底，基本建成有利于儿童青少年心理健康的社会环境，形成学校、社区、家庭、媒体、医疗卫生机构等联动的心理健康服务模式。

3. 发展阶段

当前，小学心理健康教育工作体系已经发展得较为成熟和完善。它以科学、系统的方法为基础，注重学生的个体差异和需求，通过多种渠道和方式提供心理健康教育服务。这个工作体系不仅关注学生的心理健康问题，还注重培养学生的心理素质和潜能，帮助他们更好地适应未来的社会和职业发展。

同时，小学心理健康教育工作体系还积极推动学校、家庭和社会各界的合作与交流，形成全员参与、全面覆盖的工作格局。通过与家长、教师、辅导员等各方的紧密合作，共同营造有利于学生心理健康成长的环境和氛围。此外，学校还通过开展科研、培训和宣传等活动，提高教师和教育工作者的心理健康专业知识和技能水平，进一步推动心理健康教育工作的发展。

 延伸阅读

随着经济社会快速发展，学生成长环境不断变化，学生的心理健康问题变得越来越凸显，健康教育、师资队伍和家校社协同育人机制等还有待加强。为切实解决这些问题，2023年4月，教育部等17部门联合印发了《全面加强和改进新时代学生心理健康工作专项行动计划（2023—2025年）》。强调坚持问题导向和系统观念，统筹各项工作和要素，全面促进学生心理健康，进一步健全健康教育、监测预警、咨询服务、干预处置"四位一体"的学生心理健康工作体系，完善学校、家庭、社会和相关部门协同联动的学生心理健康工作格局。该行动计划提出以德育心、以智慧心、以体强心、以美润心、以劳健心，五育并举促进心理健康。

同年11月，为贯彻落实《全面加强和改进新时代学生心理健康工作专项行动计划（2023—2025年）》，切实发挥专家的咨询和辅助决策作用，提高学生心理健康工作科学决策水平，教育部组建了全国学生心理健康工作咨询委员会。针对新形势下大中小学心理健康工作面临的新情况、新问题，委员会将服务建立健全具有中国特色、体现中国风格、符合中国文化心理和中国学生特点的学生心理健康工作体系。

总之，这些年来小学心理健康工作体系经历了探索阶段、深化阶段和发展阶段，致力于提高学生的心理健康素质和促进他们的个性发展，通过科学、系统的方法和多渠道、多方式的手段提供心理健康教育。同时，还积极探索推动学校与家庭、社会各界的合作与交流，形成全员参与、全面覆盖的工作格局，共同营造有利于学生心理健康成长的环境和氛围。

（三）小学心理健康教育工作体系的特点

小学心理健康教育工作体系的特点主要表现在以下几个方面：

1. 聚焦学生心理健康

小学心理健康教育工作体系始终以学生的心理健康为关注焦点，通过科学有效的心理健康教育，帮助学生培养健康的心理品质和自我调节能力，预防和减少心理问题的产生。

《现代学校心理健康教育研究》作者叶一舵教授说过，基础教育理应致力于激发学生自身内在的积极力量和优秀品质，并利用这些积极力量和优秀品质来帮助他们最大限度地挖掘自己的潜力而获得成长过程中持续的幸福。

2. 系统全面的教育内容

该体系根据不同年龄阶段学生的身心发展特点和规律，制定出科学、全面、系统的心理健康教育内容。这些内容不仅包括心理健康的基本知识和技能，还涉及自我认知、情绪管理、压力应对、人际交往等多个方面，旨在培养学生的综合心理素质。

3. 专业化的师资队伍

小学心理健康教育工作体系注重专业化的师资队伍建设，通过培训、学习、实践等方式，提高教师的心理健康教育专业素养和教学能力。这包括心理健康教师、班主任以及其他任课教师的培训和学习，使他们能够更好地引导学生健康成长。

 延伸阅读

> 党的十八大提出了"把立德树人作为教育的根本任务，培养德智体美全面发展的社会主义的建设者和接班人"，明确了教育的根本任务是立德树人。"树人先树德，育人先育心"，小学心理健康教育作为教育的重要组成部分，首先要把"立德树人"作为基础目标和根本任务。小学学段主要是将适合学生特点的心理健康教育内容有机渗透到日常教育教学活动中，全体教师都应自觉地在各学科教学中遵循心理健康教育的规律，将心理健康教育始终贯穿于教育教学全过程，体现在五育工作中。
>
> 《全面加强和改进新时代学生心理健康工作专项行动计划（2023—2025年）》提出五育并举促进心理健康。一是以德育心，将学生心理健康教育贯穿德育思政工作全过程，融入教育教学、管理服务和学生成长各环节，纳入"三全育人"大格局。二是以智慧心，优化教育教学内容和方式，有效减轻义务教育阶段学生作业负担和校外培训负担。教师在学科教学中注重维护学生心理健康。三是以体强心，发挥体育调节情绪、疏解压力作用，实施学校体育固本行动，开齐开足上好体育与健康课，支持学校全覆盖、高质量开展体育课后服务。四是以美润心，发挥美育丰富精神、温润心灵作用，实施学校美育浸润行动，广泛开展普及性强、形式多样、内容丰富、积极向上的美育实践活动。五是以劳健心，丰富、拓展劳动教育实施途径，让学生动手实践、出力流汗，磨炼意志品质。

4. 多元的评估和干预机制

该体系建立了一套多元化、科学化的评估和干预机制。通过定期开展学生心理健康测评，及时发现和解决潜在的心理问题。同时，针对个别严重心理问题学生，能够及时进行甄别和转介，并提供专业的心理咨询和治疗服务。

5. 良好的协同合作关系

小学心理健康教育工作体系注重与学校、家庭、社区等各方建立良好的协同合作关系。通过与家长的沟通、合作，共同关注学生的心理健康状况；与社区资源的整合，为学生提供更丰富、更全面的心理健康教育和支持。

综上所述，小学心理健康教育工作体系的特点就是以学生为中心，以系统全面的教育内容为基础，以专业化的教育队伍为支撑，建立多元化的评估和干预机制，同时注重与各方建立良好的协同合作关系，共同促进学生的心理健康发展。

二、小学心理健康教育工作体系的结构

（一）组织架构（图6-1）

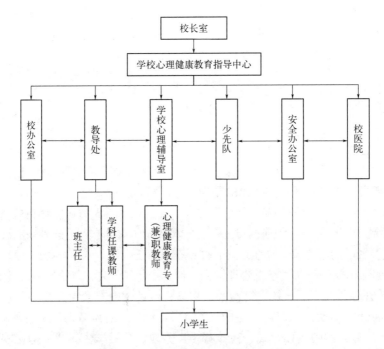

图6-1　小学心理健康教育工作体系五级架构

（二）组织职责

1. 校长室

《全面加强和改进新时代学生心理健康工作专项行动计划（2023—2025年）》强调，学生心理健康工作是各级各类学校办学水平评估和领导班子年度考核的重要内容。校长室是学校心理健康教育工作领导机构，通常还会由分管德育工作的副校长具体负责学校心理健康教育工作。

校长室职责如下：

① 将心理教育健康工作纳入学校改革发展整体规划、人才培养体系和督导评估指标体系，

提出学校心理健康教育工作发展规划，确定符合校情的学校心理健康教育目标、课程和工作举措。坚持学习知识与提高全面素质相统一，落实五育并举促进心理健康；

② 成立学校心理健康教育指导中心，按专业要求建立学校心理辅导室并配置相关设备。加强心理健康教育，规范心理健康监测，完善心理预警干预；

③ 配齐心理健康教师，畅通教师发展渠道。至少配备1名专（兼）职心理健康教育教师，鼓励配备具有心理学专业背景的专职心理健康教育教师。建立心理健康教育教师教研制度，心理健康教育教师职称评审可纳入思政、德育教师系列或单独评审，心理健康教育教师享受班主任同等待遇；

④ 成立校园心理危机管理领导小组，构建校园心理危机干预系统（预警系统、应急系统、维护系统），颁发《校园心理危机应对预案》，有效应对校园心理危机事件；

⑤ 构建家校社协同心理关爱平台，与社区（村）、学生家庭、精神卫生医疗机构、妇幼保健机构等建立协同机制，积极拓展校外心理服务资源，为学生、教师、家长提供及时、适切的心理健康服务；

⑥ 落实经费投入，切实加强学生心理健康工作经费保障；

⑦ 创设良好校园环境，加强积极向上的校园文化建设，为学生成长营造健康氛围。

2. 学校心理健康教育指导中心

学校心理健康教育指导中心是校长室领导下的心理健康教育工作执行机构，一般由分管副校长负责。学校心理健康教育指导中心由学校心理辅导室、校办公室、教导处、少先队、安全办公室、校医院等部门构成，学校心理辅导室负责统筹协调。

学校心理健康教育指导中心的职责如下：

① 定期召开心理健康教育工作会议，实时掌握学校心理健康教育工作动态，了解和评估学校心理健康教育工作的开展情况；分析学情，提出下阶段工作重点和主要举措；协调各部门工作。

② 根据学校总体要求，明确各年级学生心理健康教育目标、教育内容、教育方式和教育途径。

③ 组织开展心理健康教育通识培训。面向全体教职员工，普及心理健康知识及心理调适方法，提高全体教职员工的心理健康水平、心理服务意识和能力。

④ 组织开展学科教研活动。组建心理健康教育教研组，制定教研组工作细则及考核标准；负责选择、编写符合本校学生心理发展特点的心理辅导课程教材及教辅资料；定期开展教研和培训活动，对心理辅导活动课及辅导个案进行督导评估，提高心理辅导教师的专业化水平。

⑤ 推进校园心理危机管理工作。强化全体教职员工的心理危机管理意识，明确各部门的分工职责，做到人人知晓本校的《校园心理危机应对预案》，建立监督、检查和反思研讨机制，维护、保障校园心理危机管理系统的有效运行。

⑥ 开展形式多样的心理健康宣教活动。设定学校心理健康教育宣传周(月)时间，并通过宣传栏、校园广播、黑板报、公众号等校园媒介向全校师生宣传心理健康教育知识，营造良好的心理健康教育氛围。

⑦ 开展家长心理健康教育。通过家长学校、家长会等途径向学生家长普及心理健康教育知识，提高家长的心理素养，引导、帮助家长关注孩子的心理动态，共同培育孩子的健康人格。

3. 学校心理辅导室

学校心理辅导室是为学校提供心理健康教育决策咨询，为师生提供各种心理服务的校内专业机构。学校心理辅导室的主要职责包括以下几个方面：

① 开展学生心理测评。建立学生心理档案；选拔和培训各班心理委员；每学期进行一次心理普测，形成学生心理健康状况分析报告，并提交学校心理健康教育指导中心。

② 开展危机筛查工作。每学期筛查一次，由班主任、任课教师和班级心理委员根据心理测评结果，并结合日常观察确定"疑似高危学生"名单，由班主任报送学校心理健康教育指导中心；经心理健康教育专职教师面询后确定"高危学生"名单，制订"一生一案"的辅导、干预方案，报送校长室。

③ 开展教学工作。通过心理辅导活动课等途径，面向全体学而生开展发展性心理健康教育，提高学生的心理品质，帮助学生适应学校生活，引导学生积累积极的学校生活体验；指导班主任开展班级心理健康教育活动；引导任课教师在学科教学中遵循心理健康教育的规律，将适合学生特点的心理健康教育内容有机渗透到日常教育教学活动中；通过家长学校、网络课程、学校心理健康微信公众号等渠道开展亲子辅导活动，帮助家长了解和掌握孩子成长的特点、规律以及教育方法。

④ 开展心理辅导工作。通过小团体辅导和个别辅导等形式，对有心理困扰或心理问题的学生进行心理辅导，帮助他们缓解和消除焦虑、紧张等不良情绪，解决成长过程中的心理困惑，提高心理自助能力；识别有严重心理问题的学生，将他们及时转介到专业心理治疗机构诊治。心理辅导室还应对有需要的教职工提供心理辅导和心理支持，提高他们的心理健康水平，营造积极、健康、和谐的育人环境。

⑤ 建立心理健康服务值班制度。确保学校心理辅导室开放时间，非寄宿制学校每天不少于2小时，寄宿制学校每天不少于4小时；设立校园心理热线和心理信箱。

⑥ 发挥校园心理危机管理系统的核心作用。制定校园心理危机预警、预防和干预制度，和校安全办公室一起制定《校园心理危机应对预案》，经学校心理健康教育指导中心审议后报校长室核准实施；确保校园心理危机事件发生后72小时之内及时开展科学、有效的心理干预工作。

⑦ 开展社团活动。和少先队一起成立学校心理健康社团，策划心理健康教育宣传活动，加强校园文化建设，丰富、发展心理健康教育的方式和途径，营造良好的心理健康教育氛围。

4. 校办公室

校办公室的职责包括以下几点：

① 协助校心理辅导室组织安排校心理健康教育工作会议，督促、检查各部门执行会议决议。

② 协助校心理辅导室协调各职能部门工作，组织有关科室完成共同负责的学校心理健康教育指导中心工作任务。

③ 组织制订教职工心理健康教育通识培训计划，协助校心理辅导室开展培训。

④ 办理技术职务评审聘任的具体事务性工作时，可将心理健康教育教师职称评审纳入思政、德育教师系列或单独评审，为心理健康教育教师兑现班主任同等待遇。

5. 教导处

教导处的职责主要包括以下几个方面：

① 协助校心理辅导室制定并实施学校的心理健康教育教学工作计划，检查并总结学校的心理健康教育教学工作，制定实施教导方面工作计划和有关规章制度，审查心理健康教育教研组的工作计划和心理健康教育教师的教学计划。

② 组织管理心理健康教育教学工作，包括熟悉心理健康教育新课标的要求，会同教研组长掌握任课教师贯彻执行教学计划的情况，有计划、有目的地参加教研组的备课和教研活动，指

导教研组工作，定期召开教研组长会议。

③ 组织任课教师学习心理健康教育教学理论和有关业务知识，开展"五育并举"教学研究和教改实验，将适合学生特点的心理健康教育内容有机渗透到日常教育教学活动中。组织安排校内外的教研活动。开展好课例教师活动，落实听评课制度。

④ 通过听课、召开师生座谈会及个别谈话等方式，了解教学情况，帮助教师自觉地在学科教学中遵循心理健康教育的规律，将心理健康教育始终贯穿于教育教学全过程，提高课堂教学质量。

⑤ 会同教研组长组织好各种公开教学活动，总结经验。配合校心理辅导室以多种形式培养教学骨干，对青年教师做好"传、帮、带"工作，给予教学业务上的具体指导。

6. 少先队

小学少先队的职责是全面引导和促进少年儿童的成长和发展，为他们的综合素质提升提供支持和帮助，主要表现为以下几点：

① 制订和组织实施少先队心理健康教育工作计划，有目的、有计划地对少年儿童进行心理健康教育，并根据少年儿童的特点，组织和辅导好少先队主题活动，配合校心理咨询室开展心理健康教育活动，并组织少先队的相关竞赛评比工作。

② 成立学校心理健康社团，定期召开社团会议，在工作中培养一支小干部队伍，既交任务，又教方法。做好队干的改选，加强队伍建设。

③ 发挥少先队宣传作用，策划心理健康教育宣传活动，通过大队墙报、红领巾广播站、中队黑板报这些阵地，加强校园文化建设，丰富、发展心理健康教育的方式和途径，营造良好的心理健康教育氛围。

7. 安全办公室

安全办公室的职责主要包括以下几个方面：

① 协助校心理咨询室制定《校园心理危机应对预案》，制定和完善相关安全管理制度、安全运行规程，并根据学校的实际情况和安全风险的评估结果，进行科学的规划和布局，有效预防和应对潜在的安全风险。

② 定期开展校园心理健康安全检查，排查校园围墙、教学楼、大型体育器械、消防设施等安全隐患，落实整改措施，保证师生员工人身和财产安全，对本部门无力解决的问题如实上报校心理健康教育指导中心研究解决。

③ 对于校心理健康教育指导中心安排的工作，积极检查督促落实情况，要有安排、有检查、有反馈、有整改。

8. 校医院

校医院的职责主要是提供医疗服务，进行健康教育宣传，执行相关的卫生制度，从而保障师生的身心健康。主要包括以下几点：

① 协助学校心理辅导室组织好每学期的心理普测和危机筛查工作，建立健全学生健康档案。

② 了解和掌握师生健康状况，每次诊病、拿药有记录。掌握有病师生的情况。

③ 提供与心理健康相关的宣传资料，方便师生在需要时进行查阅。提供营养饮食、运动健身等方面的指导，帮助师生养成良好的生活习惯，促进身心健康发展。

9. 心理健康教育专（兼）职教师

心理健康教育专（兼）职教师的职责主要包括以下几个方面：

① 热爱本职工作，遵守职业道德，具有积极向上的健康心态，具有一定的科研能力，能保

持专业上的自我发展。

② 对学校的心理健康教育工作(教育目标、课程内容、方法策略、评估督导等)提出专业建议。

③ 熟悉各个年龄阶段学生的心理特点、发展需求，熟练运用心理健康教育教学技能有计划、有目标地进行课堂教学工作，开展发展性教育和辅导活动。

④ 熟练运用心理测量技术和心理辅导专业技能，对学生心理问题具有基本的鉴别、诊断能力，提供有效的小团体辅导和个别辅导服务。

⑤ 熟悉校园心理危机管理流程，进行校园心理危机预警、预防和干预技能。

⑥ 组织、协同学校各部门开展各项心理健康教育活动。

⑦ 为班主任、学科任课教师、家长等各类人员提供专业指导。

10. 班主任

班主任的职责主要包括以下几点：

① 关爱、理解、关心学生，乐意帮助学生解决成长过程中的各种困难和烦恼，具有心理自我调适能力。

② 掌握心理健康教育基本技能，了解各个年龄阶段学生的心理特点、发展需求，能够运用尊重、倾听、理解、接纳、积极关注等基本辅导技术，疏导学生的各种消极情绪，激发学生的积极心态。重点加强对学习困难学生、贫困家庭学生、单亲家庭学生、留守儿童、流动人口子女等特殊学生群体的心理援助。

③ 了解学生的心理动态，并能针对性地开展班级心理健康教育活动。

④ 理解和接受学校心理辅导室的业务指导和工作建议；积极配合学校心理辅导室开展心理检测和动态跟踪工作。

⑤ 具有熟练的家校沟通技巧，通过家校协同，共同培育学生的健康人格。

11. 学科任课教师

学科任课教师的职责主要分为两个方面：

① 自觉地在学科教学中遵循心理健康教育的规律，将适合学生特点的心理健康教育内容有机渗透到日常教育教学活动中，将心理健康教育始终贯穿于教育教学全过程，体现在五育工作中。如通过学科课程的教学，培养学生具有深厚的爱国情感、国家认同感、中华民族自豪感、崇尚宪法、遵守法律、遵规守纪、具有社会责任感和职业意识，崇德向善、诚实守信，具有较强的集体意识和团队合作精神，能够进行有效的人际沟通和协作。

② 坚持教师的主导性与学生的主体性相结合，了解各个年龄阶段学生的心理特点、发展需求；能够积极配合学校心理辅导室和班主任开展动态跟踪工作。

案例分析

体育二年级上册《队列和体操队形》教学反思——自律

我是一名小学体育教师，教了十几年书，什么样的学生都碰到过，深知不同的学生要采取不同的教育手段。有些学生很懂事，一点就透，碰到这种学生当然是老师的福气；有些学生有些小毛病，但讲了能改，应付起来也能得心应手；总有那么一些问题学生自由散漫，无法自律，软硬不吃，影响一片，处理起来确实棘手。我目前任教的班级就有三名令人头疼的学生，其中两名学生是我从一年级教上来的，已经对该班的班风、学风造成一些不良影响，另一名是今年新转入的，自控能力差，经常影响教学。三名学生成三足鼎立之势，此起彼伏，让教师疲于应付。

这三名学生的具体情况是这样的，他们在排队时讲话，在活动时打闹，正面引导、适时表扬起不了效果，批评教育听不进去，限制活动的惩罚也只能换得片刻的安分，过一会儿又是我行我素。他们不仅自己不好好上课，还影响了一部分同学，对班级的班风、学风都产生了不良影响。班级的队列不整齐，有时连正常教学都进行不下去。如果任由这种局面发展下去，不仅对这三名问题学生的将来非常不利，对整个班级学生的发展也会造成很不好的影响。我决定要改变目前这种局面，但如何改变局面是一个值得思考的问题。宋人张载有云："教之而不受，虽强告之无益。譬之以水投石，必不纳也。"这是古人对教育的深刻理解，放在当今仍是至理。我想，既然这三名问题学生软硬不吃，鼓励、批评、惩罚都起不了效果，那我就试试走心，当深入他们内心世界，或有收获。

在一次排队秩序混乱后，我暂时把全班学生都留在班级。没有任何的责备，我向所有学生提了一个问题："同学们喜欢安静有序的上课环境，还是喜欢吵闹无章的上课环境？"同时，我要求学生认真思考，并做出符合自己内心想法的如实表态。大部分学生都明确表示自己喜欢安静有序的上课环境，因为在这种环境下能够更专心地进行学习和活动。这三个学生表态自己喜欢喧嚣的上课环境，理由是混乱的环境更有利于自己讲话、玩闹而不易被察觉，这样子比较自由自在。听了学生们的表态，我首先肯定了大家的想法，也相信学生们都能为自己喜欢的环境做出努力。另外，我认为有必要把这三名喜欢自由自在的学生在课后留下来，和他们谈谈自由和自律的关系。

课后，我把三名"自由分子"留了下来。我并没有直接和他们说道理，而是和他们讲了一个小故事。这是一个真实的故事：有一个音乐家搬了新家，邻居是个习惯午睡的人，恰巧邻居的午睡时间正好是音乐家的练琴时间，每天中午，音乐家的琴声都令邻居无法入眠。邻居找音乐家理论，音乐家并不理睬，声称弹琴是他的自由，也是每日必练的功课，别人是不能干涉的。最终，音乐家被告上了法庭。讲完这个故事后，我让学生回去想一想，也可以和家长探讨，明天再告诉我谁能赢得了这个官司。

翌日，我利用下课时间找来了这三名"自由分子"。其中两个学生得出的答案是："应该是邻居赢了，音乐家输了官司，因为音乐家虽然有练琴的自由，但是不能因为练琴而影响了邻居的午休。"另一名学生赶紧说："对啊，我本来以为音乐家会赢得官司，因为他想干什么是他的自由，但和我爸一说，他也认为音乐家肯定得输了官司，再有什么理由也不能影响别人啊。"听了他们的讨论，我首先表扬他们能完成老师布置的任务，并对他们的答案给予了肯定。接下来，我继续启发他们："音乐家练琴的自由尚且要退让给邻居午休的自由，你们喜欢吵闹的自由又怎能凌驾于同学们有序的学习自由之上呢？"这三名学生听了之后，若有所悟。我并不急着让他们表态，而是让他们回去再想想自由和自律的关系，下次课再看他们的表现。

从此以后，这三名"自由分子"在上课时比较自律了，整个班级的学习氛围也改善不少，令我倍感欣慰。为此，我还特意在全班面前表扬了他们，希望他们越来越好！

【评析】

体育教学中，队列内容占小学低年级体育课教学内容的三分之一，队列队形课始终贯穿在低年级的体育课中，在整个体育教学中起着重要作用。 队列队形训练，是体操运动的一部分，是小学体育教学中最基本的内容之一，抓好队列练习，无论是对体育课本身，还是参加校内外的各种活动，都有着重要作用和意义。

1. 强化队列，促进成长

队列队形练习是体育教学的重要环节和基本保证，它像一条线把教学内容串合起来，使体育课显得有条理、连贯。在教学中运用队列队形练习，能合理地组织学生活动，集中学生的注意力，培养节奏感、协调性和审美观念，有助于完成教学任务和提高教学质量。通过队列队形练习，可以培养学生的组织性、纪律性，增强学生的集体主义观念，使学生养成"团结、紧张、严肃、活泼"的优良作风。站立，是发展人体美的基础；行走，则是人体运动美的起点。青少年正处在长身体的时期，可塑性很强，体育教学中必须重视这些基本技能的训练。通过队列队形练习，帮助学生形成正确的身体姿势，从而促进身体的正常发育。

2. 强化队列，引导自律

人们常说："若为自由故，两者皆可抛。"一个独立的个体总是向往自由。但我们要认识到，自由的基础是自律，一个人不遵守法律，不遵守各项规章制度，就不可能获得自由。自由是最终目标，自律则是为了自由而进行的不懈努力。

教育讲究的是潜移默化，由此及彼。孩子来自不同的家庭，不同的成长环境造就了不同的个性，教师在教学中能采用不同的方法进行尝试，并最终用开放的思想引导孩子认识自我，学会自律，再现了教育的艺术性。

（摘自《小学生积极心理品质培养的行动研究》，P159～161）

12. 小学生

① 新生入学后，在班主任组织下填写《学生入学档案记录表》，和家长一起聆听新生入学心理健康讲座，适应新环境，并了解学校心理辅导室的位置、开放时间和联系方式。

② 充分发挥和调动学生的主体性，树立心理健康意识，积极主动关注自身心理健康，培养自主自助维护自身心理健康的意识和能力。认识心理异常现象和危机事件，学习正确应付危机的策略与方法，如发现异常表现的同学，及时向班主任和任课教师报告。

③ 在日常生活学习中，向真、向善、向美、向上，提高承受挫折的能力和情绪调控能力，培养集体意识，正确对待自己的学习成绩，远离非法有害信息及出版物以及问题较多的网络游戏、直播、短视频等。

延伸阅读

联合国在1989年11月20日的会议上通过《儿童权利公约》有关议案。这是一项有关儿童权利的国际公约，1990年9月2日生效，适用于全世界的儿童，即18岁以下的所有人。中华人民共和国于1991年核准《儿童权利公约》，该公约第12条"尊重儿童的意见"指出，儿童有权对影响到自己的事情自由发表意见，大人应当认真听取、重视并思考儿童的意见。

Cathy Atkinson及其团队指出，联合国《儿童权利公约》(1989年)已经提高了儿童和青少年的参与程度。具体来说，第12条涉及儿童发表意见的权利，规定了缔约各方应保证有能力形成自己观点的儿童有权对影响儿童的所有事项自由表达意见，儿童的意见根据儿童的年龄和成熟程度给予适当的重视。(Cathy Atkinson et al.,2019)

思考与探索

实践调查：采访一下你认识的小学教师，看看他们在工作中有哪些心理健康教育活动，哪些活动让他们记忆犹新，你有什么收获？

我的调查总结

被采访人：
_____
_____

采访人的故事：
_____
_____

我的感受：
_____
_____

我的收获：
_____
_____

第二节　小学心理辅导室工作

一、心理辅导室功能定位

2015年，教育部为进一步加强和规范中小学心理辅导室建设，切实发挥心理辅导室在提高全体学生心理素质，预防和解决学生心理行为问题中的重要作用，根据《中小学心理健康教育指导纲要（2012年修订）》，研究制定了《中小学心理辅导室建设指南》(教基一厅函〔2015〕36号)。

小学心理辅导室是心理健康教育教师开展个别辅导和团体辅导，帮助学生疏导与解决学习、生活、自我意识、情绪调适、人际交往和升学就业中出现的心理行为问题，排解心理困扰和防范心理障碍的专门场所，是学校开展心理健康教育工作的重要阵地。其主要功能有以下几个方面：

① 开展团体心理辅导。关注全体学生的心理健康水平，提高全体学生的心理素质，开展面向全体学生的心理健康教育活动和团体心理辅导活动。

② 进行个别心理辅导。对有心理困扰或心理问题的学生进行有效的个别辅导，提供有针对性的心理支持；或根据情况及时将其转介到相关专业心理咨询机构或心理诊治部门，并做好协同合作、回归保健和后续心理支持工作。

③ 监测心理健康状况。了解和监测全体师生的心理健康状况、特点和发展趋势，及时发现问题，有效监控、防范和应对各种突发事件，减小危机事件对师生的消极影响。

营造心理健康环境。对有需要的教职工进行心理辅导和心理支持，提高其心理健康水平，营造积极、健康、和谐的育人环境。举办心理健康教育宣传活动，帮助家长了解和掌握孩子成长的特点、规律以及教育方法，协助家长共同解决孩子发展过程中的心理行为问题。利用学校心理健康教育资源服务社区，发挥学校心理健康教育的辐射作用。

二、心理辅导室设置

（一）位置选择

心理辅导室应选择建在相对安静又方便进出的地方，尽量避开热闹、嘈杂区域。楼层不宜太高。

（二）名称选择

心理辅导室应选择亲切、生动、贴近学生心理，易于学生接受的名称，比如"阳光小筑""成长加油站""心灵花园""开心小站"等。

（三）基本配置

1. 人员配置

辅导教师须遵守职业道德，提高专业素养，态度热情，工作细致、认真。心理辅导室至少应配备一名专职或兼职心理健康教育教师，并逐步增大专职人员配比。辅导教师原则上须具备心理学或相关专业本科学历，取得相关资格证书，经过岗前培训，具备心理辅导的基本理论、专业知识和操作技能，并定期接受一定数量的专业培训。

 延伸阅读

《中共安徽省委教育工委安徽省教育厅等十七部门关于印发〈全面加强和改进新时代学生心理健康工作的若干举措〉的通知》(皖教工委〔2023〕137号)提出，市县教育行政部门要加大中小学校专兼职心理健康教育教师配备力度，鼓励具有心理学专业背景的教师从事心理健康教育工作。2025年每所中小学校至少配备1名专兼职心理健康教育教师，学生人数超过1000人的学校须配备1名专职心理健康教育教师，并逐步增大专职人员配比，其编制从学校总编制中统筹解决。同时加强全员培训，专职心理健康教育教师专业培训每年不低于40学时；兼职教师每年参加2次以上心理学专业培训；心理咨询教师每年参加2次以上个人或团体督导。

2. 场所配置

心理辅导室应设置办公接待区、个别辅导室和团体活动室等基本功能区域，有条件的学校可以结合实际情况，拓展心理辅导室功能区域和相关配置，比如单独设置心理测量室、宣泄室、自主自助活动区、VR心理训练室等心理健康教育拓展区域。心理辅导室的使用面积要与在校生人数相匹配。学校可结合心理健康教育工作的实际需要与学校其他场所共建共享，在不影响心理辅导各功能区基本功能的情况下，心理辅导室各功能区域也可以相互兼容。心理辅导室外应设有心理信箱。小学心理辅导室功能区建设要求见表6-1。

表6-1　小学心理辅导室功能区建设要求

功能区	面积/平方米	具体要求
办公接待区	≥15	作为接待来访学生的第一站，布置要温馨，可以以中性或者暖色系为主色调，放置绿色植物、期刊架，使来访学生等待时放松心情。墙上可以张贴规章制度、心理辅导守则、心理挂图等，突出专业性。可根据条件配备心理健康自助系统、沙发、茶几、饮水机等
个别辅导室	10～15	房间采用暖色调装饰，安静、隔音（小于40db），符合个别辅导的保密原则。室内布置应减少硬线条和棱角，光线柔和，在来访学生的位置附近可以摆放毛绒玩具或者柔软的靠垫。心理辅导教师和来访学生的座位应面对门口并呈"L"形摆放。可根据条件配备无声计时器、心理健康知识挂图、录音设备、绿色植物、纸巾、饮水机、放松音乐等
团体辅导室	≥20	要与其他教室有一定距离，活动空间大，宽敞明亮，布置风格轻松活泼，墙壁颜色和窗帘使用偏明亮的暖色系。配备可移动桌椅、坐垫、多媒体设备，可根据条件配备团体心理辅导箱、游戏心理辅导包等
心理测量室	依需要和条件建设	房间以暖色调为主，宽敞明亮，安静、独立空间。配备装有测试软件的电脑、可打印心理测试结果的打印机。室内可配绿色植物。心理测评软件须选用具有较高信度和效度的国内外通用量表，涉及智力、情绪、认知、性格、职业、心理健康等多个测评领域
沙盘游戏室		房间采用淡黄色、米黄色、淡蓝色等柔和色彩，安静、明亮，可配置一定的绿色植物和挂图。配备标准化实体沙盘，也可根据条件配备电子沙盘

功能区	面积/平方米	具体要求
情绪宣泄室	依需要和条件建设	房间采用橘红色、亮白色、亮蓝色，光线明暗适中，房间面积宽敞，通风透气，地面和墙面包上专业的宣泄设备，室内摆放宣泄人和专业宣泄工具
音乐放松室		环境布置采用浅黄色、淡蓝色、草绿色等心理放松色，简洁干净，有可调控光源。配备专业音响设备、多媒体屏幕、绿色植物和挂图，可根据条件配备身心反馈型放松椅、体感音乐放松椅、多功能生物反馈身心减压舱、身心减压太空舱等
VR心理训练室		房间采用淡黄色、米黄色、淡蓝色等柔和色彩，宽敞明亮，有安静、独立空间，有可调控光源。室内配备具备多种心理训练模式的虚拟现实心理训练系统，可配绿色植物

三、心理测评

（一）心理测评的流程

① 新生入学时，班主任组织填写《学生入学档案记录表》，了解学生的生理状态、兴趣爱好、家庭情况、以往的成功或失败经历以及当前的困惑烦恼。

② 班主任结合《学生入学档案记录表》和自己一段时间的观察，填写《须特别关注学生排查登记表》。信息须包括学生的生理/心理具体情况说明以及治疗用药史。该表每学期统计一次，学期中如果班主任发现需要特别关注的学生，须及时将学生信息报送至学校心理健康教育中心，由心理健康教育专（兼）职教师补充到该学期的表格中。

③ 学校心理健康教育中心开展新生入学心理健康讲座，帮助学生适应新环境，更快融入新集体。将学校心理辅导室的位置、开放时间、联系方式告诉学生，并预告接下来的心理测评。

④ 学校心理健康教育中心进行心理测评，将测试结果整理成电子档案，并标记检出学生。

⑤ 学校心理健康教育中心将检出学生和《须特别关注学生排查登记表》中登记学生比对，二者均涉及的列为重点关注对象，通知班主任须重点观察并及时报送这些学生的动态信息。对其中适应不良的学生，建议其到心理咨询室面询评估。对于未在《须特别关注学生排查登记表》中登记的检出学生，如果检出分不是太高，可以列为一般关注；如果检出分很高，应向班主任、家长了解学生的近况，再进行综合评估。

⑥ 学校心理健康教育中心根据以上综合评估，给出转介、重点关注、一般关注等建议，将需要转介和重点关注的学生进行备注，为其建立心理档案。通知班主任，上报年级组和校长办公室，联系家长，后期进一步关注及处理。

⑦ 每学期面向全校学生至少开展一次心理健康测评，建立"一生一策"心理健康档案。

建立学生心理档案有利于教师了解、分析学生的个性特征，实现因材施教；有利于及时发现学生的心理困惑及心理问题，及时进行辅导，帮助学生健康成长；有利于健全学校心理危机管理机制，做到早发现、早预警、早干预。建立学生心理档案是一个动态的过程，要根据学生在校期间的心理、行为发展变化情况持续跟进记录，不断补充，尽可能准确、完整地反映学生的心理发展状况。

这里提供几种学校常用记录表的主要内容和使用注意事项，供大家参考使用。

一、《学生入学档案记录表》

（一）主要内容

① 个人信息：包括姓名、性别、出生日期、身份证号码、联系电话、家庭住址等。

② 教育背景：记录学生的教育经历，包括小学、初中、高中等各个阶段的就读学校、入学时间和毕业时间等。

③ 家庭背景：了解学生的家庭情况，包括家庭成员的姓名、职业、收入等。

④ 健康状况：记录学生的身体健康情况，如是否有慢性疾病、过敏史等。

⑤ 心理状况：了解学生的性格特点、兴趣爱好等，有助于更好地帮助学生适应新环境。

⑥ 社会实践经历：记录学生在校内外参加的各种实践活动，如志愿服务、社团活动等。

⑦ 综合素质评价：根据学生在德、智、体、美等方面的表现，对其进行综合素质评价，以便更好地指导学生全面发展。

⑧ 其他信息：如特长爱好、获奖情况等，有助于更好地了解学生的个性特点和发展潜力。

（二）注意事项

① 填写信息要真实准确，避免虚假信息导致不必要的麻烦。

② 表格中可能涉及隐私信息，需要妥善保管，避免泄露。

③ 在填写表格前，最好先了解学校或机构对入学档案的要求和规定，以便更好地完成表格的填写。

二、《须特别关注学生排查登记表》

（一）主要内容

① 学生个人信息：包括姓名、学号、性别、出生日期、所在年级/班级等基本情况。此外，还可以包括学生的家庭信息，如家庭成员情况、家庭经济状况等，以及学生的社会关系信息，如朋友关系、社会活动等。

② 健康状况：记录学生的体温，是否有发热、咳嗽、乏力、呼吸急促等症状，以及是否有与疫情高发区域相关的人员接触史等。

③ 行动轨迹：详细记录学生近期的出行情况，包括出行时间、目的地、交通工具等。

（二）注意事项

① 明确排查目的和范围：在制定排查登记表前，需要明确排查的目的和范围，以确保排查信息的针对性和有效性。

② 确定需要排查的信息类型：根据排查目的和范围，确定需要排查的信息类型，如健康状况、情绪状态、学习情况等。

③ 注意保护学生隐私：在排查过程中，需要保护学生的隐私，避免泄露学生的个人信息。如有必要，应对排查结果进行保密处理。

④ 异常情况报告：如发现学生有异常情况，应立即报告给学校有关部门，并采取相应的防控措施。

⑤ 及时更新排查登记表：根据实际情况，及时更新排查登记表，以保证排查信息的准确性和有效性。

三、《学生个体心理辅导记录表》

（一）主要内容

① 个人信息：包括学生的姓名、性别、年龄、学号等基本信息。

② 辅导目标：明确要解决的问题或要达到的目标，如减轻焦虑、提高自信、改善人际关系等。

③ 辅导过程记录：包括辅导的日期、时间、地点、参与人员、主题、目标达成情况、学生的反应和反馈等。

④ 辅导效果评估：根据学生的反应和反馈，对辅导效果进行评估，如是否达到预期目标，是否有改进等。

⑤ 后续计划：根据辅导效果评估，决定是否需要进一步辅导，如果需要，应制定相应的计划。

（二）注意事项

① 保密性：确保学生的个人信息和心理状况不被泄露，保护学生的隐私权。

② 尊重学生：尊重学生的意愿和感受，不强迫学生接受心理辅导。

③ 专业性：心理辅导是一项专业性很强的工作，需要由专业的心理辅导员或心理咨询师来担任。

④ 持续性和长期性：心理辅导需要持续性和长期性，不能期望一次或几次辅导就能解决所有问题。

⑤ 家庭支持：家庭是学生成长的重要环境，心理辅导应尽可能争取家庭的支持和配合。

⑥ 紧急情况处理：在心理辅导过程中，如果遇到紧急情况，如学生出现自残、自杀等倾向，应立即采取措施并通知相关部门。

四、《学生个体心理辅导台账》

（一）主要内容

① 学生个人信息：包括姓名、性别、年龄、年级、班级等基本信息。

② 心理问题诊断：记录学生的心理问题，如学习压力、焦虑、抑郁等。

③ 辅导过程记录：详细记录每次辅导的过程，包括辅导的主题、目标、方法、实施过程和效果评估。

④ 学生情况反馈：学生对于辅导的反馈和感受，以及他们的进步和变化。

⑤ 辅导效果评估：对辅导的效果进行评估，包括学生的心理状态是否有改善，改善的程度等。

⑥ 后续跟进计划：根据学生的情况，制定后续的辅导计划或建议。

（二）注意事项

① 真实记录：所有的记录都应该是真实、准确的，不能有任何的虚假或夸大。

② 详细描述：对于辅导过程和学生的情况，要有详细的描述，以便于后续的回顾和分析。

③ 尊重隐私：尊重学生的隐私权，不泄露学生的个人信息和敏感信息。

④ 及时反馈：对学生的反馈和进步，要及时进行回应和记录。

⑤ 定期评估：定期对学生的心理状态进行评估，以便及时发现问题并进行干预。

⑥ 持续跟进：对于有心理问题的学生，要进行持续的跟进，以便及时调整辅导策略。

五、《心理高危学生情况记录表》

（一）主要内容

① 学生基本信息：包括姓名、学号、性别、年龄、专业等。

② 心理问题描述：详细记录学生的心理问题，如情绪低落、焦虑、抑郁等，以及问题的严重程度和持续时间。

③ 症状表现：包括学生的行为表现、情绪反应、生理反应等，以及是否有自杀念头或自残行为等。

④ 干预措施：记录采取的干预措施，如心理咨询、药物治疗等，以及实施效果。

⑤ 家庭和社会支持情况：了解学生的家庭和社会支持情况，包括家庭关系、社会交往等。

⑥ 评估与建议：对学生的心理状况进行评估，提出相应的建议和转介意见，如建议进行专业心理咨询或转介到医疗机构。

（二）注意事项

① 保密性：确保学生的个人信息和心理状况得到保密，不泄露给无关人员。

② 客观性：记录时要客观、中立，避免主观臆断或情感色彩。

③ 时效性：及时更新记录，确保记录的时效性。

④ 沟通与协作：与学生本人、家庭和社会保持沟通，协作解决问题。

⑤ 持续关注：对心理高危学生进行持续关注，定期进行评估和调整干预措施。

⑥ 专业性：在使用心理高危学生情况记录表时，要注意专业性和科学性，如有需要可寻求专业心理咨询师的指导和帮助。

以上内容仅供参考，具体内容可以根据学校或地方教育行政主管部门的实际要求进行调整。

（二）小学生常用心理测评工具

1.《小学生心理健康评定量表》(MHRSP)

该量表来源于陈永胜（2000）编写的《小学生心理健康丛——为小学生心理诊断》，由心理学工作者和小学教师协同研发出来的，该量表能够对小学生心理健康状态进行测评，对筛选、诊断小学生的心理健康问题有一定的成效。量表由8个部分组成，共80个题目，每10个项目组成一个分量表，它们分别用英文字母A、B、C、D、E、F、G、H表示。其中A为学习障碍；B为情绪障碍；C 为性格缺陷；D 为社会适应障碍；E 为品德缺陷；F 为不良习惯；G 为行为障碍；H 为特种障碍。综合评定小学生心理健康，探讨小学生学习适应性、情绪稳定性、社会适应性及行为习惯等方面。

注意事项：该量表为教师评定量表，非自测量表。因该量表没有编制智力测验的项目内容，在运用该量表对小学生进行心理健康测试时，建议结合其他智力测验共同进行。

2. 儿童青少年心理健康量表（MHS-CA）

该量表由程灶火等于 2001 年编制，于 2004 年完成信效度研究和全国常模建立。该量表是在借鉴目前国内外儿童心理健康评定的研究成果基础上编制的。该量表既能反映儿童和青少年的心理过程，也能反映儿童与青少年的心理特征。该量表共有 24 个能反映儿童心理过程和特征的条目。24 个条目分别归属于认知功能、思维与语言、情绪体验、意志行为、个性特征等 5 个分量表。而每个条目包含 7 个等级状态的描述，分别代表 7 种不同的心理健康。其中：7= 过度性病理行为；6= 过度性神经质行为；5= 高健康状态；4= 一般健康状态；3= 低健康状态；2= 缺失性神经质行为；1= 缺失性病理行为。

注意事项：该量表由父母与子女共同讨论填写；适用于在校中小学生（6～18 岁），填写者要小学文化以上水平；量表不作为心理障碍或精神疾病的筛查工具；评定时限为"目前"或"最近一个月"的实际情况。

3. 中小学心理健康量表

该量表是由广西师范大学心理系陈宛玉博士带领研究团队进行调研及编制的。本量表对中小学生有较好的适配度，有良好的信效度指标，能够总体衡量中小学生心理健康状况，为后续开展学校心理健康教育工作提供参考及评价依据。量表共 60 题，采取五级计分法，从学业倦怠、情绪困扰、人际敏感、社会适应、人格发展和躯体症状 6 个维度反映中小学生心理健康的状况。

（三）心理测评应注意的问题

① 心理测评需要由专业的教师或者受过相关培训的教师施测。

② 测评过程中保持环境的舒适与安静。如果是团体测评，需要严格纪律，避免同学间相互沟通；提前完成的学生，应安静自习，等所有学生完成后一起离开。

③ 充分尊重受测学生的知情权。当学生要求查看测评结果时，须提供测评结果的信息。

④ 测评结果不一定需要即时反馈。特别是在进行症状自评类的团体测评时，要避免在团体情境下直接公布结果。

⑤ 测评具有一定的时效性。如果距离上一次测评时间比较久了，建议复测。

⑥ 不能根据测评结果做出临床诊断。学校环境下的心理测评，可以作为心理咨询或是否建议转介的参考，不能作为临床诊断的依据。

⑦ 对测评结果的即时性解读。测评结果是在测评情境下形成的，可以反映学生当时，或是包含当时所在的一段时间内的心理状态，而不是持续、稳定的；测评的结果可能根据测评时间、情境的不同而有所差别。

⑧ 对测评结果的发展性解读。在对学生做测评的结果进行解读时，碰到某些症状得分比较高的情况，可以引导学生往可改变、健康发展的角度思考，而不过分拘泥于得分高低。

⑨ 测评结果的保密性。一般情况下，不主动将学生的测评结果透露给第三方。若第三方（如监护人、班主任等）需要知情，也需要在征得学生本人同意的情况下才能将必要的信息告

知第三方。

⑩ 保密例外。当测评结果显示学生可能有比较大的心理冲突或比较严重的心理问题，教师经过咨询面谈发现该学生有自杀、伤人倾向的，在必要时可将测评结果报告给监护人、班主任或转介方等，便于后期家校沟通处理。

四、工作规范

（一）开放时间

心理辅导室定期对学生开放，可视学生数量和学校心理健康教育实际情况确定具体开放时间。原则上，学生在校期间每天均应开放，课间、课后等非上课时间应有一定时间向学生开放。安排专人值班，保持心理辅导室整洁，营造安全、温馨的工作环境。维护好心理辅导室的各项设备，定期进行检查，保证其正常使用。

（二）经费投入

学校应设立心理健康教育专项经费，纳入年度经费预算，保证心理辅导室工作正常开展。心理辅导室应免费为本校师生、家长提供心理辅导。学校心理辅导室不得用于任何营利性心理咨询活动。

（三）成长记录

心理辅导室应为学生建立成长信息记录。一般包括学生的基本情况、家庭情况、心理状况、辅导记录等。辅导记录一般包括学生目前的心理状况、辅导的主要问题及问题的评估和鉴定，并有相应的分析、对策与辅导效果评价。学生成长信息记录、测评资料、信件、录音录像和其他资料，应在严格保密的情况下保存。心理辅导室应根据学生成长信息记录，有针对性地开展团体心理辅导或个别心理辅导。

（四）辅导伦理

心理健康教育教师应坚持育人为本，着力提高全体学生的心理素质。在学生出现价值偏差时，要突破"价值中立"，帮助学生树立正确的世界观、人生观和价值观。在辅导过程中严格遵循保密原则，保护学生隐私，但在学生可能出现自伤、他伤等极端行为时，应突破保密原则，及时告知班主任及其监护人，并记录在案。

谨慎使用心理测评量表或其他测试手段，必要时也要在学生及其监护人知情自愿基础上进行，禁止强迫学生接受心理测试。

禁止使用任何可能损害学生身心健康的仪器设备。

禁止给学生贴上"心理疾病"标签。

在必须突破保密例外原则情况下，也要控制在尽可能小的范围内，切实保障学生的福祉。

（五）危机干预

心理辅导室应在学校领导下建立学校心理危机干预机制。明确心理危机干预工作流程，出现危机事件时能够做到发现及时、处理得当，给予师生适当的心理干预，预防因心理危机引发的自伤、他伤和大规模精神症状发生等极端事件的发生。

（六）及时转介

心理辅导室应与相关心理诊治部门建立畅通、快速的转介渠道，对个别有严重心理疾病的学生，或发现其他需要转介的情况，能够识别并及时转介到相关心理诊治部门。转介过程记录翔实，并建立跟踪反馈制度。

（七）加强研究

心理辅导室应定期组织教研活动、典型案例讨论、组织专家参加督导，定期开展心理健康普查和心理健康调查研究，不断提高心理辅导的科学性与实效性。

思考与探索

《中小学心理辅导室建设指南》起草组组长中国人民大学余国良教授在接受采访时指出，心理辅导室建设是一个系统的工程，心理辅导室场所、需要配备的环境、对环境的要求等，短期内就可以达到较高的普及率。然而，如果要真正发挥作用，一方面需要提供专业的服务，另一方面还要不断地提高学生的心理健康意识，使学生愿意主动地使用心理辅导室的服务。更重要的是，要切实加强心理辅导室的软件建设。

怎样使更多学生愿意主动地使用心理辅导室的服务？请结合本节所学，写下你的想法吧。

第三节　家校社协同共育

一、协同共育的历史沿革

　　家校社协同共育的历史可以追溯到20世纪60年代。当时，西方家庭结构发生变化，家庭参与子女教育对学校的影响很小，提倡家校分离的理论，认为这样效率更高，对社会的贡献更大。在这个背景下，家庭和学校之间平时联系不多，只有当出现问题时，如学生在学校出现严重行为问题或在家中暴露受到极度的课业压力等，才会相互联系。家长认为学校教育应该由有专业知识的老师来做决定，并将与教师合作解决问题或参与教育决策看作是对学校工作的一种干预行为。

　　到了20世纪70年代，西方国家开始关注教育机会平等的问题，特别是对处境不利的儿童和家庭的教育机会的关注。此时，美国《科尔曼报告》提出，学校在孩子学业成功方面没有多少实际用处，而家庭及其同伴的影响才是决定孩子学业成就的关键因素。在这个背景下，家长开始意识到积极参与学校教育的重要性，家校社协同育人初步发展起来。

　　自20世纪80年代开始，我国也开始了家校社协同育人的机制探索。从宏观层面的《中华人民共和国义务教育法》等教育法律法规修订，到更加细致的《中华人民共和国家庭教育促进法》出台，均表明我国家校社协同育人机制逐渐体系化、清晰化、具体化。在这个过程中，一些地方政府也积极倡导提高家校社协同育人合作质量，并为学校、家庭、社会提供支持性服务。例如上海、江苏、江西等地区尝试将家校合作作为区域基础教育改革与发展的着力点，通过学校、家庭、社会、政府多元支持体系推进家校社协同育人高质量、多途径、全方位发展。

延伸阅读

　　2018年9月10日，习近平总书记在全国教育大会上指出："学校、家庭和社区不是相互孤立的教育'孤岛'，而是彼此联系、互相补充的'环岛'。"

　　现行《中华人民共和国未成年人保护法》于2020年第二次修订，2021年6月1日正式施行。在结构方面增加了政府保护和网络保护两章，家庭保护仍然位居保护的首位。新《未成年人保护法》明确了国家、企业、社会、学校、家庭等各方的主体责任，构建起更加完善的未成年人保护体系。这里的"社"已经由"社区"变成了"社会"，范围扩大，包含的责任单位增多。

　　2022年1月1日《中华人民共和国家庭教育促进法》正式施行。法律明确规定"家庭教育应当符合家庭教育、学校教育、社会教育紧密结合、协调一致的要求""各级人民政府指导家庭教育工作，建立健全家庭学校社会协同育人机制"。这是我国首次就家庭教育进行专门立法，也是将家庭教育推向同学校教育同等重要的地位。

同年10月16日，党的二十大报告指出，"健全学校家庭社会育人机制"。近年来，学校家庭社会协同育人取得了明显成效，但还存在职责定位不够清晰、协同机制不够健全、条件保障不够到位等突出问题。

2023年1月，为认真贯彻落实党的二十大精神，根据《中华人民共和国家庭教育促进法》《中华人民共和国未成年人保护法》等有关规定，教育部等13部门发布《关于健全学校家庭社会协同育人机制的意见》(教基〔2022〕7号)，提出到2035年，形成定位清晰、机制健全、联动紧密、科学高效的学校家庭社会协同育人机制。

总的来说，家校社协同共育的历史沿革可以从多个方面来看。从历史背景到法律法规的制定和实施，再到地方政府和学校的积极倡导和实践，都表明家校社协同共育的重要性逐渐得到了认识和重视。同时，随着时代的变迁和社会的发展，家校社协同共育的形式和内容也在不断地丰富和发展。

二、家校社协同共育模型

家校社协同共育模型（图6-2）是一个旨在促进家庭、学校和社会共同参与、共同发展的教育模式。该模型强调家庭、学校和社会之间的密切合作，以提供更全面、更有效的教育支持，促进学生的全面发展。

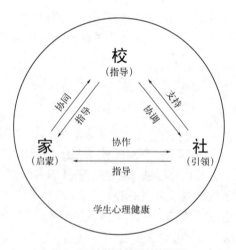

图6-2　家校社协同共育模型

家校社协同共育模型的主要构成包括以下要素：

（一）主体要素

家庭、学校和社会是家校社协同共育模型中的三个主体要素，它们各自具有独特的功能和作用。家庭是孩子的成长环境，能够提供情感支持和道德引导；学校是系统的教育机构，能够提供专业的知识和技能教育；社会则是实践和体验的场所，能够提供丰富的社会资源和文化氛围。

（二）互动要素

校社协同共育模型中的互动要素包括家长与教师、家长与社会、教师与社会之间的交流与合作。这些互动要素能够促进信息共享、资源整合和协同发展，提高教育的整体效果。

（三）实践要素

家校社协同共育模型中的实践要素包括学生的参与和实践经验积累。学生是教育过程中的主体，他们需要积极参与各种活动，通过实践来巩固知识、锻炼技能、培养兴趣和提升素质。

（四）资源要素

家校社协同共育模型中的资源要素包括家庭资源、学校资源、社区资源和政府资源等。这些资源能够为教育提供物质保障和智力支持，促进教育的创新和发展。

（五）评价要素

家校社协同共育模型中的评价要素包括对学生发展、家庭教育、学校教育和社区教育等方面的评价。通过科学、客观的评价，能够及时发现问题并采取措施进行改进，提高教育的质量和效果。

这些构成要素相互关联、相互促进，共同构成了家校社协同共育模型。通过加强各要素之间的合作与交流，可以提高教育的整体效果，实现学生的全面发展和成长。

三、家庭资源

（一）家校共育

1. 保持学校与家庭的常态化密切联系

学校通过线上、线下等不同方式向家长及时沟通学生在校期间的思想情绪、学业状况、行为表现和身心发展等情况，同时向家长了解学生在家中的有关情况。落实家访制度，学校领导要带头开展家访，班主任每学年对每名学生至少开展1次家访，鼓励任课教师有针对性开展家访。

2. 成立家委会等部门

建立健全学校家庭教育指导委员会、家长学校和家长委员会，落实家长会、学校开放日、家长接待日等制度。充分发挥家长委员会的桥梁纽带作用，以多种形式听取家长对学校工作的意见建议；加强家长委员会工作指导，明晰工作职责，完善工作制度，规范工作行为，严格家长通信群组信息发布管理，严禁以家长委员会名义违规收费。

家长要积极参加学校组织的家庭教育指导和家校互动活动，自觉学习家庭教育知识和方法，主动参与家长委员会有关工作，充分理解学校正常教育教学工作，积极配合学校依法依规严格管理教育学生。要及时主动向学校沟通子女在家中的思想情绪、身心状况和日常表现，形成良性双向互动。

3. 开发家庭教育指导资源

鼓励有条件的学校建立网上家长学校，每学期至少组织2次家庭教育指导活动，积极宣传科学教育理念、重大教育政策和家庭教育知识，介绍学校教育教学情况，回应家长普遍关心的问题；同时针对不同家庭的个性化需要提供具体指导，特别关注农村留守儿童、残疾儿童、孤儿和特殊家庭儿童等困境儿童。

比如告诉家长要引导子女完成每日学业，进行必要的课业学习；开展适宜的体育锻炼，保证每天校外运动一小时；进行有益的课外阅读，培养阅读习惯，因地制宜开展形式多样的艺术趣味活动；从事力所能及的家务劳动，增强动手能力。引导子女合理使用电子产品，控制使用时长，防止网络沉迷，保护视力健康，防控子女近视；保障子女营养均衡，督促子女按时就寝，促进子女保持良好身心状况和旺盛学习精力。切实履行法定监护职责，会同学校加强子女安全教育，提高安全防范意识和能力。

（二）家社共育

引导子女体验社会。家长要充分认识社会实践大课堂对子女教育的重要作用，根据子女年龄情况，主动利用节假日、休息日等闲暇时间带领或支持子女开展户外活动和参观游览，积极参加多种形式的文明实践、社会劳动、志愿服务、职业体验以及文化艺术、科普体育、手工技能等实践活动，帮助子女更好地亲近自然、开阔眼界、增长见识、提高素质。

四、社会资源

（一）社校共育

1. 医疗机构

（1）校园危机事件

当校园发生危机事件时，首先，医疗机构专业人员可以帮助学校心理健康教育教师了解高危学生的特征，识别危机预警信号，对具有心理疾病或危机的学生做到早发现、早诊断和早治疗；其次，当学生出现心理失调爆发危机时，医疗机构可以根据实际情况开通绿色服务通道进行快速转介，提供入院诊断与治疗等方面的便利；再次，说服家长送自己的孩子去精神卫生机构诊断是一个比较艰难的过程，而让医生来学校为学生提供咨询、诊断，家长更容易接受。且校外医疗机构专家处在第三方，更加容易取得家长的信任，并为学校做通家长工作提供方便；最后，危机解除后，学校心理健康教育教师需要为重返校园的学生提供心理辅导服务，帮助他们恢复社会功能，在这一阶段医生与教师之间建立的双向反馈机制更有助于帮助学生快速恢复身心健康，早日融入正常的学习生活中。

（2）严重精神疾病

学校心理健康教育教师对少数心理与行为高风险的学生进行个别或者团体心理辅导，对极少数发生心理危机和有心理障碍的学生进行评估和转介。由于没有受到系统的医学训练，不具备精神疾病的诊断与治疗资质，当面对抑郁症、强迫症和焦虑症等严重精神疾病时，难以为学生提供全面的服务。因此与校外医疗机构合作，一方面可以开展案例督导与讨论，医疗专业人员从医学的角度来理解学生个案，提供对学生症状的临床诊断和治疗依据，拓展学校心理健康教育教师对个案病情和治疗方法的认知，分享心理辅导的实用技巧，从而为学生提供更为专业的心理辅导服务；另一方面医疗专业人员帮助学校心理健康教育老师了解常用精神类药物的作用机理及副作用，以便其在进行个别心理辅导时帮助学生和家长科学地认识药物治疗，减少他们对就医用药的抵触，提高他们对必要的药物治疗的依从度。

2. 其他单位

（1）开发社会实践课程

学校要主动加强同社会有关单位的联系沟通，建立相对稳定的社会实践教育基地和资源目录清单，依据不同基地资源情况联合开发社会实践课程，有针对性地常态化开展共青团和少先队活动、劳动教育、实践教学、志愿服务、法治教育、安全教育和研学活动等。要积极邀请"五老"、劳动模范、道德模范、时代楷模、各类精神文明先进代表、德艺双馨的艺术家等到学校开展宣讲教育活动。要充分利用共青团和少先队、关工委、科协、体育、文化和旅游等方面资源，通过"请进来、走出去"的方式，有效丰富学校课堂和课后服务内容，培养学生职业意识，更好满足学生多样化学习需求。

（2）建立校园安全工作机制

要建立多部门协调配合的学校安全工作机制，加强校园周边环境治理，强化安全风险防控，不得在学校周边设置营业性娱乐场所和酒吧、互联网上网服务营业场所等不适宜未成年人活动的场所；依法依规妥善处理学校安全事故纠纷，切实保障学校和师生合法权益。深化各类校外培训治理，严禁社会机构以研学实践、夏（冬）令营等名义开展校外培训活动，坚决查处违法违规行为。

（二）社家共育

1. 完善社会家庭教育服务体系

将家庭教育指导作为城乡社区公共服务重要内容，积极构建普惠性家庭教育公共服务体系。支持居民委员会、村民委员会依托城乡社区公共服务设施，建设覆盖城乡社区的家长学校等家庭教育指导服务站点，积极配备专（兼）结合的专业指导人员，配合家庭教育指导机构有针对性地做好指导服务，重点关注留守儿童、残疾儿童和特殊家庭儿童。婚姻登记机构和收养登记机构应通过现场咨询辅导、播放宣传教育片等形式，向当事人宣传家庭教育知识。公共文化服务机构每年要定期开展公益性家庭教育宣传与指导服务活动。开放大学、老年大学、社区学院等单位应设立家庭教育指导课程，积极发挥指导作用。

2. 净化社会育人环境

深入开展儿童图书、音像等出版物清理整顿，健全网络综合治理体系，加大网络有害信息、网络游戏沉迷、不良网络行为治理力度，严肃查处违法违规网站平台，督促企业严格落实主体责任，着力打造有利于青少年健康成长的清朗社会文化及良好网络生态。

 延伸阅读

许多案例研究发现，家庭教育与学校教育是否方向一致，对教育的成功与否起着至关重要的作用。家庭教育如果和学校教育的方向一致，将大大提高孩子的积极心理品质。反之，如果家庭教育与学校教育唱反调，将大大降低学校教育对孩子的作用。这就是我们常说的"5+2=0"现象，即学校5天的教育，回家两天就能将其教育效果全部抵消。这个公式非常形象地说明家庭教育在学生积极心理品质培养过程中的重要性。学校教育离不开家庭教育的大力支持，想一想，为了促使家庭教育配合学校教育，学校采取哪些措施可以更有效地与家长沟通呢？

实践教学

一、案例概述

小学心理健康教育的"三二一"模式构建与推广

环城西路小学是一所坐落于安徽省芜湖市镜湖区的百年老校，学校创建于1906年。21世纪初，由于城市改造，学校周边人口锐减，流动和留守儿童学生大幅增加，很多学生表现出亲子关系紧张、人际关系处理不当、心理歪曲等诸多心理问题。部分教师也长期处于心理亚健康状态，影响教育教学效果。

面对学校师生以及学生家长普遍缺乏相关的心理健康知识，全员心理健康品质不高等情况。2008年9月以来，学校开始全面普及心理健康教育。在学校、家庭、社会共同合作下进行了普及性小学心理健康教育模式的构建与实践探索的研究，最终形成了三主导二辅助一基础的"三二一"心理健康教育模式。该模式强调面向全校师生及家长，以心理宣传、心理健康课、主题心理活动为主导途径；以心理健康教育的家庭渗透与学科渗透为辅助方式；以心理咨询为基础。

实践证明，该模式不仅操作性强、适合本校实情，而且具有极高的推广价值。2011年来，已通过"国培计划"向省内各地市的一线心理教师或校长分享10余次，接待学员来学校实地参观学习近20次。并与多所学校签订共建协议，带动其开展心理健康教育工作，并取得积极成效。因此，2015年8月，校长费叶庆、心理教师薛倩老师分别获得"全国心理教育普及工作先进个人"，环城西路小学获得"全国心理教育普及工作先进单位"；2017年7月，环城西路小学也被教育部评为第二批"全国中小学心理健康教育特色示范学校"。目前，该项成果已获2018年安徽省教学成果二等奖。

二、案例剖析

环城西路小学的"三二一"心理健康教育模式，具体包括以下几个方面：

（一）以心理宣传、心理健康课、主题心理活动为主导途径

首先，加强心理宣传阵地建设，营造学生喜欢的心理氛围。十年来，经过3次扩建和装饰，心理咨询室"快乐小屋"简单温馨，色调雅致，大小适中，功能实用，配备5个功能室和箱庭等专业设备。除此之外，还建立了校园心理宣传墙和楼梯转角处十大墙面宣传版两大宣传阵地，每学期更新宣传内容，张贴学生自创的心理宣传画和心愿画作品。各个不同宣传地点共计更新内容30余次。其次，抓住心理健康教育课堂，发挥学校教育主渠道作用。学校心理健康教育主要是帮助学生认识自我、认识自己与社会的关系，发展潜能，更好地适应学校、家庭和社会。该校教导处将心理健康课排进课表，与体育课合并，每班级隔周一节。遵循《中小学心理健康教育纲要》要求，努力丰富教学手段、提升教学质量，让不同年级的学生掌握适合年龄发展的心理健康知识并能运用其解决具体的问题，以提高学生的意志、合作能力、行为习惯及交

往意识与能力。2014年11月，该校心理教师薛倩在安徽省首届心理健康优质课现场比赛中执教《合作》获得一等奖，并在全国第二届心理健康优质课现场比赛中获得二等奖。最后，持续打造环西心理主题活动，提升学生的心理健康品质。每学期根据各年级学生年龄特点开展不同的团体辅导活动，有针对性地帮助学生解决问题，使学生正确对待自己、他人和环境；坚持每周开展一次全校性的大型团体放松训练辅导，持续做好学生心理放松训练工作；每年11月的素质教育开放周期间，举办至少三天时间的心理游园会，全体师生和家长参与其中；成立"阳光童年"心理剧团，举办心理剧排演活动，让学生在角色扮演和观看互动中体验心理变化，获得认知，提升心理健康教育水平；举办学生心理宣传画展示活动，提供表达愿望、发挥想象、自我释压的平台。这一系列丰富多彩、形式多样的主题心理活动更好地让学生在活动中认识自我，健康成长。2011年芜湖市三县四区"心理护航计划"推进会在我校召开，该校展示大型团体放松训练和心理剧；2012年，我校排演的心理剧《我们在一起》获得镜湖区小学生艺术节二等奖。

（二）以心理健康教育的家庭渗透与学科渗透为辅助方式

从近年来的各项研究及该校心理咨询统计分析来看，儿童的心理问题基本来源于家庭，因父母之间的关系和教养方式而导致孩子心理问题产生的比比皆是。所以，该校将心理健康教育的家庭渗透与其他心理教育工作并行开展。结合学校的实际情况，在每学期召开全校家长会契机下，便利用广播形式进行全校家长心理健康知识讲座，选取学生心理咨询中的实例或亲子关系相处之道与家长分享，帮助他们了解不同年级孩子心理现状，分析不同问题的应对措施，认识到良好亲子关系对儿童心理发展的重要性，渗透心理教育小技巧。同时，在学校的日常教学工作中注重心理健康教育的学科渗透。该校教导处要求每位教师在课前教学设计中，都要能结合教学实际有心理健康教育渗透的地方，并在设计意图一栏用黑体字标明，教学反思中要能看到因为课堂上教师的积极关注下的精彩生成，教导处在例行备课笔记检查中有所记录和反馈。这是从思想上引起全校教师的重视，从教学流程管理上规定全体教师备课的规范，有了规矩才有方圆，教师们才能真正在课堂教学中注重对学生的心理健康教育。

（三）以心理咨询为基础，做好个案咨询和研究工作

心理咨询室"快乐小屋"每周两个下午面向全校开放，遵循保密性原则，认真接待每一位来访者，并做好咨询效果的记录和资料的收集，对于长期来访的学生将建立个案，做好分析反馈。目前"快乐小屋"的咨询个例已达200多例，咨询内容主要涉及亲子关系、伙伴交往、考试焦虑、自卑情绪等方面，其中，由于亲子关系引发学生问题的案例所占比例最大。针对小学生群体的特点，我校也积极探索传统咨询模式与箱庭疗法的有机结合，以提高个案咨询的实效性。2011年，环城西路小学心理咨询室被评为镜湖区"示范心理咨询室"。"大道至简"，小学心理健康教育"三主导二辅助一基础"模式，通俗易懂，便于操作，普及性很强。实践过程中，学校与安师大教科院心理系长期合作，吸收心理志愿者协助参与工作，保证专业性。学校建立心理健康教育三级团队和保障性制度，系统开展工作，配备专人负责工作，保证经费投入。累累硕

果更是展示出其极强的推广价值。心理健康教育三级团队结构图如图6-3所示。

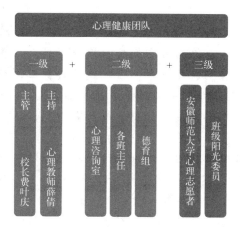

图6-3　心理健康教育三级团队结构图（注：一级领导团队、二级实施团队、三级协作团队）

三、案例拓展

心理健康教育的"三二一"模式的理论基础

（一）积极心理学

积极心理学是在人本主义思潮的影响、客观社会环境的呼唤以及传统心理学研究的片面化等情况下应运而生。积极心理学倡导探索人类的美德，如爱、宽恕、感激、智慧和乐观等，积极的情绪和体验是积极心理学研究及关注的中心之一。诸多研究证实：当孩子们的周围环境和师友提供了最优的支持、同情和选择时，他们最有可能拥有良好的心理健康和人际关系；反之，这些孩子会容易出现不健康的情感和行为方式。所以，向学生宣传积极的心理知识，激发学生的正向能量，发挥他们积极的潜能，可以弱化他们的消极面、黑暗面，获得幸福感、自主、乐观、创造力、快乐和生命意义等。

（二）心理发展理论

著名的心理学家、教育家林崇德教授就强调，要将青少年心理发展的基本规律为出发点，以培养思维品质作为发展智力和培养能力的突破口，并以思维品质为核心来建构学科能力，从非智力因素入手来促进学生全面发展。因此要关注小学生心理健康，在创设情境中激发动机，培养兴趣，促进学生在观察、操作、讨论过程中明辨是非，形成正确世界观、人生观、价值观，最终健全人格。

（三）中小学心理健康教育指导纲要

教育部颁布的《中小学心理健康教育指导纲要》提出："加强心理健康教育的教研活动和课题研究。学校在进行心理健康教育时，要从学生实际出发，强调集体备课，统一做好安排。要以学生成长过程中遇到的各种问题和需要为主线，通过教研活动，明确心理健康教育的重点、难点，掌握科学的教育方法，提高心理健康教育的质量。坚持理论与实践相结合，通过带课题培训与合作研究等方式，推广优秀科研成果。"这些都明确了课题研究的目的是以教育部的《纲要》为依据的。

四、案例启示

该校从建立心理咨询室，正式宣布开展心理健康教育工作开始，多年来，全校总动员，师生配合，家校配合，社会配合，心理健康教育工作虽已获得各认可，并夸口称赞，获得国家荣誉，但是仍存在一些问题，总结如下：

首先，专业教师队伍不够充足。目前学校只有兼职心理教师，没有专业院校心理系的毕业生进入该岗位，学校心理教育工作的专业性还有待提高；

其次，还需加强教师的专业心理培训。目前的教师培训还不够将每位老师培训为拥有专业心理知识的教师，这不仅需要设立培训任务，还需要学校大量经费的支持，因为关于心理学知识的学习都需要高昂的学费，且学习是一个长期持续过程；

最后，心理健康教育活动还需进一步整合。现行开展的心理教育活动种类多，内容广。但是教育教学时间有限，如何最优化的开展活动是目前的一大课题。

思考与探索

请你为自己选择一个身份，假设你是一所乡村小学的新入职教师、班主任或者分管德育工作副校长，为贯彻落实《全面加强和改进新时代学生心理健康工作专项行动计划（2023—2025年）》，进一步深化和推进青少年心理健康教育，夯实心理健康教育这一社会心理服务的基础工程，你会怎样开展本班和本校的心理健康教育工作？

第七章

小学教师的心理保健

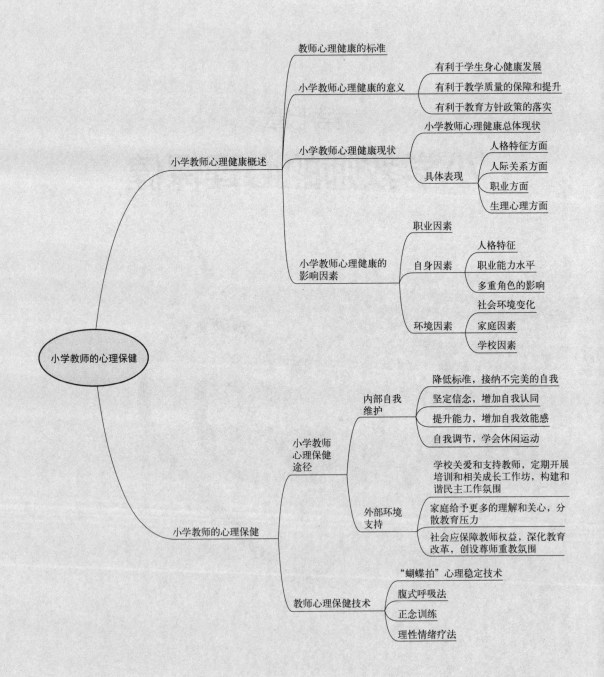

小学教师的心理保健

小学教师心理健康概述
- 教师心理健康的标准
- 小学教师心理健康的意义
  - 有利于学生身心健康发展
  - 有利于教学质量的保障和提升
  - 有利于教育方针政策的落实
- 小学教师心理健康现状
  - 小学教师心理健康总体现状
  - 具体表现
    - 人格特征方面
    - 人际关系方面
    - 职业方面
    - 生理心理方面
- 小学教师心理健康的影响因素
  - 职业因素
  - 自身因素
    - 人格特征
    - 职业能力水平
    - 多重角色的影响
  - 环境因素
    - 社会环境变化
    - 家庭因素
    - 学校因素

小学教师的心理保健
- 小学教师心理保健途径
  - 内部自我维护
    - 降低标准，接纳不完美的自我
    - 坚定信念，增加自我认同
    - 提升能力，增加自我效能感
    - 自我调节，学会休闲运动
  - 外部环境支持
    - 学校关爱和支持教师，定期开展培训和相关成长工作坊，构建和谐民主工作氛围
    - 家庭给予更多的理解和关心，分散教育压力
    - 社会应保障教师权益，深化教育改革，创设尊师重教氛围
- 教师心理保健技术
  - "蝴蝶拍"心理稳定技术
  - 腹式呼吸法
  - 正念训练
  - 理性情绪疗法

① 了解小学教师心理健康现状，认识小学教师心理健康的影响因素，理解小学教师心理健康的意义。

② 掌握小学教师心理保健的途径与相关技术并能够在实践中使用。

③ 形成心理保健意识，能够劳逸结合，自我减压。

案例导入 ☺

李老师毕业后来到一所县城小学工作。作为学校唯一的心理老师，她本想认真工作，大展身手，但没想到第一天就被狠狠泼了冷水。入校第一天，她被安排当主科教师和班主任。身兼数职，工作繁忙……她每周加午休和晚托各种课时量达20节以上，超过正常课时量。对于没有接触过主科教学的新教师来说，正常的教学和备课已经给李老师带来很大压力，她还要兼职班主任和校行政人员，需要额外承担一些学校的行政工作。她每天7:50出现在教室，上课、守自习、改作业、做材料……事情一件接着一件，经常整天都来不及喝口水、上趟厕所。大小病不断却没时间去医院，都是自己买药，对着说明书服用。

最近校长的一次推门听课后，李老师出现了更糟糕的情况：她在讲课时脑子突然一片空白，紧张，手心出汗，吞吞吐吐，语无伦次。这样几次后，李老师开始担心学生会认为自己是新老师，讲得不好，越着急情况越糟糕，她甚至怀疑自己是不是老年痴呆提前了。与此同时，李老师开始失眠，每天到凌晨才能睡着，一睁眼就觉得很痛苦，靠意志逼迫自己起床上班。骑车去学校的路上也会生出一种陌生感，不知道自己是谁？要去哪里？干什么？全凭习惯走到学校，到校后也觉得非常疲惫，对学生也越来越不耐烦，甚至会在班上出现吼叫学生、摔课本的情况，学生们越来越怕她……

从上述案例可以看出，教师心理健康对教学质量的保障和学生的心理健康发展具有重要的影响。但是，小学教师除繁重的常规教学工作外，还要承担不少额外工作，承受着较大的心理压力。而随着社会竞争日益加剧，社会和学生家长对教育质量的期望不断提高，小学教师的职业压力也越来越大，部分教师难以适应和有效应对，容易出现较为严重的心理问题。小学教师的心理健康急需受到足够重视。关心关爱教师心理健康需要成为学校心理健康教育的一项重要工作。

第一节　小学教师心理健康概述

一、教师心理健康的标准

学者们围绕教师心理健康提出了很多观点，其中，俞国良提出的教师心理健康标准受到广泛认同。

① 对教师的角色认同，热爱教育事业，能在工作中获得成就感和满足感。

② 在教育活动中能真实地感受情绪并恰如其分地控制情绪，心情愉快，反应适度，积极进取。

③ 具有较高的教育独创性。在教育教学中能根据学生的个性特点，选择合适的教育方法，设计教学活动。

④ 能恰当地认识自己，制定适合的工作目标，对自我评价客观合理，具有较好的自我调控能力。

⑤ 良好的教育人际关系，师生关系融洽，能正确处理学生、家长、同事与领导的关系。

研究发现，小学教师个性中的外倾性显著高于其他学段教师，而且优秀教师的外倾性更明显。因此，我们认为，小学教师心理健康的标准还应包括健康的人格，具体表现为性格开朗、襟怀坦荡；有正确的教育观、人生观；为人师表，诲人不倦；信心坚定，意志顽强等。

在理解教师心理健康标准时应注意以下两点：

① 心理健康与不健康是一种连续的状态，两者间没有绝对的界限。

② 教师的心理健康状态不是静止不变的，而是会随着环境改变、自身成长与发展和经验积累而不断变化的。每个人都可能在出现心理困扰、状态失衡后通过自我调整和寻求帮助，恢复到心理健康状态。

 延伸阅读

小学教师良好的性格

在教师的人格特点中，性格是最核心的因素，影响其他各个方面。良好的性格是教师最重要的人格特点。教师的良好性格主要包括：

① 公正无私。在教育过程中，教师必须公平地对待每一个学生，关心、爱护全体学生，不可偏爱，尤其对那些学习有困难、品德行为较差的学生更应如此。教师应向自己提出这样一个要求：培养每一个学生成才，不让一个人掉队或遭受失败。

② 谦虚诚实。教师一方面要正确地分析自己，老老实实地做学问，对自己身上的缺点和错误勇于改正；另一方面，又应虚心地向别人求教，甚至"不耻下问"，向学生学习。

③ 活泼开朗。活泼开朗是精力充沛、心胸豁达、充满活力的一种表现。教师应保持乐观开朗的态度，像孔子那样，"发愤忘食，乐以忘忧，不知老之将至"，以积极饱满的情

绪去从事教育工作。同时,教师活泼开朗的性格,又会感染学生,通过无言之教收到潜移默化之效。

④ 独立的性格。不偏听偏信,不人云亦云,独立地发现问题和解决问题,即使在困难的条件下也不惊慌失措,在紧迫的情况下也能发挥自己的力量。这是教师进行创造性劳动必须具备的品质。

二、小学教师心理健康的意义

一名优秀的教师不仅要有渊博的学识,也要有高尚的道德和健康的心理。小学教师的心理健康对于教育教学和小学生健康成长都具有重要的意义。

(一)有利于学生身心健康发展

教师的职业是一份承载着责任与使命的特殊职业,根本职责是培养社会主义事业的建设者和接班人。古人云:"亲其师,信其道;尊其师,奉其教;敬其师,效其行",强调教师对学生的影响。尤其在小学阶段,学生正处于身心发展的关键时期,教师的影响对学生的终身发展有着举足轻重的作用。所以小学教师的心理健康不仅关系其自身发展,还关系到学生的身心健康及未来发展。

心理健康的教师拥有较强的教育能力,能够以自身健全的人格力量和健康的心理影响学生,更容易得到学生的认同,使学生在潜移默化中养成良好的心理品质。反之,人格不完善、心理不健康的教师常常会赏罚无度,喜怒无常,冷漠粗暴,容易引起学生情绪困扰、适应不良,甚至产生心理障碍,形成消极人格特征。另外,学生在成长过程中可能会出现不同程度的心理障碍、交往障碍和青春期情绪困惑等心理问题,这些问题都需要人格健全、心理健康的教师加以指导。只有心理健康的教师,才能使这些问题得到及时、有效的教育和指导。有助于学生身心健康发展。

 延伸阅读

教师对学生的影响——三毛与数学老师

著名作家三毛上学时数学成绩不好。有一次,她发现数学老师每次出小测验的题都选课后练习题,于是她就在测验前狠下一番功夫背这些题,结果一连考了6个100分。数学老师感到很奇怪,就决定在自修课上临时考她,结果三毛考得一塌糊涂。愤怒的老师马上当着全班学生的面说:"我们班上有一个同学最喜欢吃鸭蛋,今天老师想请她吃两个。"在全班学生的哄笑声中,老师拿来毛笔在三毛的眼睛周围重重地画了两个大圆圈。三毛在回忆中说:"我情愿老师打我一顿,但他给我的却是自己一生都没有受过的屈辱,这件事的后遗症三天后才显现出来。那天早晨上学,我走到走廊上,见到自己的教室时立刻就昏倒了,并且越来越严重。"到后来,三毛一想到要去上学,便害怕得立刻昏倒,失去知觉。她从此休学在家，并患上了严重的孤独症。此后很长一段时间，她甚至连和家人同桌吃饭的勇气都没有。

三毛的案例涉及一个心理学词汇——师源性心理障碍，是指由于教师对学生不当的教育行为导致学生产生的心理问题和心理疾病，包括自卑、退缩、厌学、紧张、焦虑、恐惧等心理问题，以及学校恐怖症、神经症、反应性精神病等心理疾病。

（二）有利于教学质量的保障和提升

教学的本质是由教师的"教"和学生的"学"共同组成的双边活动，教师在这一过程中处于主导地位。在教学过程中教师自身的人格特征和心理健康状况是一种不可忽视的教育力量，它将直接影响学生学习的非智力因素，例如：学习兴趣、学习动机、情绪、意志和性格等，进而影响课堂效果。心理健康教师表现出更高的学习和工作积极性，对教学工作充满热情，会使得教师更乐于接近学生，了解学生，有利于良好师生关系的建立，提高课堂教学效果。其次，教师在课堂上轻松愉快的心境，让学生产生愉快的情感体验，使学生的创造性思维和想象力明显提高。反之，如果教师表现出情绪低落、暴躁、易怒等不良心态，会使课堂整体气氛紧张，使学生感到压抑，思维活动受到束缚。生态系统理论认为，个体心理发展的社会影响是一个以个体为圆心拓展开来的嵌套系统，包括微系统、中系统、外系统、宏系统和时间系统等。其中，微系统如家庭、朋友、学校、教师等是与个体直接接触的因素，是对个体心理影响最大的因素，这也说明了教师在学生学习过程中的重要意义。教师良好的心理状态和人格特征会使得学生乐于向老师学习，有利于教学效果的提升。

（三）有利于教育方针政策的落实

党的二十大提出要"全面贯彻党的教育方针，落实立德树人根本任务，培养德智体美劳全面发展的社会主义建设者和接班人"。这要求我们坚持社会主义办学方向，落实立德树人根本任务，把立德树人融入教育各环节。罗扬眉和游旭群认为落实立德树人根本任务，首要在于以心育人，而以心育人的主导在于教师，只有心态阳光、积极向上的教师，才能培育出心理健康、奋发有为的学生。所以，落实立德树人根本任务的重要途径在于维护教师的职业心理健康。关注教师的职业心理健康，不仅是教师作为个人必须体验到生命质量和职业意义的内在需要，也是全面落实党的教育方针的前提基础。

三、小学教师心理健康现状

（一）小学教师心理健康总体现状

2021年8月，中国人民大学公共管理学院组织与人力资源研究所做过一项调查，结果表明，被调查的老师中，超过80%反映压力较大，近30%存在严重的工作倦怠，近40%心理健康状况不佳。中国青年报的一项调查显示，教师群体健康状态占10%，亚健康状态占70%，疾病状态占20%，并且普遍存在人格异常、焦虑、人际敏感、情绪失调等现象。张婕等人在2022年对

2011～2020年我国教师心理健康状况进行元分析研究，结果显示，我国教师近十年心理健康水平低于全国成人心理健康平均水平。据世界卫生组织（WHO）发布的数据，全球超过3亿人患有抑郁症，中国有超过5400万抑郁症患者，占中国总人口的4.2%，其中不乏各个学段的教师。这些都表明教师作为一个特定职业群体应引起关注和重视。

（二）具体表现

随着物质生活的不断提高和现代技术的不断发展，来自社会和职业等多方面的压力使很多教师感到力不从心，产生了各种各样的心理问题。具体可以归结为以下四个方面：

1. 人格特征方面

许多教师由于在工作中，特别是在孩子面前长期处于一种"权威"地位，因此养成了"说教"的习惯。在学校是老师，在家也是老师，板起面孔教训人成了职业病，常常会表现出更多的自我中心，不愿意听取他人的意见和想法。此外，因为工作的特殊性，教师是经验的传授者，所以常常犯一些经验主义的错误，在处理问题时会有些自我封闭和自负。最后，因为小学教师的一言一行承载着来自社会、家庭的高期望，要为小学生做出榜样，所以有研究表明小学教师的完美主义倾向总体上比较严重，对自我和他人要求很高甚至很苛刻，在面对来自学校管理和家庭方面压力源的时候，教师更有可能感受到更多的压力与威胁感，从而使得他们的个人成就感降低。

2. 人际关系方面

研究表明，人际关系是影响中小学教师心理健康的主要因素。教师在人际交往中也经常出现一些问题，显得人际关系淡漠，影响工作和生活。据调查发现，教师在校内除工作关系外，经常与他人交往的只有16.99%，在校外经常和他人交往的只有11.49%，由此可见教师的人际交往圈子狭窄。此外，如今很多学校为了保护学生的尊严和隐私不公布成绩和排名，但是对教师的教学成绩排名，教师的晋级提升、福利待遇、荣誉奖励等都与教学成绩紧紧挂钩。这就造成教师与教师之间竞争激烈，致使教师间嫉妒和猜疑，人际关系恶化。

3. 工作方面

有的教师对自己所从事的教师职业不喜欢、缺少职业自豪感，怨天尤人，甚至有自卑感。在教学过程中，表现为抱怨学生条件差、班级人数多、待遇低、压力大等，对教学不能全力投入，常责怪上级无能。持有这样职业观念的教师在工作中缺乏积极的情绪体验，从心理上患得患失。

职业倦怠是教师中出现最多的心理问题。教师在教书生涯中面对的常常是同样年龄的孩子，"一支粉笔、一本教参、一套教科书"，做着带有一定重复性的工作，有些教师很容易产生职业倦怠，而教师的职业倦怠往往会伴随各种心理偏差，导致教师缺乏钻研精神，凭自身的经验、感觉去处理复杂多变的教育现象。

4. 生理心理方面

在生理心理方面，由于教师职业的特殊性很多老师在从教多年后患有不同程度的职业病，例如长期说话导致的咽喉问题、长期站立导致的静脉曲张和众所周知的颈腰椎病。除了这些躯体疾病外，有些教师还会因工作压力过大出现失眠、抑郁、记忆力减退等症状。对教师而言，生理和心理问题的出现，往往会使他们对待学生缺乏爱心和耐心，缺乏积极进取和负责任精神。

四、小学教师心理健康的影响因素

（一）职业因素

对他人高度负责的角色往往都要经受相当多的内心冲突与不安。教师担负着重要的教书育人责任，除了脑力劳动强度较高外，还要对社会、对家长、对年轻一代的成长负责。尤其是在社会快速发展的今天，社会对教师的素质提出了更高的要求，教师在工作之余，还要不断学习、不断进修提升自己以适应工作，这些都需要较高强度的脑力劳动，工作的复杂度、繁重度、紧张度比一般职业劳动者大。

此外，学生作为具有主动性和差异性的发展中的个体，其产生的问题往往比较复杂难解决。加之每个家长都希望教师重视他们的孩子，对教师抱有高期待、高要求。教师很多时候被要求对每个学生要有足够的耐心和爱心，对家长要有积极的回应，对待领导布置的工作要迅速反应和落实。这种对情绪要求极高的长时间工作对于教师来说是非常大的情绪消耗，也极易给教师造成比较大的心理压力。

教育成果的体现具有一定的延迟性。教师的劳动对学生的影响往往要到五年、十年以后才能真正全面体现。这就导致教师的成就感难以得到及时地满足，教师劳动的付出与回报在短时间内是不平衡的，这样就容易形成教师对职业怠惰，进而影响其心理健康。

教师的日平均工作时间过长，工作项目繁多。20 世纪 80 年代后期有研究认为，我国教师的日平均工作时间为 9.67 小时，与我国实际的 8 小时工作制相比，要高出 1.67 小时，许多隐性的劳动付出还没有计算在内，尤其是班主任教师在班级管理方面也耗费许多精力，承担了许多除教学以外的工作，而且任何一项都不能出错，这无疑会给教师带来心理上的紧张感和压力感。

（二）自身因素

1. 人格特征

不同的人格特征对应着不同的反应方式。面对同样的生活事件或处在同样的刺激条件下，有些教师会表现出激动、强烈的反应，而有些人则反应相对迟缓、平静，与之相关的生理和心理变化就有所不同。另外，教师是一个特殊的职业，面对的教学对象是还未定型、各方面正处在发展中的小学生，所以大部分小学教师对自己的言行举止、道德品行都有高要求。有研究表明，教师的完美主义倾向高于普通人。这些都会给教师心理健康带来负面影响。

2. 职业能力水平

教师自身职业能力的高低会影响自我效能感，教师教学效能感能激起教师在教育教学的创造性劳动中获得价值追求的满足与肯定，促使教师在真实的从教环境中更加乐观、积极。拥有高效能感的教师在工作中信心十足，心情愉快，对教学活动会更加投入。反之，能力水平低的教师则会有更多失败的经历，自我效能感较低，常常会陷入自我否定和怀疑，增加焦虑感。

3. 多重角色

教师在生活和工作中承担着多重角色，导致容易出现角色混乱，压力过大。教师一方面是知识的传授者，一方面是学生生活的照顾者和指导者，一方面是家长的代理人。每种角色都要承担着相应的责任和要求，同时教师还是自己生活中的妻子或丈夫、父亲或母亲、儿子或女儿，要操持家务，教养子女，孝敬长辈。工作和生活中的多种角色也常常成为教师心理压力的主要来源。有专家表示：有些教师会出现一些角色冲突等问题，因为教师的职业角色扮演久了，有时在家庭生活中也会用对待学生的态度对待自己的家人和孩子，把对学生的高标准放到家人身上，而导致亲子关系紧张。还有的教师因为在学校工作一整天，积压了很多负面情绪无处宣泄，回到家后像一个"炸药桶"，把不良情绪发泄到家人，自己也坦言"耐心留给了学生，脾气留给了孩子"，导致家庭的幸福指数不断下降，进而产生更多的焦虑情绪。

（三）环境因素

1. 社会环境变化

近些年来教师问题越来越多，实际上就是因为整个社会对教师的要求越来越高。教育已经成为国计民生的重要部分，教师的一举一动都会受到广泛关注，所谓"学高为师，身正为范"，全社会尤其是学生家长对教师的言行有着较高的标准和要求，例如：手机不能关静音、需要及时回复家长的信息、个人情绪不能带到课堂……身处教师岗位，许多教师越来越觉得教育行业是个服务业，岗位职责似乎也从教书育人逐渐变为服务学生、服务家长，这让许多教师看不到自身的职业价值，开始对教师这个职业产生怀疑。

另外，随着家校合作密度和频率的增加，家长参与意识和维权意识的提高，家校共育的矛盾也逐渐进入大众的视野。家长和老师的文化背景不同，对教育的认识也不同，很多时候家长与老师会因为教育观念的不同而起冲突。此外，当今学生思维活跃、个性张扬，在信息化的社会学生获取知识和信息的途径增加，学校教育只是途径之一，教师也不再像以前的"权威"地位，许多教师深切地感受到在管理和教育学生方面传统的教育方法已不再适用，力不从心，在工作中产生越来越多的挫败感。

其次，近年来"社会事务加重教师负担"等话题持续引发社会关注。"网络学习积分、普法考试，各种教学以外的任务数不胜数""消防安全、防溺水、反诈、打疫苗、买保险，统统都是老师的任务"。客观地说，承担一定的社会事务也是教师在履行社会责任，但对于教师这个职业而言，主职是教书育人，各种与教学不相关的事物不仅会导致教师投入备课和教学的本职工作精力减少，影响教学质量和学生发展，还会降低教师的职业认同感和幸福感，带来不良生理和心理压力。

最后，各种教育改革也让教师难以适应。近些年的新课改、"双减"等教育政策的出台打破了教师原本的教育教学模式，对教师提出了更高的要求和挑战。例如，2017年教育部发布文件《关于做好中小学生课后服务工作的指导意见》中提到学校要当开展课后服务工作，不少地方还将课后服务工作与教师职评挂钩，这些政策的出台虽减轻了学生和家长的负担，但同时也意味着落在教师身上的担子变重了，需要付出更多的精力，提供更长时间的工作，不利于教师的心理健康发展。

2. 家庭环境

在很多人眼里，教师这个行业可谓是幸福感满满，不仅工作稳定还很轻松，每天跟着学生的作息时间上下班，还有令人羡慕的带薪寒暑假。但现实生活中教师行业却不像大众眼中的"幸福"。根据《中国教师发展报告2019：中小学教师队伍建设的成就、挑战与举措》的数据，寒暑假不加班的老师不足五分之一。虽没有非常明确的加班工作，可教师职业劳动工作时间上的连续性和工作空间上的广延性特点使老师并不能在下班后就结束工作，还存在很多隐形的加班，例如老师下班回到家还要做教案备课，给学生批改作业。甚至有的老师"以校为家"陪伴家人的时间和精力大大减少，易出现家人不理解、闹矛盾的情况，也给教师带来很大压力，甚至产生负罪感。

可即使是在这样高强度的工作下，很多老师还承担起照顾家庭的重担。特别是一些女性教师，因为其工作的特点和传统文化中"男主外，女主内"的社会评价标准，在家庭中也理所应当地被赋予了教育子女的任务。现如今教师队伍里女性越来越多，尤其在小学教师队伍里这种现象尤其突出，女性教师在家庭中承担着更多的责任及家庭教育的任务。有调查显示：44.4%被调查的家庭中，女性是家务劳动的主要承担者（男性为主的仅为11.6%），41.6%的家庭子女教养以女性为主（男性为主的仅为8.2%），这对于女性较多的教师群体来说是比较大的压力，进而会影响整个教师群体的心理健康。

3. 学校因素

教师的主要工作是教学。但有调查结果显示，84%的老师都认为教学花费的时间只占很小的比例。他们大部分精力和时间都耗费在参加各式各样的检查、评比、活动、开会、比赛上了。有老师辛酸地调侃：在百忙之中抽空上课。由此可见教师能真正用于教育教学的时间并不多，但随着竞争不断增加，社会越来越"卷"，学校只片面追求升学率，对于教师好坏的评价直接与学生的成绩挂钩，教育评价机制的单一和僵化在无形之中也给教师的工作增添许多负担。

此外，学校的各种管理及领导的管理风格也会影响教师在学校的心理反映。根据马斯洛的需要层次理论，归属与爱和尊重的需要是基本的缺失性需要，有些领导过度强调量化管理忽视了教师作为一个普通人的需求和想法，不能正确处理教师需求和学校发展的关系。当教师在学校里感受不到来自学校的关怀和尊重，就没办法对学校产生归属感和被认可的尊重感，加之教师面对的职业压力越来越大，就会导致部分教师心理能量低，难以适应和应对，进而出现各种心理问题。

第二节　小学教师心理保健技术

一、小学教师心理保健途径

（一）内部自我维护

1. 增强心理保健意识，了解心理健康知识

　　大部分教师在师范教育时学习过心理学和教育学的知识，但彼时的心理学知识多属于教育和学习心理学范畴，对心理健康方面的知识了解较少。随着近年来心理问题的频发，心理健康开始逐渐走进人们的视野。正如前文提到，教师作为心理问题高发群体，存在的心理问题光靠政策和学校的外部助力并不足以解决，还需要教师们在生活中通过自学或参加培训等方式获取心理健康方面的知识，增加对心理问题或心理疾病的了解，关注自身的心理状况，及时觉察心理问题并采取积极有效的方法自我调整心态，以提高自身的心理素质。心理健康知识的学习除了可以帮助教师群体更好地预防和解决心理问题，提高生活质量，同时也有助于教师对学生心理问题保持警惕，提供及时且必要的支持和帮助。

2. 降低标准，接纳不完美的自我

　　一个人的心理健康与否有一个非常重要的指标就是"悦纳自我"。每个人都有优点和不足，只有对自己有稳定的认知，以客观的态度评价自己，建立合理的自我期望值，才能更好地接受自我。很多教师会存在完美主义倾向，在工作中追求无瑕，对一些可能是微不足道的小错误耿耿于怀，进而给自己的生活增添负担。所以教师在教育教学工作应注重努力的过程而淡化结果，把每次的失败和挫折当成是自己成长的契机，降低期望值，接纳不完美的自己。

3. 坚定信念，增加自我认同

　　首先，要正视教师这个职业，不要单纯地将其当作是一份普通的工作，养家糊口的一份经济来源，而是要将自己此生的追求和价值都融入其中，在与学生的接触中感受到生命的活力，把"要我上课"转变为"我要上课"。德国著名哲学家雅斯贝尔斯说过："教育的本质是一棵树摇动另一棵树，一朵云推动另一朵云，一个灵魂召唤另一个灵魂。"，教育是两个生命的碰撞，但是如果教师在其中不能真正地做到心灵与心灵的碰撞，不能从中感受到真正的热爱的话，就会觉得这个工作毫无价值，找不到生活的意义，也就会容易产生心理问题。因此，作为新时代教师，要时刻铭记教书育人的使命，培养职业尊严感和荣誉感，坚定理想信念，争做新时代"四有好老师"，强化责任担当，真正担负起为祖国培养合格人才的重任。

 延伸阅读

2020年度感动中国十大人物：张桂梅

　　颁奖辞：烂漫的山花中，我们发现你。自然击你以风雪，你报之以歌唱。命运置你于危崖，你馈人间以芬芳。不惧碾作尘，无意苦争春，以怒放的生命，向世界表达倔强。你是崖畔的桂，雪中的梅。

人物事迹

张桂梅，女，满族，中共党员，1957年6月生于黑龙江省牡丹江市，原籍辽宁省岫岩满族自治县，1975年12月参加工作，1998年4月加入中国共产党，丽江华坪女子高级中学书记、校长，华坪县儿童福利院院长（义务兼任），丽江华坪桂梅助学会会长。

2002年，在云南儿童之家工作的张桂梅看到了很多农村贫困家庭的不幸，她希望创办一所免费女子高中，彻底解决山区贫困问题。她四处奔波筹集资金，努力了五年也才筹集到1万元。经多方努力，2008年，华坪女子高级中学成立，这是全国唯一一所免费女高，专门供贫困家庭的女孩读书。建校12年来，已有1804名大山里的女孩从这里走进大学完成学业，在各行各业做贡献。

华坪女高佳绩频出之时，张桂梅的身体却每况愈下，患上了10余种疾病。张桂梅说："当听到学生大学毕业后能为社会做贡献时，我觉得值了。她们过得比我好，比我幸福，就足够了，这是对我最大的安慰。"

4. 提升能力，增加自我效能感

随着应试教育向素质教育的转变，广大教师必须提升自身全面素质，主动更新知识，自觉拓宽知识领域，不断提高工作水平，真正锤炼成业务精湛的教学多面手，积极面对工作的难题，提高自己的教育教学能力，如提高组织教学、驾驭课堂的能力，提高处理课堂内处各种诱发事件的能力、提高启发学生思考创新的能力等。教育教学能力的提高能有效地提升小学教师工作的胜任感，并使小学教师在工作中有更多的成功体验，增加自我效能感。此外，身为教师，我们一定要研究学生，读懂孩子。随着时代的发展，每届学生有其心理发展的特点，教师应遵循学生成长发育的规律，进行科学有效的指导。这样教师才能在教育过程中感受到更多的乐趣，从而能够更加积极面对工作中的压力，有效改善心理健康状况。

5. 自我调节，学会休闲运动

因为教师的工作时间非常长，除了正常的工作日时间之外，还有很多任务会延伸到下班和休息时间，除了工作就是照顾家庭，以至于教师没有时间发展自己的业余爱好，面对压力，消极情绪得不到疏解，长期憋闷在心里。所以教师可以尝试将自己的感受放在前列，成就学生的过程中也别忘记成就自己。例如：积极培养兴趣爱好，陶冶情操，适当转移注意力；增加人际交往，避免自我封闭；选择喜欢的运动放松，增强体质健康。此外，教师也应注意在繁忙的工作中合理安排作息时间，劳逸结合，有张有弛，这样才能保持健康的身体，充沛的精力，舒畅的心情。教师在业余时间从事自己感兴趣的活动，不仅能使自己在知识与技能方面有所得，有助于教育教学工作，更重要的是能修身养性，保持自己良好的心态。相信也只有从繁重的工作、家务中解脱出来的教师，才能有更多的时间、精力考虑自己的职业走向，去不断充电、提升自己，成为更优秀的自己。由此形成一个良性循环，教师拥有较好的待遇，获得更有尊严的生活，能拥有更广阔的视野，由此培育更优秀的学生，教师行业也由此吸引更多的优秀人士加入，从而促进中国教育水平的提高，为社会输送优秀人才。

如何跟家长有效沟通?

教师与家长积极沟通，密切配合，建立良好的平等关系，有助于形成共同教育孩子的合力，减轻教师的工作压力。如何与家长进行有效沟通呢?

做法①：做好准备。在与家长沟通之前，需要充分了解学生的优点和缺点、学生家庭的基本情况、父母文化水平等基本信息，制定好沟通计划和目标。

做法②：调整心态。在与家长沟通之前，要调整好心态，力求站在"我就是家长、学生就是我的孩子"的角度考虑问题，让家长心里没有距离感，不产生戒备心理。

做法③：尊重家长。在沟通中，对学生问题的描述要客观，充分尊重家长，共同研究解决问题的办法。

做法④：善于倾听，积极反馈。在与家长进行交流与沟通时，在表情、体态、语言上都要支持和鼓励家长表达他们的观点，并及时给予反馈，让家长感到你的真诚，从而愿意与你进行交流。

做法⑤：给出科学的建议。在遇到问题时，应该通过各种方式引导、启发家长，让家长了解孩子的身心特点，更新教育观念，掌握正确的教育方法。

（二）外部环境支持

1. 学校关爱和支持教师，开展心理培训和相关成长工作坊，构建和谐民主工作氛围

学校不仅是教师工作的场所，还应该成为教师的"能量补给站"，所以学校应该重视每一位教师的心理健康，关心关爱教师，尤其当教师需要面对比较棘手的家校沟通问题时，学校应给予教师无条件支持，成为教师坚强的后盾，为教师排忧解难，让教师在学校有归属感和安全感。具体来说，学校可以定期开展心理健康培训，组织相关成长工作坊，为年轻教师寻找经验丰富的前辈，帮助教师提升职业能力，减少情绪耗竭。学校还可以增设校内教师心理辅导部门或建立校内心理健康的网络平台，网络的匿名性让老师们畅所欲言，给教师创造心理压力释放的机会，同时平台的开放性也可以让更多老师参与其中，群力群策、自助和他助相结合，形成一种健康向上的团体心理氛围和校园环境。这样老师们在无助的时候就会有一个温馨的心灵港湾。

另外，学校管理层可以完善管理模式和机制，在日常管理决策方面多听取一线教师的意见，建立互信互助的人际支持系统和平等尊重的组织人际环境，有助于全校教师主人翁意识的建立。例如学校可以通过安排弹性工作时间和人性化排课，为教师争取更多"可支配"时间，减少教师工作家庭冲突。最后，学校要构建公正、科学的竞争奖励机制，提升教师组织公平感，完善学校奖惩制度和薪酬评价制度，使小学教师得到相对应的劳动报酬，促进教师个人成就感提高。

2. 家庭给予更多的理解和关心，分散教育压力

社会支持水平较低的心理教师其职业倦怠会相对严重，主观幸福感也比较低，这样的状况会让教师感到疲劳。作为教师重要的社会支持系统，家庭成员应给予小学教师更多的支持

和帮助。在小学教师出现职业倦怠的时候，家庭成员应该充当一个倾听者的角色，积极与其进行沟通，了解其职业倦怠产生的原因。家人的理解和支持可帮助小学教师减低工作家庭冲突带来的恶性循环，从而降低小学教师职业倦怠水平。另外，在小学教师工作较忙的时候，家庭成员应当承担起更多的家庭责任，减少家庭因素对工作造成的消极影响，营造幸福家庭。幸福的家庭氛围可以帮助个体健康人格的培养与发展，在碰到困难时可以提供鼓励和帮助，回到家中可以感受到家的温暖，弥补工作中无法体会到的满足，这些都有助于教师的心理健康。

3. 社会应保障教师权益，深化教育改革，创设尊师重教氛围

教师是从事教育职业的普通人，需要面对社会各个方面的压力，也需要生存和自我发展，去掉教师"神圣"的外衣，将其当作普通人看待，避免过高的道德标准带给教师精神负担。其次，社会应对教育管理体制进行全面改革，建立更加科学化、规范化的教育评价机制。相关部门还需要加大教育投入，保障教师的权益，提高教师的福利待遇使教师真正成为人们尊重和向往的职业。例如广东省的"强师计划"强调：要将教师队伍建设作为教育投入重点予以优先谋划、优先保障、优先满足，健全教师工资待遇保障制度，让教师拥有更多获得感、幸福感、安全感。

延伸阅读

近年来，在多方努力下"教师减负"取得了一定的成效，但仍有一些不尽如人意。有的地方和部门仍流于形式，落实不力，甚至是"越减越肥"。"现在我的工作里，教学是最不重要的""最能治愈我的，就是上课；最让我感到满足的，就是学生的进步。"网络上，一线中小学教师们的心声令人感慨。减少非主责主业的工作任务，是中小学教师群体一直以来的心声与诉求。这就要求社会明白教师的角色是教育教学专业工作者而不是社会事务的帮手，各级政府要统筹协调各部门力量，严格控制各种入校检查，细化和明确责任清单。其次，教育行政部门、学校要协调好学校管理与教育教学的关系，明晰政府、学校的权责边界，对于一些社会事务工作，校长、教师应有权拒绝执行。最后，社会应坚持把立德树人成效作为评价一所学校的根本标准，对教师的评价应突出教育教学实绩，把认真履行教育教学职责作为基本要求，尊重教育事业。

二、教师心理保健策略

（一）自我关怀

① 注意劳逸结合，规律安排作息。老师在办公室久坐容易腰酸背痛，眼睛疲劳。因此可以在工作之余适当安排一些较轻松的室内运动缓解身体不适。

② 制作待办事项表。把每一件要做的事情都写在一张纸上，完成一件就划掉一件，这样对自己的任务完成的进度有清晰的把握。随着划掉的事情越来越多，说明完成度越来越高，压力也就越来越小了。

③ 暂停5分钟。一旦觉得压力过大或事情过多无头绪，可以立刻暂停5分钟，会带来更高的效率。在暂停的5分钟里，你可以塞上耳塞或刻意屏蔽周围的声音，闭上眼睛，深呼吸，想

象自己在一个美丽的地方，完全不要去想那件让你感觉烦恼和压力的事情。

④ 整理房间或办公室。周围杂乱无章的环境也会加重你的压力。因此，如果你觉得很有压力，可以着手整理所在的房间或者办公室，整洁的环境会令你赏心悦目，更加心平气和。

 延伸阅读

教师如何管理情绪？

管理好情绪，可以更智慧地处理事情，更乐观地对待问题。同时也可以营造宽松、和谐的教学与学习氛围。

做法①：学会自我激励。上课前感受自己的情绪，如果感觉到情绪的不稳定，那么就想办法放松一下，让自己的情绪回到平静的状态。

做法②：学会冷处理。当学生犯了错误时，可以把犯错误的学生请到一边冷静一会，让自己的情绪得到缓和后再做处理。

做法③：学会倾诉。倾诉是一种比较好的宣泄方式，教育教学中难免会遇到不顺心的事，这时可以找要好的同事、同学、朋友倾诉，这时或许还可以得到一些指点或建议。必要时，也可以向家人倾诉，寻求理解和支持。

（二）"蝴蝶拍"心理稳定技术

如果您感到心理不适，可以像蝴蝶拍打翅膀一样拍打我们的身体，进行"蝴蝶拍放松训练法"。这是一种心理稳定化技术，能增加我们的安全感和积极感受。具体步骤如下：

① 调整呼吸，轻轻地闭上眼睛，想象一些积极词语，比如"舒适、温暖、宁静、轻松、喜悦"等，让自己慢慢进入安全或平静的状态。可以从过往的经历中选择一件让你觉得愉快、有成就感、感到被关爱或其他有正性体验的事件，回想这个事件，找到一个最能代表这种积极体验的画面，找到一个与这个积极体验相关的词语，比如"喜悦、温暖、感动、自信"等，并且感受这个积极体验带给你身体的能量。

② 双臂在胸前交叉，右手放在左上臂，左手放在右上臂，轻轻抱住两侧的肩膀。

③ 双手轮流轻拍自己的肩膀（可以从左侧开始，也可以从右侧开始，用自己最自然、最习惯的方式即可），左一下右一下为一轮。

④ 速度尽量放慢，轻柔地拍打，轻重以自己感觉舒适为准，4～12轮为一组。当一组结束后，停下来深呼吸几次，感受自己的情绪变化，如果好的感受在不断增加，可以继续进行下一组蝴蝶拍，直到情绪完全平复。

（三）腹式呼吸法

腹式呼吸的原则是把腹式呼吸跟胸式呼吸配合进行，就是在胸式呼吸的同时增加腹部的鼓起及回缩。

具体方法如下：在吸气时把腹部鼓起，呼气时把腹部缩回。

第一，呼吸要深长而缓慢。

第二，用鼻呼吸而不用口。

第三，一呼一吸掌握在15秒左右。即深吸气（鼓起肚子）3～5秒，屏息1秒，然后慢呼气（回缩肚子）3～5秒，屏息1秒。

第四，每次5～15分钟。做30分钟最好。

第五，身体好的人，屏息时间可延长，呼吸节奏尽量放慢加深。身体差的人，可以不屏息，但气要吸足。每天练习1～2次，坐式、卧式、走式、跑式皆可，练到微热微汗即可。腹部尽量做到鼓起缩回50～100次。呼吸过程中如有口津溢出，可徐徐下咽。

腹式呼吸会让个体内在的感觉越来越舒畅，对集中精神很有帮助。

（四）正念训练

情绪管理的首要步骤，便是觉察自己的情绪，进而接纳自己的情绪。正念的内涵就是帮助人们有意识地对事物进行不加评判的觉察，保持清醒地、如实地去观察当下发生的一切。大量的科学研究表明正念可以有效地帮助人们缓解压力、改善焦虑、抑郁、失眠、慢性疼痛和精神疲惫，也有利于提高专注力和记忆力。

下面是两个正念练习的具体做法：

1. 身体扫描法

① 平躺并关注自己的呼吸。如果没有平躺的环境，也可以让自己坐在椅子上进行，有意识地关注呼吸时腹部上下起伏的变化。

② 将注意力集中在左脚尖。脚接触鞋子或者袜子的触感如何。脚趾与脚趾之间的触感如何。

③ 扫描全身法。从左脚尖开始"扫描"全身，吸气时，设想空气从鼻腔进入，流经全身后进入左脚尖，呼气时，设想聚集在左脚尖的空气，流经全身，从鼻腔呼出。

④ 全身各个部位都可以这么做。

2. 正念呼吸法（呼吸觉知练习）

如果你注意到自己的脑袋昏昏沉沉，或者注意力涣散，在过去和未来中不停地来回切换，你可以试着做这个简单的练习。每次做5～10分钟，做完你很可能会感觉到自己耳聪目明，头脑比较放松和清醒，情绪也得到改善。

① 首先让自己坐在椅子上，稍微挺直背部，离开椅背，尝试不用依靠椅背来支撑身体，让腰、背、颈部维持一条自然的直线，身体挺拔但不僵硬。面部放松，肩膀放松，不要耸肩，手臂自然下垂，腹部放松，手放在大腿上，可以轻轻闭上眼睛，让身体慢慢地安静下来。如果选择睁眼的方式，让视线固定在前面2米的位置。

② 用意识关注身体的感觉，感受自己的脚底与地板、屁股与椅子、手和大腿的接触。

③ 现在，感觉一下自己的呼吸，把关注点放在自己的呼吸上，吸气时，空气进入身体，呼气时，空气离开身体，轻松自然地去感受呼吸，不需要改变呼吸的速度和节奏，也不用思考怎么去呼吸。仔细观察自己呼吸时身体的感觉，也许是鼻孔的位置有空气一进一出，也许可以感受到胸部或者腹部伴随着呼吸起伏。

④ 有时候，你会分心，脑海中会有各种想法和念头，它们会让你走神，这很正常，没关系，如果发现自己的注意力跑远了，请温柔地、耐心地拉它回来，然后再次关注自己的呼吸。

（五）理性情绪疗法

理性疗法（REBT）是由心理学家阿尔伯特·艾利斯创立的。艾利斯认为：人的情绪和行为不是由于某一激发事件A（Activating event）直接引起，人们对诱发性事件所持的信念、看法、解释B（Belief）才是引起人的情绪及行为反应C（Consequence）的更直接的原因，这就是著名的ABC理论。这个理论认为，改变不良情绪和行为的关键是改变存在的不合理观念和看法。

艾利斯认为个体的不合理信念往往包括以下三种类型：

1. 绝对化要求

绝对化要求是指人们以自己的意愿为出发点，对某一事物怀有认为其必定会发生或不会发生的信念，它通常与"必须""应该"这类字眼连在一起。如"我必须获得成功""别人必须很好地对待我""生活应该是很容易的"等。

2. 过分概括化

这是一种以偏概全、以一概十的不合理思维方式的表现。一方面，表现为对自身的不合理评价。自己做错了一件事就认为自己一无是处，以某一件或几件事来评价自己的整体价值，其结果往往是导致自责自罪、自暴自弃，从而产生焦虑和抑郁等情绪。

3. 糟糕至极

这是一种认为"如果一件不好的事发生了，将是非常可怕、非常糟糕，甚至是一场灾难"的想法。这将导致个体陷入极端不良的情绪体验，如耻辱、自责自罪、焦虑、悲观、抑郁的恶性循环之中，而难以自拔。

当出现消极情绪的时候，可以试着调整自己对事情的看法，改变消极信念。当调整了自己的看法后，也许就会出现完全不一样的体验。

实践教学

一、"放空心灵，做幸福教师"团体辅导活动

【活动理念】

随着教育体制的改革、机制的创新、课改的推进、人事制度的变革以及社会对教育的评价要求越来越高，教师面临的职业压力也越来越大。不良心理压力不仅会影响教师们自身的健康和生活质量，还会影响教师的工作效率和人际关系。只有提高教师的心理健康水平，增强教师职业幸福感，才能培养出身心健康的学生。如何提高教师的心理健康水平，减轻教师的压力呢？通过音乐就可以快速、有效地减压。

音乐能直达人的潜意识，它本身是最有规律的、最完整的艺术，这种规律性与完整性使得它成为治愈中的健康因子，以达到治愈的效果。同时，音乐对人的心理和行为具有一定的诱导作用，这种诱导作用体现在音乐诱导人的情绪发生变化——当情绪变化时，我们的体验就会不同，大脑体验到的感觉就会有一个解释的过程，最后认知发生变化，产生新的认知感受。本次活动就是充分利用这个过程，引导教师在音乐中去体验自己情绪情感的变化，以达到改变认知和行为的作用，进而达到减压的效果。

【活动目标】

1. 知识目标

① 了解什么是心理压力。

② 知道心理压力与身心健康的关系。

③ 认识心理压力的来源。

2. 能力目标

① 学会通过音乐缓解身体的不适感和疼痛。

② 学会使用音乐进行减压的方法。

③ 学会固化积极情绪。

3. 情感、态度与价值观

① 借助音乐感受身心放松带来的愉悦。

② 通过想象和音乐演奏的方式缓解身体带来的不适感，同时修复教师成长过程中形成的自卑情结以恢复自信。

【活动重点】

① 认识压力与身心健康的关系。

② 学会通过音乐来减压的方法。

【活动难点】 修复内耗情结，提升自信。

【适用人群】 教师。

【活动时间】 1小时。

【活动方式】 游戏、音乐体验、音乐想象、音乐演奏。

【活动准备】 多媒体课件、音乐、音响、眼罩、乐器若干件。

【活动设计】

（一）破冰游戏：问候与按摩

请所有老师走到场地中间互相握手、拥抱问好，再围成一个圆圈，把双手搭在前面老师的肩上，为其按摩或敲敲背。如果感觉不错可以对给你按摩的人说句：谢谢，你辛苦了。再请所有老师向后转，把双手搭在前面老师的肩上，为其按摩或敲敲背。同样对给你按摩的人说：谢谢，你辛苦了。

进行活动时，团训老师可以要求学员相互问一问：要重一点还是轻一点，是否满意之类的话语。

结论：在你为他人服务的同时，别人也在为你服务，同事之间要有良好的人际关系，互相帮助，互相关爱。

（二）分组游戏："桃花朵朵开"破冰游戏规则

① 游戏规则：所有老师围成一个圆圈，团训老师站在中间发号指令。所有老师按照顺时针慢跑起来。随着音乐，团训老师会说：桃花桃花朵朵开，大家共同问：开几朵？团训老师会随意说出个数字。然后大家要快速几个人抱成一个团。

注意：每个团人数不能多也不能少要正好。没有抱成团的学员则被淘汰出局，接受一些有趣的小任务。

② 教师游戏。

③ 谈感受：

a. 当音乐响起时，大家按节奏摆动肢体时有什么样的感受或情绪体验？

b. 当我要说数字组团时或说被淘汰、接受惩罚时你又产生怎样的情绪体验？

c. 这种紧张感就是一种心理压力的表现。认识心理压力：心理压力是压力源和压力反应共同构成的一种认知和行为体验过程。

（三）团体转换阶段

活动一：音乐之旅

① 如果压力一直保持在一个高水平，激素耗尽，疲劳就会出现，让我们随音乐让自己的身心处于一种放松的状态，请大家闭上眼睛，聆听音乐带给我们放松的感受。

② 欣赏音乐。

③ 分享：你看到了怎样的画面？你身体上的感受有怎样的变化？

活动二：缓解不适

① 为什么会有这样的变化呢？之前有压力时你会有一种应激反应，它会引发神经和腺体反应，呼吸加深加快，心率增加，血管收缩，血压上升，促进肾上腺素的分泌，一直处于应激状态下，会影响消化系统、内分泌系统、免疫系统等，带来躯体的疾病。躯体疾病又会对我们的认知、情绪产生影响，导致心理的不健康。老师们身体哪个部位会有不适感或疼痛？我们通过音乐进行缓解。

② 播放音乐。

③ 刚才的体验使你身体的不适感有什么奇妙的变化？

④ 分享感受。

（四）团体工作阶段

活动三：心灵之舞

①压力过大不仅影响身体健康，更重要的是影响工作效率和人际关系，影响学生的健康。你能说说你的压力都来自哪里吗？

②小结：这些压力有来自外部的，也有来自内部的。外部的原因我们无法掌控，但内部的原因会与我们的自信或对工作的胜任力不足有关。接下来我们再次感受音乐的魅力，请大家闭上眼睛听音乐，想象画面中有谁在那里跳舞？有观众吗？

③欣赏音乐。

④哪位老师来分享一下刚才这段音乐中所产生的画面？

⑤交流。

⑥请大家再次欣赏这首音乐，让自己站在舞台上跳舞，让你所期望的人来观看你的舞蹈，让自己成为舞台上的主角。

⑦再次欣赏音乐，重新赋意。

⑧交流：第二次听完同一首音乐后，你又有什么新感受？

活动四：舞动今生

①让我们带着自信、带着美好的感受拿起手中的乐器一起进行演奏，释放情绪和压力吧！

②音乐演奏。

（五）活动小结

通过今天的活动，我们了解了什么是心理压力，压力与身心健康的关系，并知道了压力的来源，体验到了音乐带给我们身心的放松与愉悦，希望我们下次再相聚，继续感受音乐的魅力。

二、彩绘曼陀罗

【活动理念】

曼陀罗被心理学家卡尔·荣格联想为自我及整体个性的核心，发现个体绘画曼陀罗具有暗示其潜能和独特性的力量，并将其转化发展成艺术治疗的理论和方法。创作曼陀罗时，曼陀罗的轮廓创造了一个保护性的空间，创作者可以发挥想象力，使用不同的色彩。曼陀罗心理治疗可以应用于各种心理问题，比如焦虑、抑郁、压力、恐惧等。通过曼陀罗的几何形状和颜色，可以帮助人们调节自己的情绪和能量，达到内心平静的状态。同时，通过冥想，人们可以更好地理解自己的内心世界，找到自己内在的力量和平静。

【材料准备】

①曼陀罗卡片复印纸（可以复印多个形状的曼陀罗）。

②彩色铅笔（24色，颜色太多难以选择）。

③正念音乐。

④安静、放松的环境。

【活动过程】

（一）发放曼陀罗卡片

随机抽取一张，不管拿到的是何种形状的曼陀罗卡片，无论自己喜欢与否，都不可以与他人调换。

（二）冥想——呼吸放松

选择一个舒适的姿势坐好，不急不忙地闭上眼睛，慢慢调整自己的心境，可以专注呼吸，并保持呼吸自然发生。让自己沉静下来，准备绘制曼陀罗。

（三）体验——曼陀罗绘画

① 绘画。在24色彩色铅笔中选取你喜欢的颜色，在曼陀罗的大圆内绘画，在大圆的保护下，可以将心里的人和情绪、意象、故事表达出来。如果是绘画模板曼陀罗，可以先观察模板并体会它的意思，根据自己的理解进行绘画。

② 书写。曼陀罗绘制完成后，可以为这幅作品起一个名字。尝试从不同角度来欣赏自己的作品，描述心情，进行联想等。

（四）感受与分享

① 请给你的作品起一个名字。

② 这幅作品让你联想到了什么？

③ 在完成这幅作品的过程中，你的感受如何？

④ 你现在的心情如何？

三、"教师社会认知偏差矫正"团体心理辅导方案

【团体目标】

① 探讨教师认知偏差的类型。

② 增进教师的自我认知和提升自我觉察的敏感度。

③ 帮助教师成员意识到认知偏差对教育教学工作的影响。

④ 帮助教师成员能够矫正认知偏差和建立理性信念。

【团体对象】存在认知偏差的教师。

【团体实践】180分钟。

【理论基础】

埃利斯的理性情绪治疗理论（RET）。ABC理论是理性情绪治疗理论的基本内容，该理论强调对非理性思维的识别、质疑、批判和矫正。理性情绪治疗理论要求团体成员理解ABC理论，认识到自己应对自身情绪和行为负起责任。通过找到不合理信念，并主要借助辩论技术来认清原有信念的不合理之处，进而放弃这些非理性信念，建立起理性信念，从而收到治疗效果。

【活动内容】

（一）你好

目的：团体成员相互熟悉，营造和谐、安全的团体氛围，提高成员参与团体的积极性。

程序：

① 领导者自我介绍，说明团体的组成与目标。

② 要成员在小卡片上写出自己的名字或绰号，要求有自己的特色，以方便大家记住。

③ 邀请成员介绍自己，提出对团体的期望与疑虑。

④ 制定团体规范，领导者邀请成员自由发言，订立属于自己的规范，订完后将写有名字的牌子贴上，以示负责。

（二）放大镜

目的：觉察自身的认知偏差，分析其成因。

程序：

① 播放短片，短片内容是开学第一天某教师与学生交往的情景。短片在某一段停住。

② 邀请成员对短片中的几位学生作出评价和预测学生的行为。

③ 继续播放影片，让成员检核自身评价和预测的正确性。

④ 领导者让成员配对讨论一下问题：你的评价和预测是正确的吗？如果不正确，出现了哪些偏差？与你的同伴分享你以往对学生做评价的经验，倾听成员并给予反馈。

⑤ 邀请成员回到大集体讨论日常生活中教师的认知偏差类型。

⑥ 脑力激荡，让成员思考造成认知偏差的成因。

⑦ 领导者总结，将常见的认知偏差类型及其成因写在纸上。

（三）影响有多深

目的：协助成员意识到自身的认知偏差对教育教学工作的影响。

程序：

① "我认为你是一个……"的团团转活动：让成员围成内外两圈，面对面站好。外圈的成员不动，内圈的成员以"我认为你是一个……"的句式对外圈的成员进行评价。一圈轮完后，内外圈成员互换角色。

② 领导者引导成员讨论和分享如下问题：当你听到别人对你的评价时，你感觉如何？你觉得他人对你的评价符合你的实际吗？当不符合时，你的心情如何？在日常教育教学工作中，你是否经常对学生或同事做出不合理的评价？想象一下，如果你是你的学生或同事，当你听到你过去对他们所做出的评价时，心情会是怎样？

③ 七嘴八舌活动：成员分成两个组，讨论自身的认知偏差对教育教学工作有哪些影响，是积极的多还是消极的多？请每组派代表在大团体中陈述他们的讨论结果。

④ 领导者总结该环节的内容。

（四）思维转动

① 领导者介绍RET理论。

② 邀请成员画一张包含四列的RET自助单，左边第一列写下学生本人及其行为，第二列写下自己对原来这个学生或此类行为的看法，第三列写上针对原来看法的驳斥，第四列写上按新的想法重新体验世界后的感受。

1.事件（学生本人及行为）	2.原来对该事件（该生）的认知	3.对原认知驳斥	4.新认知产生的新感受

③ 邀请成员分享他们的感受。

（五）大试身手

① 领导者描述一个日常的教学情景，让成员想象自己正身处其中，先按照以前的思维习惯自言自语，一句话表示自己的内心想法，然后要求用一种新的陈述来取代某种片面的想法。

② 邀请成员分享如何将本次团体聚会中所获得的思维模式应用于实际生活。

（六）把心留住

① 真心送给你，播放轻柔的音乐，发放卡片给成员，让成员在卡片上写出所有自己已经拥有的、希望拥有的特质或东西，让成员衡量自己和他人的需要，送给每一个成员自己的一点心意。

② 绕圈发言，让成员用一句话来表达对本次团体聚会活动的感受。

③ 领导者总结团体内容和提出展望。

附 录

附录一

教育部关于印发《中小学心理健康教育指导纲要（2012年修订）》的通知

教基一〔2012〕15号

各省、自治区、直辖市教育厅（教委），新疆生产建设兵团教育局：

2002年，我部印发了《中小学心理健康教育指导纲要》（以下简称《纲要》），对各地中小学开展心理健康教育起到了指导和推动作用。为进一步科学指导和规范中小学心理健康教育工作，促进心理健康教育工作深入发展和全面普及，在认真总结各地心理健康教育工作经验的基础上，我部组织专家对《纲要》进行了修订完善。现将修订后的《纲要》印发给你们，请各地结合实际，认真组织实施，并将落实情况、问题和意见及时报我部。

附件：中小学心理健康教育指导纲要（2012年修订）

教育部

2012年12月7日

中小学心理健康教育指导纲要（2012年修订）

中小学心理健康教育，是提高中小学生心理素质、促进其身心健康和谐发展的教育，是进一步加强和改进中小学德育工作、全面推进素质教育的重要组成部分。中小学生正处在身心发展的重要时期，随着生理、心理的发育和发展、社会阅历的扩展及思维方式的变化，特别是面对社会竞争的压力，他们在学习、生活、自我意识、情绪调适、人际交往和升学就业等方面，会遇到各种各样的心理困扰或问题。因此，在中小学开展心理健康教育，是学生身心健康成长的需要，是全面推进素质教育的必然要求。为深入贯彻党的十八大精神，落实《中共中央国务院关于进一步加强和改进未成年人思想道德建设的若干意见》和《国家中长期教育改革和发展规划纲要（2010—2020年）》要求，进一步科学地指导和规范中小学心理健康教育工作，在认真总结近些年来全国各地心理健康教育工作经验的基础上，制定本纲要。

一、心理健康教育的指导思想和基本原则

① 开展中小学心理健康教育工作，必须高举中国特色社会主义伟大旗帜，以邓小平理论、"三个代表"重要思想和科学发展观为指导，学习践行社会主义核心价值体系，贯彻党的教育方针，坚持立德树人、育人为本，注重学生心理和谐健康，加强人文关怀和心理疏导，根据中小学生生理、心理发展特点和规律，把握不同年龄阶段学生的心理发展任务，运用心理健康教育的知识理论和方法技能，培养中小学生良好的心理素质，促进其身心全面和谐发展。

② 开展中小学心理健康教育，要以学生发展为根本，遵循学生身心发展规律，必须坚持以下基本原则：

坚持科学性与实效性相结合。要根据学生身心发展的规律和特点及心理健康教育的规律，科学开展心理健康教育，注重心理健康教育的实践性与实效性，切实提高学生心理素质和心理健康水平。

坚持发展、预防和危机干预相结合。要立足教育和发展，培养学生积极心理品质，挖掘他们的心理潜能，注重预防和解决发展过程中的心理行为问题，在应急和突发事件中及时进行危机干预。

坚持面向全体学生和关注个别差异相结合。全体教师都要树立心理健康教育意识，尊重学生，平等对待学生，注重教育方式方法，关注个别差异，根据不同学生的特点和需要开展心理健康教育和辅导。

坚持教师的主导性与学生的主体性相结合。要在教师的教育指导下，充分发挥和调动学生的主体性，引导学生积极主动关注自身心理健康，培养学生自主自助维护自身心理健康的意识和能力。

二、心理健康教育的目标与任务

① 心理健康教育的总目标是：提高全体学生的心理素质，培养他们积极乐观、健康向上的心理品质，充分开发他们的心理潜能，促进学生身心和谐可持续发展，为他们健康成长和幸福生活奠定基础。

心理健康教育的具体目标是：使学生学会学习和生活，正确认识自我，提高自主自助和自我教育能力，增强调控情绪、承受挫折、适应环境的能力，培养学生健全的人格和良好的个性心理品质；对有心理困扰或心理问题的学生，进行科学有效的心理辅导，及时给予必要的危机干预，提高其心理健康水平。

② 心理健康教育的主要任务是：全面推进素质教育，增强学校德育工作的针对性、实效性和吸引力，开发学生的心理潜能，提高学生的心理健康水平，促进学生形成健康的心理素质，减少和避免各种不利因素对学生心理健康的影响，培养身心健康、具有社会责任感、创新精神和实践能力的德智体美全面发展的社会主义建设者和接班人。

按照"全面推进、突出重点、分类指导、协调发展"的工作方针，不同地区应根据本地实际情况，积极做好心理健康教育工作。

全面推进。要普及、巩固和深化中小学心理健康教育，加快制度建设、课程建设、心理辅导室建设和师资队伍建设，积极拓展心理健康教育渠道，建立学校、家庭和社区心理健康教育网络和协作机制，全面推进中小学心理健康教育科学发展，在学校普遍建立起规范的心理健康教育服务体系，全面提高全体学生的心理素质。

突出重点。地方教育行政部门和学校要利用地方课程或学校课程科学系统地开展心理健康教育；要加强心理辅导室建设，切实发挥心理辅导室在预防和解决学生心理行为问题中的重要作用；加强心理健康教育师资队伍建设，建立一支科学化、专业化的稳定的中小学心理健康教育教师队伍。

分类指导。大中城市和经济发达地区，要在普遍开展心理健康教育工作的基础上，继续推进和深化心理健康教育工作，努力提高质量和成效，率先建立成熟的心理健康教育服务体系；

其他地区，要尽快完善心理健康教育工作机制，建立心理健康教育辅导室和稳定的心理健康专业教师队伍，普遍开展心理健康教育工作。

协调发展。坚持公共教育资源和优质教育资源向农村、中西部地区倾斜，逐步缩小东西部、城乡和区域之间中小学心理健康教育的发展差距，以中西部地区和农村地区发展为重点，推动中小学心理健康教育全面、协调发展。按照"城乡结合，以城带乡"的原则，加强城乡中小学心理健康教育的交流与合作，实现心理健康教育全覆盖和城乡均衡化发展。同时，着力提高中小学心理健康教育质量和成效，促进学生的心理素质和德智体美全面协调发展。

三、心理健康教育的主要内容

① 心理健康教育的主要内容包括：普及心理健康知识，树立心理健康意识，了解心理调节方法，认识心理异常现象，掌握心理保健常识和技能。其重点是认识自我、学会学习、人际交往、情绪调适、升学择业以及生活和社会适应等方面的内容。

② 心理健康教育应从不同地区的实际和不同年龄阶段学生的身心发展特点出发，做到循序渐进，设置分阶段的具体教育内容。

小学低年级主要包括：帮助学生认识班级、学校、日常学习生活环境和基本规则；初步感受学习知识的乐趣，重点是学习习惯的培养与训练；培养学生礼貌友好的交往品质，乐于与老师、同学交往，在谦让、友善的交往中感受友情；使学生有安全感和归属感，初步学会自我控制；帮助学生适应新环境、新集体和新的学习生活，树立纪律意识、时间意识和规则意识。

小学中年级主要包括：帮助学生了解自我，认识自我；初步培养学生的学习能力，激发学习兴趣和探究精神，树立自信，乐于学习；树立集体意识，善于与同学、老师交往，培养自主参与各种活动的能力，以及开朗、合群、自立的健康人格；引导学生在学习生活中感受解决困难的快乐，学会体验情绪并表达自己的情绪；帮助学生建立正确的角色意识，培养学生对不同社会角色的适应；增强时间管理意识，帮助学生正确处理学习与兴趣、娱乐之间的矛盾。

小学高年级主要包括：帮助学生正确认识自己的优缺点和兴趣爱好，在各种活动中悦纳自己；着力培养学生的学习兴趣和学习能力，端正学习动机，调整学习心态，正确对待成绩，体验学习成功的乐趣；开展初步的青春期教育，引导学生进行恰当的异性交往，建立和维持良好的异性同伴关系，扩大人际交往的范围；帮助学生克服学习困难，正确面对厌学等负面情绪，学会恰当地、正确地体验情绪和表达情绪；积极促进学生的亲社会行为，逐步认识自己与社会、国家和世界的关系；培养学生分析问题和解决问题的能力，为初中阶段学习生活做好准备。

初中年级主要包括：帮助学生加强自我认识，客观地评价自己，认识青春期的生理特征和心理特征；适应中学阶段的学习环境和学习要求，培养正确的学习观念，发展学习能力，改善学习方法，提高学习效率；积极与老师及父母进行沟通，把握与异性交往的尺度，建立良好的人际关系；鼓励学生进行积极的情绪体验与表达，并对自己的情绪进行有效管理，正确处理厌学心理，抑制冲动行为；把握升学选择的方向，培养职业规划意识，树立早期职业发展目标；逐步适应生活和社会的各种变化，着重培养应对失败和挫折的能力。

高中年级主要包括：帮助学生确立正确的自我意识，树立人生理想和信念，形成正确的世界观、人生观和价值观；培养创新精神和创新能力，掌握学习策略，开发学习潜能，提高学习效率，积极应对考试压力，克服考试焦虑；正确认识自己的人际关系状况，培养人际沟通能力，促进人际间的积极情感反应和体验，正确对待和异性同伴的交往，知道友谊和爱情的界限；帮助学生进一步提高承受失败和应对挫折的能力，形成良好的意志品质；在充分了解自己的兴趣、能力、性格、特长和社会需要的基础上，确立自己的职业志向，培养职业道德意识，进行升学就业的选择和准备，培养担当意识和社会责任感。

四、心理健康教育的途径和方法

① 学校应将心理健康教育始终贯穿于教育教学全过程。全体教师都应自觉地在各学科教学中遵循心理健康教育的规律，将适合学生特点的心理健康教育内容有机渗透到日常教育教学活动中。要注重发挥教师人格魅力和为人师表的作用，建立起民主、平等、相互尊重的师生关系。要将心理健康教育与班主任工作、班团队活动、校园文体活动、社会实践活动等有机结合，充分利用网络等现代信息技术手段，多种途径开展心理健康教育。

② 开展心理健康专题教育。专题教育可利用地方课程或学校课程开设心理健康教育课。心理健康教育课应以活动为主，可以采取多种形式，包括团体辅导、心理训练、问题辨析、情境设计、角色扮演、游戏辅导、心理情景剧、专题讲座等。心理健康教育要防止学科化的倾向，避免将其作为心理学知识的普及和心理学理论的教育，要注重引导学生心理、人格积极健康发展，最大程度地预防学生发展过程中可能出现的心理行为问题。

③ 建立心理辅导室。心理辅导室是心理健康教育教师开展个别辅导和团体辅导，指导帮助学生解决在学习、生活和成长中出现的问题，排解心理困扰的专门场所，是学校开展心理健康教育的重要阵地。在心理辅导过程中，教师要树立危机干预意识，对个别有严重心理疾病的学生，能够及时识别并转介到相关心理诊治部门。教育部将对心理辅导室建设的基本标准和规范做出统一规定。

心理辅导是一项科学性、专业性很强的工作，心理健康教育教师应遵循心理发展和教育规律，向学生提供发展性心理辅导和帮助。开展心理辅导必须遵守职业伦理规范，在学生知情自愿的基础上进行，严格遵循保密原则，保护学生隐私，谨慎使用心理测试量表或其他测试手段，不能强迫学生接受心理测试，禁止使用可能损害学生心理健康的仪器，要防止心理健康教育医学化的倾向。

④ 密切联系家长共同实施心理健康教育。学校要帮助家长树立正确的教育观念，了解和掌握孩子成长的特点、规律以及心理健康教育的方法，加强亲子沟通，注重自身良好心理素质的养成，以积极健康和谐的家庭环境影响孩子。同时，学校要为家长提供促进孩子发展的指导意见，协助他们共同解决孩子在发展过程中的心理行为问题。

⑤ 充分利用校外教育资源开展心理健康教育。学校要加强与基层群众性自治组织、企事业单位、社会团体、公共文化机构、街道社区以及青少年校外活动场所等的联系和合作，组织开展各种有益于中小学生身心健康的文体娱乐活动和心理素质拓展活动，拓宽心理健康教育的途径。

五、心理健康教育的组织实施

① 加强对中小学心理健康教育工作的领导和管理。各级教育行政部门要切实加强对心理健

康教育工作的领导，制定规章制度，明确责任部门和负责人，支持和指导中小学开展心理健康教育工作。各地和学校要通过多种途径和方式，结合教育教学实际，保证心理健康教育时间，课时可在地方课程或学校课程中安排。各级教育行政部门要将心理健康教育工作列入年度工作计划，纳入学校督导评估指标体系之中，教育督导部门应定期开展心理健康教育专项督导检查。教育部将适时开展中小学心理健康教育示范校创建活动。

② 加强心理健康教育教师队伍建设。心理健康教育是一项专业性很强的工作，必须大力加强专业教师队伍建设。各地各校要制订规划，逐步配齐心理健康教育专职教师，专职教师原则上须具备心理学或相关专业本科学历。每所学校至少配备一名专职或兼职心理健康教育教师，并逐步增大专职人员配比，其编制从学校总编制中统筹解决。地方教育行政部门要健全中小学心理健康教育教师职务（职称）评聘办法，制订相应的专业技术职务（职称）评价标准，落实好心理健康教育教师职务（职称）评聘工作。心理健康教育教师享受班主任同等待遇。

③ 大力开展心理健康教育教师培训。教育部将组织专家制订教师培训课程标准，分期分批对中小学心理健康教育教研员和骨干教师进行国家级培训。各省级教育行政部门要将心理健康教育教师培训纳入教师培训计划，分期分批对区域内心理健康教育教师进行轮训，切实提高专、兼职心理健康教育教师的基本理论、专业知识和操作技能水平。要在中小学校长、班主任和其他学科教师等各类培训中增加心理健康教育的培训内容，建立分层分类的培训体系。

④ 要重视教师的心理健康教育工作。各级教育行政部门和学校要关心教师的工作、学习和生活，从实际出发，采取切实可行的措施，减轻教师的精神紧张和心理压力。要把教师心理健康教育作为教师教育和教师专业发展的重要方面，为教师学习心理健康教育知识提供必要的条件，使他们学会心理调适，增强应对能力，有效地提高其心理健康水平和开展心理健康教育的能力。

⑤ 加强心理健康教育材料的管理。各种有关心理健康教育的教育材料的编写、审查和选用要根据本指导纲要的统一要求进行。自2013年春季开学起，凡进入中小学的心理健康教育材料必须经省级以上教育行政部门组织专家审定后方可使用。

⑥ 加强心理健康教育的科学研究。各级教育行政部门要加强指导，增加经费投入，将心理健康教育纳入教育科学研究规划，积极组织相关课题申报和优秀成果评选。要积极引导高等学校、科研机构的研究人员开展相关研究，为心理健康教育实践提供理论基础和科学依据。要建立中小学心理健康教育教研制度，各级教研机构应配备心理健康教育教研员。要坚持理论与实践相结合，组织专家学者、教研人员、一线教师和学校管理人员结合实际情况积极开展心理健康教育教学研究，在实践中丰富完善心理健康教育理论，不断提高心理健康教育科学化水平。

中小学心理健康教育指导纲要（2002）

良好的心理素质是人的全面素质中的重要组成部分。心理健康教育是提高中小学生心理素质的教育，是实施素质教育的重要内容。中小学生正处在身心发展的重要时期，随着生理、心理的发育和发展、社会阅历的扩展及思维方式的变化，特别是面对社会竞争的压力，他们在学习、生活、人际交往、升学就业和自我意识等方面，会遇到各种各样的心理困惑或问题。因此，在中小学开展心理健康教育，是学生健康成长的需要，是推进素质教育的必然要求。为了深入贯彻《公民道德建设实施纲要》和《国务院关于基础教育改革与发展的决定》及《中共中央办公厅国务院办公厅关于适应新形势进一步加强和改进中小学德育工作的意见》，进一步指导和规范中小学心理健康教育工作，在总结实验区工作经验的基础上，特制定本纲要。

一、心理健康教育的指导思想和基本原则

① 开展中小学心理健康教育工作，必须坚持以马列主义、毛泽东思想、邓小平理论、"三个代表"重要思想为指导，贯彻党的教育方针，落实《公民道德建设实施纲要》和《国务院关于基础教育改革与发展的决定》及《中共中央办公厅国务院办公厅关于适应新形势进一步加强和改进中小学德育工作的意见》，坚持育人为本，根据中小学生生理、心理发展特点和规律，运用心理健康教育的理论和方法，培养中小学生良好的心理素质，促进他们身心全面和谐发展。

② 开展中小学心理健康教育，要立足教育，重在指导，遵循学生身心发展规律，保证心理健康教育的实践性与实效性。为此，必须坚持以下基本原则：根据学生心理发展特点和身心发展规律，有针对性地实施教育；面向全体学生，通过普遍开展教育活动，使学生对心理健康教育有积极的认识，使心理素质逐步得到提高；关注个别差异，根据不同学生的不同需要开展多种形式的教育和辅导，提高他们的心理健康水平；尊重学生，以学生为主体，充分启发和调动学生的积极性。积极做到心理健康教育的科学性与针对性相结合；面向全体学生与关注个别差异相结合；尊重、理解与真诚同感相结合；预防、矫治和发展相结合；教师的科学辅导与学生的主动参与相结合；助人与自助相结合。

二、心理健康教育的目标与任务

① 心理健康教育的总目标是：提高全体学生的心理素质，充分开发他们的潜能，培养学生乐观、向上的心理品质，促进学生人格的健全发展。

心理健康教育的具体目标是：使学生不断正确认识自我，增强调控自我、承受挫折、适应环境的能力；培养学生健全的人格和良好的个性心理品质；对少数有心理困扰或心理障碍的学生，给予科学有效的心理咨询和辅导，使他们尽快摆脱障碍，调节自我，提高心理健康水平，增强自我教育能力。

② 心理健康教育的主要任务是全面推进素质教育，增强学校德育工作的针对性、实效性和主动性，帮助学生树立在出现心理行为问题时的求助意识，促进学生形成健康的心理素质，维护学生的心理健康，减少和避免对他们心理健康的各种不利影响；培养身心健康，具有创新精神和实践能力，有理想、有道德、有文化、有纪律的一代新人。

按照"积极推进、实事求是、分区规划、分类指导"的工作原则，不同地区应根据本地实际，积极做好心理健康教育的工作。

大中城市和经济发达地区，要普遍开展心理健康教育工作。教师要在具有较全面的心理学理论知识和进行心理辅导的专门技能以及提高自身良好的个性心理品质上有显著提高。

有条件的城镇中小学和农村中小学，要从实际出发，有计划、有步骤地开展心理健康教育工作。要抓好心理健康教育骨干教师队伍建设，同时在总结经验的基础上加强区域性心理健康教育的整体推进工作。

暂不具备条件的农村和边远地区，要从实际出发，制定出中小学地区性的心理健康教育的

发展规划；重点抓好一批心理健康教育的试点学校，积极开展心理健康教育教师的培训工作；逐步推进心理健康教育工作。

三、心理健康教育的主要内容

① 心理健康教育的主要内容包括：普及心理健康基本知识，树立心理健康意识，了解简单的心理调节方法，认识心理异常现象，以及初步掌握心理保健常识，其重点是学会学习、人际交往、升学择业以及生活和社会适应等方面的常识。

② 城镇中小学和农村中小学的心理健康教育，必须从不同地区的实际和学生身心发展特点出发，做到循序渐进，设置分阶段的具体教育内容。

小学低年级主要包括：帮助学生适应新的环境、新的集体、新的学习生活与感受学习知识的乐趣；乐与老师、同学交往，在谦让、友善的交往中体验友情。

小学中、高年级主要包括：帮助学生在学习生活中品尝解决困难的快乐，调整学习心态，提高学习兴趣与自信心，正确对待自己的学习成绩，克服厌学心理，体验学习成功的乐趣，培养面临毕业升学的进取态度；培养集体意识，在班级活动中，善于与更多的同学交往，健全开朗、合群、乐学、自立的健康人格，培养自主自动参与活动的能力。

初中年级主要包括：帮助学生适应中学的学习环境和学习要求，培养正确的学习观念，发展其学习能力，改善学习方法；把握升学选择的方向；了解自己，学会克服青春期的烦恼，逐步学会调节和控制自己的情绪，抑制自己的冲动行为；加强自我认识，客观地评价自己，积极与同学、老师和家长进行有效的沟通；逐步适应生活和社会的各种变化，培养对挫折的耐受能力。

高中年级主要包括：帮助学生具有适应高中学习环境的能力，发展创造性思维，充分开发学习的潜能，在克服困难取得成绩的学习生活中获得情感体验；在了解自己的能力、特长、兴趣和社会就业条件的基础上，确立自己的职业志向，进行职业的选择和准备；正确认识自己的人际关系的状况，正确对待和异性伙伴的交往，建立对他人的积极情感反应和体验。提高承受挫折和应对挫折的能力，形成良好的意志品质。

四、心理健康教育的途径和方法

① 开展心理健康教育的途径和方法可以多种多样，不同学校应根据自身的实际情况灵活选择、使用，注意发挥各种方式和途径的综合作用，增强心理健康教育的效果。心理健康教育的形式在小学可以以游戏和活动为主，营造乐学、合群的良好氛围；初中以活动和体验为主，在做好心理品质教育的同时，要突出品格修养的教育；高中以体验和调适为主，并提倡课内与课外、教育与指导、咨询与服务的紧密配合。

② 开设心理健康选修课、活动课或专题讲座。包括心理训练、问题辨析、情境设计、角色扮演、游戏辅导、心理知识讲座等，旨在普及心理健康科学常识，帮助学生掌握一般的心理保健知识，培养良好的心理素质。要注意防止心理健康教育学科化的倾向。

③ 个别咨询与辅导。开设心理咨询室（或心理辅导室）进行个别辅导是教师和学生通过一对一的沟通方式，对学生在学习和生活中出现的问题给予直接的指导，排解心理困扰，并对有关的心理行为问题进行诊断、矫治的有效途径。对于极个别有严重心理疾病的学生，能够及时

识别并转介到医学心理诊治部门。

④ 要把心理健康教育贯穿在学校教育教学活动之中。要创设符合心理健康教育所要求的物质环境、人际环境、心理环境。寻找心理健康教育的契机，注重发挥教师在教育教学中人格魅力和为人师表的作用，建立起民主、平等、相互尊重的新型师生关系。班级、团队活动和班主任工作要渗透心理健康教育。

⑤ 积极开通学校与家庭同步实施心理健康教育的渠道。学校要指导家长转变教子观念，了解和掌握心理健康教育的方法，注重自身良好心理素质的养成，营造家庭心理健康教育的环境，以家长的理想、追求、品格和行为影响孩子。

五、心理健康教育的组织实施

① 加强对中小学心理健康教育工作的领导和管理。心理健康教育工作是学校教育工作的重要组成部分，各级教育行政部门和学校，要切实加强对心理健康教育工作的领导，积极支持开展中小学心理健康教育工作，帮助解决工作中的困难和问题。要通过多种途径和方式，根据本地、本校教育教学实际，保证心理健康教育时间，课时可在地方课程或学校课程时间中安排。各地教育行政部门要把心理健康教育工作纳入到对学校督导评估之中，加强对教师和咨询人员的管理，建立相应的规章制度。

② 加强师资队伍建设是搞好心理健康教育工作的关键。学校要逐步建立在校长领导下，以班主任和专兼职心理辅导教师为骨干，全体教师共同参与的心理健康教育工作体制。专职人员的编制可从学校总编制中统筹解决。统筹安排中小学专职心理辅导教师专业技术职务评聘工作。根据学校实际情况，可聘请一定数量的兼职教师或心理咨询人员。

要重视教师心理健康教育工作。各级教育行政部门和学校要把教师心理健康教育作为教师职业道德教育的一个方面，为教师学习心理健康教育知识提供必要的条件。要关心教师的工作、学习和生活，从实际出发，采取切实可行的措施，减轻教师的精神紧张和心理压力，使他们学会心理调适，增强应对能力，有效地提高心理健康水平。

③ 要积极开展心理健康教育的教师培训。教育部将组织有关专家编写教师培训用书，并有计划、分期分批地培训骨干教师。高等学校的心理学专业和教育学专业要积极为中小学输送合格的心理健康教育教师。师范院校要开设与心理健康教育有关的课程，以帮助师范学生和中小学教师掌握心理健康教育的基础知识和技能。各级教育行政部门要积极组织对从事心理健康教育教师的专业培训，把对心理健康教育教师的培训列入当地和学校师资培训计划以及在职教师继续教育的培训系列。培训包括理论知识学习、操作技能训练、案例分析和实践锻炼等内容。通过培训提高专、兼职心理健康教育教师的基本理论、专业知识和操作技能水平。

④ 加强心理健康教育的教研活动和课题研究。学校在进行心理健康教育时，要从学生实际出发，强调集体备课，统一做好安排。要以学生成长过程中遇到的各种问题和需要为主线，通过教研活动，明确心理健康教育的重点、难点，掌握科学的教育方法，提高心理健康教育的质量。坚持理论与实践相结合，通过带课题培训与合作研究等方式，推广优秀科研成果。

⑤ 各种心理健康教育自助读本或相关教育材料的编写、审查和选用要根据本指导纲要的统一要求进行。自2002年秋季开学起，凡进入中小学的自助读本或相关教育材料必须按有关规定，经教育部或省级教育行政部门组织专家审定后方可使用。

⑥ 各地在组织实施过程中，要注意心理健康教育与德育工作的密切联系，既不能用德育工作来代替心理健康教育，也不能以心理健康教育取代德育工作。不能把学生的心理问题简单归结为思想品德问题。同时，各地应根据中央和教育部的文件精神，对此项工作统一规范称为"心理健康教育"。

⑦ 心理咨询是一项科学性、专业性很强的工作，也是心理健康教育的一条重要渠道。大中城市具备条件的中小学校要逐步建立和完善心理咨询室（或心理辅导室），配置专职人员。对心理咨询或辅导人员要提出明确要求。严格遵循保密原则，谨慎使用心理测试量表或其他测试手段，不能强迫学生接受心理测试，禁止使用影响学生心理健康的仪器，如测谎仪、CT脑电仪等。

⑧ 各地教育行政部门和学校既要积极创造条件，又要从实际出发，有计划、有步骤地开展心理健康教育工作。既要充分利用社会心理健康教育的资源，又要注意防止心理健康教育医化和学科化的倾向。不能把心理健康教育搞成心理学知识的传授和心理学理论的教育，也不能把心理健康教育看成是中小学各学科课程的综合或思想品德课的重复，更不许考试。

⑨ 加强心理健康教育的课题研究与科学管理，特别要注重心理健康教育与德育、与人的全面发展关系的研究。各级教育行政部门对此项工作要给予大力指导，积极支持科研部门广泛开展科学研究活动，保证心理健康教育工作科学、健康地发展。

附录二

教育部等十七部门关于印发《全面加强和改进新时代学生心理健康工作专项行动计划（2023—2025年）》的通知

教体艺〔2023〕1号

各省、自治区、直辖市教育厅（教委）、检察院、党委宣传部、网信办、科技厅（局）、公安厅（局）、民政厅（局）、财政厅（局）、卫生健康委、广电局、体育局、妇儿工委办公室、团委、妇联、关工委、科协，新疆生产建设兵团教育局、检察院、党委宣传部、网信办、科技局、公安局、民政局、财政局、卫生健康委、文体广电和旅游局、妇儿工委办公室、团委、妇联、关工委、科协，中国科学院各相关研究院所：

《全面加强和改进新时代学生心理健康工作专项行动计划（2023—2025年）》已经中央教育工作领导小组会议审议通过。现印发给你们，请结合实际认真贯彻执行。

教育部　最高人民检察院　中央宣传部
中央网信办　科技部　公安部
民政部　财政部　国家卫生健康委
广电总局　体育总局　中国科学院
国务院妇儿工委办公室　共青团中央　全国妇联
中国关心下一代工作委员会　中国科学技术协会
2023年4月20日

全面加强和改进新时代学生心理健康工作专项行动计划（2023—2025年）

促进学生身心健康、全面发展，是党中央关心、人民群众关切、社会关注的重大课题。随着经济社会快速发展，学生成长环境不断变化，叠加新冠疫情影响，学生心理健康问题更加凸显。为认真贯彻党的二十大精神，贯彻落实《中国教育现代化2035》《国务院关于实施健康中国行动的意见》，全面加强和改进新时代学生心理健康工作，提升学生心理健康素养，制定本行动计划。

一、总体要求

（一）指导思想

以习近平新时代中国特色社会主义思想为指导，全面贯彻党的教育方针，坚持为党育人、为国育才，落实立德树人根本任务，坚持健康第一的教育理念，切实把心理健康工作摆在更加突出位置，统筹政策与制度、学科与人才、技术与环境，贯通大中小学各学段，贯穿学校、家庭、社会各方面，培育学生热爱生活、珍视生命、自尊自信、理性平和、乐观向上的心理品质和不懈奋斗、荣辱不惊、百折不挠的意志品质，促进学生思想道德素质、科学文化素质和身心健康素质协调发展，培养担当民族复兴大任的时代新人。

（二）基本原则

——坚持全面发展。完善全面培养的教育体系，推进教育评价改革，坚持学习知识与提高全面素质相统一，培养德智体美劳全面发展的社会主义建设者和接班人。

——坚持健康第一。把健康作为学生全面发展的前提和基础，遵循学生成长成才规律，把解决学生心理问题与解决学生成才发展的实际问题相结合，把心理健康工作质量作为衡量教育发展水平、办学治校能力和人才培养质量的重要指标，促进学生身心健康。

——坚持提升能力。统筹教师、教材、课程、学科、专业等建设，加强学生心理健康工作体系建设，全方位强化学生心理健康教育，健全心理问题预防和监测机制，主动干预，增强学生心理健康工作科学性、针对性和有效性。

——坚持系统治理。健全多部门联动和学校、家庭、社会协同育人机制，聚焦影响学生心理健康的核心要素、关键领域和重点环节，补短板、强弱项，系统强化学生心理健康工作。

（三）工作目标

健康教育、监测预警、咨询服务、干预处置"四位一体"的学生心理健康工作体系更加健全，学校、家庭、社会和相关部门协同联动的学生心理健康工作格局更加完善。2025年，配备专（兼）职心理健康教育教师的学校比例达到95%，开展心理健康教育的家庭教育指导服务站点比例达到60%。

二、主要任务

（一）五育并举促进心理健康

1. 以德育心

将学生心理健康教育贯穿德育思政工作全过程，融入教育教学、管理服务和学生成长各环节，纳入"三全育人"大格局，坚定理想信念，厚植爱国情怀，引导学生扣好人生第一粒扣子，树立正确的世界观、人生观、价值观。

2. 以智慧心

优化教育教学内容和方式，有效减轻义务教育阶段学生作业负担和校外培训负担。教师要注重学习掌握心理学知识，在学科教学中注重维护学生心理健康，既教书，又育人。

3. 以体强心

发挥体育调节情绪、疏解压力作用，实施学校体育固本行动，开齐开足上好体育与健康课，支持学校全覆盖、高质量开展体育课后服务，着力保障学生每天校内、校外各1个小时体育活动时间，熟练掌握1～2项运动技能，在体育锻炼中享受乐趣、增强体质、健全人格、锤炼意志。

4. 以美润心

发挥美育丰富精神、温润心灵作用，实施学校美育浸润行动，广泛开展普及性强、形式多样、内容丰富、积极向上的美育实践活动，教会学生认识美、欣赏美、创造美。

5. 以劳健心

丰富、拓展劳动教育实施途径，让学生动手实践、出力流汗，磨炼意志品质，养成劳动习惯，珍惜劳动成果和幸福生活。

（二）加强心理健康教育

1. 开设心理健康相关课程

中小学校要结合相关课程开展心理健康教育。中等职业学校按规定开足思想政治课"心理健康与职业生涯"模块学时。高等职业学校按规定将心理健康教育等课程列为公共基础必修或限定选修课。普通高校要开设心理健康必修课，原则上应设置2个学分（32～36学时），有条件的高校可开设更多样、更有针对性的心理健康选修课。举办高等学历继续教育的高校要按规定开设适合成人特点的心理健康课程。托幼机构应遵循儿童生理、心理特点，创设活动场景，培养积极心理品质。

2. 发挥课堂教学作用

结合大中小学生发展需要，分层分类开展心理健康教学，关注学生个体差异，帮助学生掌握心理健康知识和技能，树立自助、求助意识，学会理性面对困难和挫折，增强心理健康素质。

3. 全方位开展心理健康教育

组织编写大中小学生心理健康读本，扎实推进心理健康教育普及。向家长、校长、班主任和辅导员等群体提供学生常见心理问题操作指南等心理健康"服务包"。依托"师生健康 中国健康"主题教育、"全国大中学生心理健康日"、职业院校"文明风采"活动、中考和高考等重要活动和时间节点，多渠道、多形式开展心理健康教育。发挥共青团、少先队、学生会（研究生会）、学生社团、学校聘请的社会工作者等作用，增强同伴支持，融洽师生同学关系。

（三）规范心理健康监测

1. 加强心理健康监测

组织研制符合中国儿童青少年特点的心理健康测评工具，规范量表选用、监测实施和结果运用。依托有关单位组建面向大中小学的国家级学生心理健康教育研究与监测专业机构，构建完整的学生心理健康状况监测体系，加强数据分析、案例研究，强化风险预判和条件保障。国家义务教育质量监测每年监测学生心理健康状况。地方教育部门和学校要积极开展学生心理健康监测工作。

2. 开展心理健康测评

坚持预防为主、关口前移，定期开展学生心理健康测评。县级教育部门要组织区域内中小学开展心理健康测评，用好开学重要时段，每学年面向小学高年级、初中、高中、中等职业学校等学生至少开展一次心理健康测评，指导学校科学规范运用测评结果，建立"一生一策"心理健康档案。高校每年应在新生入校后适时开展心理健康测评，鼓励有条件的高校合理增加测评频次和范围，科学分析、合理应用测评结果，分类制定心理健康教育方案。建立健全测评数据安全保护机制，防止信息泄露。

（四）完善心理预警干预

1. 健全预警体系

县级教育部门要依托有关单位建设区域性中小学生心理辅导中心，规范心理咨询辅导服务，定期面向区域内中小学提供业务指导、技能培训。中小学校要加强心理辅导室建设，开展预警和干预工作。鼓励高中、高校班级探索设置心理委员。高校要强化心理咨询服务平台建设，完善"学校—院系—班级—宿舍/个人"四级预警网络，辅导员、班主任定期走访学生宿舍，院系定期研判学生心理状况。重点关注面临学业就业压力、经济困难、情感危机、家庭变故、校园欺凌等风险因素以及校外实习、社会实践等学习生活环境变化的学生。发挥心理援助热线作用，面向因自然灾害、事故灾难、公共卫生事件、社会安全事件等重大突发事件受影响学生人群，强化应急心理援助，有效安抚、疏导和干预。

2. 优化协作机制

教育、卫生健康、网信、公安等部门指导学校与家庭、精神卫生医疗机构、妇幼保健机构等建立健全协同机制，共同开展学生心理健康宣传教育，加强物防、技防建设，及早发现学生严重心理健康问题，网上网下监测预警学生自伤或伤人等危险行为，畅通预防转介干预就医通道，及时转介、诊断、治疗。教育部门会同卫生健康等部门健全精神或心理健康问题学生复学机制。

（五）建强心理人才队伍

1. 提升人才培养质量

完善《心理学类教学质量国家标准》。加强心理学、应用心理学、社会工作等相关学科专业和心理学类拔尖学生培养基地建设。支持高校辅导员攻读心理学、社会工作等相关学科专业硕士学位，适当增加高校思想政治工作骨干在职攻读博士学位专项计划心理学相关专业名额。

2. 配齐心理健康教师

高校按师生比例不低于1∶4000配备专职心理健康教育教师，且每校至少配备2名。中小学每校至少配备1名专（兼）职心理健康教育教师，鼓励配备具有心理学专业背景的专职心理健康教育教师。建立心理健康教育教师教研制度，县级教研机构配备心理教研员。

3. 畅通教师发展渠道

组织研制心理健康教育教师专业标准，形成与心理健康教育教师资格制度、教师职称制度相互衔接的教师专业发展制度体系。心理健康教育教师职称评审可纳入思政、德育教师系列或单独评审。面向中小学校班主任和少先队辅导员、高校辅导员、研究生导师等开展个体心理发展、健康教育基本知识和技能全覆盖培训，定期对心理健康教育教师开展职业技能培训。多措并举加强教师心理健康工作，支持社会力量、专业医疗机构参与教师心理健康教育能力提升行动，用好家校社协同心理关爱平台，推进教师心理健康教育学习资源开发和培训，提升教师发现并有效处置心理健康问题的能力。

（六）支持心理健康科研

1. 开展科学研究

针对学生常见的心理问题和心理障碍，汇聚心理科学、脑科学、人工智能等学科资源，支持全国和地方相关重点实验室开展学生心理健康基础性、前沿性和国际性研究。鼓励有条件的高校、科研院所等设置学生心理健康实验室，开展学生心理健康研究。

2. 推动成果应用

鼓励支持将心理健康科研成果应用到学生心理健康教育、监测预警、咨询服务、干预处置等领域，提升学生心理健康工作水平。

（七）优化社会心理服务

1. 提升社会心理服务能力

卫生健康部门加强儿童医院、精神专科医院和妇幼保健机构儿童心理咨询及专科门诊建设，完善医疗卫生机构儿童青少年心理健康服务标准规范，加强综合监管。民政、卫生健康、共青团和少先队、妇联等部门协同搭建社区心理服务平台，支持专业社工、志愿者等开展儿童青少年心理健康服务。对已建有热线的精神卫生医疗机构及12345政务服务便民热线（含12320公共卫生热线）、共青团12355青少年服务热线等工作人员开展儿童青少年心理健康知识培训，提供专业化服务，向儿童青少年广泛宣传热线电话，鼓励有需要时拨打求助。

2. 加强家庭教育指导服务

妇联、教育、关工委等部门组织办好家长学校或网上家庭教育指导平台，推动社区家庭教育指导服务站点建设，引导家长关注孩子心理健康，树立科学养育观念，尊重孩子心理发展规律，理性确定孩子成长预期，积极开展亲子活动，保障孩子充足睡眠，防止沉迷网络或游戏。家长学校或家庭教育指导服务站点每年面向家长至少开展一次心理健康教育。

3. 加强未成年人保护

文明办指导推动地方加强未成年人心理健康成长辅导中心建设，拓展服务内容，增强服务能力。检察机关推动建立集取证、心理疏导、身体检查等功能于一体的未成年被害人"一站式"办案区，在涉未成年人案件办理中全面推行"督促监护令"，会同有关部门全面开展家庭教育指导工作。关工委组织发挥广大"五老"优势作用，推动"五老"工作室建设，关注未成年人心理健康教育。

（八）营造健康成长环境

1. 规范开展科普宣传

科协、教育、卫生健康等部门充分利用广播、电视、网络等媒体平台和渠道，广泛开展学生心理健康知识和预防心理问题科普。教育、卫生健康、宣传部门推广学生心理健康工作经验做法，稳妥把握心理健康和精神卫生信息发布、新闻报道和舆情处置。

2. 加强日常监督管理

网信、广播电视、公安等部门加大监管力度，及时发现、清理、查处与学生有关的非法有害信息及出版物，重点清查问题较多的网络游戏、直播、短视频等，广泛汇聚向真、向善、向美、向上的力量，以时代新风塑造和净化网络空间，共建网上美好精神家园。全面治理校园及周边、网络平台等面向未成年人无底线营销危害身心健康的食品、玩具等。

三、保障措施

（一）加强组织领导

将学生心理健康工作纳入对省级人民政府履行教育职责的评价，纳入学校改革发展整体规划，纳入人才培养体系和督导评估指标体系，作为各级各类学校办学水平评估和领导班子年度考核重要内容。成立全国学生心理健康工作咨询委员会。各地要探索建立省级统筹、市为中心、县为基地、学校布点的学生心理健康分级管理体系，健全部门协作、社会动员、全民参与的学生心理健康工作机制。

（二）落实经费投入

各地要加大统筹力度，优化支出结构，切实加强学生心理健康工作经费保障。学校应将所需经费纳入预算，满足学生心理健康工作需要。要健全多渠道投入机制，鼓励社会力量支持开展学生心理健康服务。

（三）培育推广经验

建设学生心理健康教育名师、名校长工作室，开展学生心理健康教育交流，遴选优秀案例。支持有条件的地区和学校创新学生心理健康工作模式，探索积累经验，发挥引领和带动作用。

附录三

小学心理健康教育教师资格证面试参考案例

一、情绪领域

（一）了解自己的情绪

1. 内容

小游戏：2个同学一组，同学甲从表达喜、怒、哀、惧情绪的成语硬纸中，任意抽取一张，如唉声叹气、欣喜若狂、惊恐万分、咬牙切齿等，抽取完成后，请他高举纸板但不许看，让参加游戏的同学乙看，同学乙根据纸板上的成语，用手势、动作和表情来表现相应的情绪，让甲根据乙的动作、表情来猜出成语。

结合以上活动，设计一堂完整的心理健康活动课，引导小学生了解情绪，提高情绪识别能力。

2. 基本要求

① 试讲时间不超过10分钟。

② 试讲过程中要注意引导性。

③ 结合教学内容设计板书。

（二）"情绪大集合"

1. 内容

结合以下活动，设计一节完整的心理健康教育课。

在我们的词汇里，有不少词语反映的是某种情绪表现，比如手舞足蹈、捶胸顿足、垂头丧气、仰天长叹……请你选择一个，通过表情、动作把它表演出来。让同学们都来猜一猜分别表达了什么情绪。

表演的词汇：　　　　　　　　　　　　　　表达的情绪：

_____　　　　_____

_____　　　　_____

_____　　　　_____

_____　　　　_____

这里归纳了一些情绪词汇，你还能想到哪些？继续添加进去吧。

喜	满意、开心、喜悦、	、	、
怒	生气、郁闷、恼怒、	、	、
哀	失落、难过、悲伤、	、	、
惧	担心、忧虑、害怕、	、	、
其他	、	、	、

2. 基本要求

① 试讲时间10分钟，教学过程中涉及的教具模拟使用。

② 配合教学内容创设适当情境，呈现教学过程。

③ 活动教学突出重点与难点，配合适当板书。

（三）控制情绪

1. 内容

不管我们在做什么，情绪总是伴随着我们，是影响我们心理健康的重要因素。愉悦的心情让人放松、舒快，而不良的情绪让人郁闷甚至失控。请以"控制情绪"为题设计一堂心理健康活动课。

2. 基本要求

① 要有配合教学内容的板书设计。

② 要有师生互动的活动设计。

③ 请在10分钟内完成试讲。

（四）情绪气象台

1. 内容

情绪气象台（儿歌）

情绪就像气象台，喜怒哀乐变得快。

生气时，笑一笑，烦恼事，讲出来。

紧张时，静一静，伤心事，想得开。

乐观向上有自信，学习生活添光彩。

2. 基本要求

① 试讲控制在10分钟之内。

② 教学结构合理，条理清晰。

③ 培养学生形成积极的情绪。

（五）我把嫉妒变动力

1. 内容

人就像一根弹簧，遇压而张，当别人在某方面超过了你时，你会感到一种压力，并产生一种要打破这种不平衡超越对方的愿望，这时的嫉妒心就转化为动力，激励你努力进取。因此，适当嫉妒是有益的，但过度嫉妒则是有害的。一个人如果不能合理地调节、控制自己的嫉妒心，他的嫉妒就会对别人构成威胁，同时造成自己的心理负担。

请设计一堂心理健康活动课帮助学生把嫉妒转换成动力。

2. 基本要求

① 教学设计体现学生的主体性。

② 试讲时间不超过10分钟。

③ 要有适当的板书。

二、学习领域

（一）我的学习方法

1. 内容

　　×××想努力提高自己的学习成绩，于是他上课认真听讲，晚上回家也学习到很晚。每天他都把时间表排得满满的，为了完成学习计划，他总是处于一种抢时间的紧张、焦虑的情绪中。特别是当考试来临的时候，他更是利用晚上开夜车，做完练习又做模拟题。尽管如此，他的考试成绩仍不理想，每次都达不到自己的目标。他觉得可能工夫下得还不够，于是重新修订学习计划，利用一切可以利用的时间，把学习时间表安排得更为紧凑。

　　由于长时间处于紧张疲劳状态，他每天昏昏欲睡，上课经常提不起精神，学习成绩迅速下滑。

　　结合上述情境，以"我的学习方法"为题，为学生设计一堂心理健康课。

2. 基本要求

　　① 试讲时间控制在10分钟。

　　② 试讲过程中注重与同学的互动。

　　③ 有小组讨论的教学环节。

（二）克服厌学情绪

1. 内容

　　厌学是中小学生诸多学习心理障碍中比较普遍的一种现象，厌学对学生学习、心理健康影响极大。请为小学生设计一堂心理课帮助学生端正学习态度，调动学生学习的主动性，克服厌学情绪。

2. 基本要求

　　① 试讲时间控制在10分钟。

　　② 活动中关注学生的感受变化。

　　③ 试讲中要注意引导性。

（三）专心伴你成功

1. 内容

　　请设计一堂《"专心"伴你成功》的课程，引导学生发现分心的原因，探究如何做到专心。

2. 基本要求

　　① 在10分钟内完成试讲。

　　② 教学设计要有引导性。

　　③ 教学设计要探究分心的原因。

三、社会领域

（一）学会道歉

1. 内容

　　人际交往中免不了出现磕磕碰碰，所以学会向他人道歉是非常有必要的，请以"学会道歉"

为题设计一堂心理健康活动课。

2. 基本要求

  ① 根据以上内容设计一堂内容完整的心理健康课。

  ② 在 10 分钟内完成试讲。

  ③ 引导学生意识到道歉的重要性及掌握道歉时常用的语言。

（二）学会拒绝

1. 内容

  沙沙与王冬是同班同学，一天放学后，王冬对沙沙说："沙沙，跟我去旱冰场溜旱冰吧。"沙沙答应爸爸放学后按时回家，但听王冬这么一说，很不好意思，心里矛盾起来：去吧，其实心中一点也不想，再说已经跟爸爸说好要按时回家了；不去吧，多不好意思呀，起码面子上过不去。犹豫再三，沙沙还是不情愿地跟着王冬走进了溜冰场。为了照顾王冬的面子，沙沙闷闷不乐地在溜冰场里熬了三个小时。结果回家挨了父亲好一顿训斥，沙沙心里真不是滋味。

2. 基本要求

  ① 根据以上内容设计一堂内容题目为"学会拒绝"的心理健康活动课。

  ② 在 10 分钟内完成试讲。

  ③ 教学方法多样，突出学生的主体地位。

（三）互助分享最快乐

1. 内容

  ① 下雨了小伙伴没有带伞，你怎么办？

  ② 一次雷锋外出在沈阳站换车的时候，一出检票口，发现一群人围看一个背着小孩的中年妇女，原来这位妇女从山东去吉林看丈夫，车票和钱丢了。雷锋用自己的津贴买了一张去吉林的火车票塞到大嫂手里，大嫂含着眼泪说："大兄弟，你叫什么名字，是哪个单位的？"雷锋说："我叫解放军，就住在中国。"

  ③ 助人为乐是公认的最可赞赏的品质。一个助人为乐的人，不拘束自我，在道德的天平上，他的砝码最重；在历史的明镜前，他的身影最长。助人为乐是美德，它荡涤了私心杂念的尘垢，像金子一般，像水晶一般。

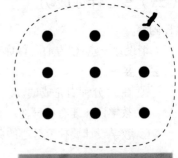

2. 基本要求

  ① 根据以上内容设计一堂内容完整的心理健康课。

  ② 在 10 分钟内完成试讲。

  ③ 引导学生体会到助人的快乐。

（四）处事灵活能变通

1. 内容

  （1）活动

  ① 你能一笔画出 4 条直线，将右图中 9 个点都连起来吗？

  ② 请尝试将圆形蛋糕分成完全一样的两份：重量一样，形状大小相同，并且分出来的形面全部由曲线组成，不准使用直线段。

（2）小故事

有一个细心的摄影师，他发现一个问题：每次拍集体照，都会赶上有人恰好闭眼。因为拍照时，大家在等摄影师喊"一、二、三"，却往往会在"三"字时顶不住，而闭上眼睛。于是，这位摄影师换了一个思路，他请顾客们全闭上眼，同样是喊"一、二、三"，不过是在"二"字时一起睁眼，果然，照片冲洗出来后，一个闭眼的都没有。

生活中的很多事情，只要你变通一下思维，就可以变不可能为可能。学会变通思维，你将会走出精彩的人生乐章。

2. 基本要求

① 符合小学生的心理发展特点。

② 利用以上活动完成10分钟试讲。

③ 引导学生学会灵活变通解决问题的方法。

（五）唠叨也是爱

1. 内容

情境1：每天上学前，小红的妈妈总是唠叨好几遍："上学过马路千万要小心，上课要认真听讲……"

情境2：莉莉的妈妈让她练弹钢琴，她偏做作业。让她做作业，她偏偏去弹琴……莉莉常对妈妈说："你烦不烦呀！"

情境3：小明的爸爸总是拿他与邻居家的孩子比，说他这也不行，那也不如人。有时小明真想和爸爸大吵一架。

2. 基本要求

① 能够基于小学生的特点设计一节心理健康课。

② 引导学生掌握沟通的技巧。

③ 板书工整规范。

（六）健康上网快乐多

1. 内容

假期里，小雨的父母要求他在父母上班后练练毛笔字，然后打扫卫生。然而小雨因为沉迷网络把这些事情都抛在了脑后。请根据此设计一堂心理健康课。

2. 基本要求

① 10分钟以内完成试讲。

② 教学过程中关注学生的情感变化。

③ 配合教学内容适当板书。

（七）兴趣的作用

1. 内容

伟大的科学家爱因斯坦曾经说过，兴趣和爱好是最好的老师。兴趣在人们生活中的意义是巨大的。兴趣让我们觉得生活是有意义的，丰富多彩的兴趣在学习中是十分重要的。它可以推动我们去寻求知识和探索世界。使我们感到学习是一件非常快乐的事。

根据以上内容设计一堂心理健康课。

2.基本要求

① 在10分钟内完成试讲。

② 要有交流讨论环节。

③ 要设置合适的游戏活动。

④ 引导学生寻找自己的兴趣。

（八）告别母校

1.内容

同学们，毕业之后，我们马上就要离开心爱的校园、敬爱的老师、可爱的同学了，你的心中一定充满不舍之情。如何表达我们对母校的这份深情呢？我们可以为母校做些什么呢？

2.基本要求

① 要有提问互动环节。

② 10分钟内完成试讲。

③ 引导学生微笑面对升学。

（九）学会拒绝不良诱惑

1.内容

很多人第一次接触和涉足诱惑及不良嗜好都是在同龄人的劝说下发生的，要学会面对这种同伴压力，坚定地拒绝。请设计一堂小学心理健康课程，谈谈：

① 你身边的诱惑有哪些？这些诱惑的危害是什么？

② 面对同伴的诱惑，你会采用什么方法坚定地拒绝？

2.基本要求

① 教学重点要突出。

② 10分钟内完成试讲。

③ 采用体验式教学方式。

（十）异性交往

1.内容

青春期异性交往分为四个阶段：疏远期、爱慕期、恋爱期、交往期。小学高年级学生正处于异性疏远期，在这一时期，男女生都开始关注异性，但往往不是以积极肯定的态度出现，而是常常以否定的形式表现出来，不安、羞涩，排斥和疏远。鉴于此，请为小学高年级学生设计一堂关于异性交往的课。

2.基本要求

① 试讲时间控制在10分钟。

② 活动中关注学生的感受变化。

③ 试讲中要注意引导性。

（十一）远离校园欺凌

1. 内容

请根据漫画设计一堂心理健康课。

2. 基本要求

① 试讲时间控制在10分钟。

② 活动中关注学生的感受变化。

③ 试讲中要注意引导性。

（十二）真诚赞美朋友多

1. 内容

优点轰炸。

8人为一小组，每位同学轮流戴上高帽子接受其他三位同学的赞赏，其他三位同学要轮流说出戴帽子同学的优点、能力和特长等，直到8位同学都戴过高帽子为止。要求表达句式为"某某，我觉得你很好，因为……"，要求是具体的优点，真诚准确地表达，越有力越好。

2. 基本要求

① 要有提问互动环节。

② 10分钟内完成试讲。

③ 课堂设计具有可操作性。

四、身心成长

（一）我长大了

1. 内容

情景一：周末的晚上，小丽的妈妈要带小丽去参加晚会，给她买衣服，妈妈给她挑粉红色的小礼服，小丽要黑色性感的小礼服，发生争执。

情景二：小丽上美术课忘带美术笔，回去责怪妈妈，没有给她带美术笔。

2. 基本要求

① 运用以上内容设计心理健康活动课。

② 在10分钟内完成试讲。

③ 要有总结升华环节。

④ 教学过程中关注学生的情感变化。

（二）"我的角色责任"

1. 内容

结合以下活动，设计一节完整的心理健康教育课"我的角色责任"。

2人一组，一位同学先说出一个自己知道的社会角色，另外一位同学快速地对出相对应的角色责任，进行接龙。例如：一位同学说父亲，另一位同学说挣钱养家……以此类推，直到对接不上为止。

[分享讨论]

① 游戏结束后你对这些社会角色有没有更进一步的认识。

② 这些角色中间，哪些是你喜欢的，哪些是你不喜欢的。

③ 你觉得你在生活中经常扮演什么样的角色？

2. 基本要求

① 试讲时间10分钟，教学过程中涉及的教具模拟使用。

② 配合教学内容创设适当情境，呈现教学过程。

③ 活动教学突出重点与难点，配合内容适当板书。

（三）成长的烦恼

1. 内容

小学儿童在成长中遇到不好处理的、难以解决的问题不应被忽视，这些看似小的问题，儿童解决了就成长了，不解决或是解决不好，就容易带来烦恼。长此以往，学生就会产生或大或小的心理问题。

2. 基本要求

① 在10分钟内完成试讲。

② 体现学生的主体性。

③ 引导学生积极面对烦恼，掌握解决烦恼的办法。

（四）进步的阶梯

1. 内容

根据题目设计一堂心理健康课。

2. 基本要求

① 试讲时间控制在10分钟。

② 设置师生互动环节。

③ 试讲中要注意引导性。

（五）我决定，我负责

1. 内容

根据题目设计一堂心理健康课。

2. 基本要求

① 试讲时间控制在10分钟。

② 设置活动，体现学生的主体地位。

③ 试讲中要注意引导性。

④ 配合教学内容适当板书。

（六）目标伴我行

1. 内容

两组人员进行马拉松比赛，组委会不告诉第一组人员距终点多少千米，只给方向指引；对于第二组成员，组委会每隔五千米就提示终点的距离。结果，第一组人员中途放弃了很多，第二组人员没有人放弃。当记者采访他们时，第一组人员说："在跑步的过程中，看不到目标，感觉失去了方向，所以放弃了。"

请根据此设计一堂心理健康课。

2. 基本要求

① 在10分钟内完成试讲。

② 要有板书设计。

③ 教学方法多样，突出学生的主体地位。

（七）你快乐，所以我快乐

1. 内容

以"你快乐，所以我快乐"为题，设计一堂心理健康课。

2. 基本要求

① 试讲时间控制在10分钟。

② 让学生认识到帮助他人可以带给自己欢乐，并且了解帮助他人的方法。

③ 课堂气氛活跃。

（八）社会责任

1. 内容

社会的文明与进步离不开每一个人的努力，作为新世纪的少年我们必须树立自觉遵守社会公德的意识，不断学习、掌握社会道德规范，关心帮助周围的人和事，做维护社会公德的小卫士，做公共事业的热心人，做合格的小公民。请以"社会责任"为题设计一堂心理健康活动课。

2. 基本要求

① 试讲时间控制在10分钟。

② 活动中关注学生的感受变化。

③ 试讲中要注意引导性。

（九）其实我好爱你

1. 内容

请设计一节课对小学中年级的学生进行生命教育，引导他们认识死亡，教他们如何处理死亡带来的情绪，学会珍惜生命，及时表达爱。

2. 基本要求

① 10分钟内完成试讲。

② 体现学生的主体性。

③ 教学设计中体现活动性原则。

（十）"小我"和"大我"

1. 内容

试试看，你能不能发挥自己的智慧，把下面的尴尬局面转变为双赢的局面呢？

情境1：老师请你制作科技节的小报，正逢升学考试阶段，时间很紧张，你该怎么处理？

情境2：你作为班长，正在决定参加学校辩论赛的小组名单，你最好的朋友想参加这次比赛，但他实力不够，会使小组的整体实力下降，从而影响班级成绩，你该怎么办？

结合以上活动，设计一堂完整的心理健康活动课，引导学生懂得"小我"和"大我"的关系，懂得将集体利益放在第一位。

2. 基本要求

① 在10分钟内完成试讲。

② 教学设计循序渐进。

③ 体现学生的主体性。

（十一）学做聪明的消费者

1. 内容

我的消费记录

日期	收入/元	来源	支出项目	金额/元	余额/元
星期一	5.00	奶奶给	买零食	5.00	0
星期二	50.00	爸爸奖励	买书	30.00	20.00
星期三			买冰激凌	4.50	15.50
星期四			溜冰	10.00	5.50
星期五	2.00	向同学借	买零食	7.00	0.50
星期六	5.00	向妈妈要	还钱	2.00	3.50
星期日			买零食	2.50	1.00

2. 基本要求

① 试讲时间控制在10分钟。

② 活动中关注学生的感受变化。

③ 试讲中要注意引导性。

五、自我意识

（一）独一无二的我

1. 内容

根据题目设计一堂心理健康课，帮助小学生认识自我。

2. 基本要求

① 10分钟内完成试讲。

② 课堂设计有可操作性。

③ 帮助学生认识到每个人都是独特的。

（二）克服自卑，悦纳自我

1. 内容

自卑感是个体因体验到自己的缺点、无能或低劣而产生的不如别人的消极心态。它对人格发展具有双重影响，适度的自卑感可产生成就需要，转化为奋发向上的动力；而沉重的自卑感则会造成生活适应困难。请设计一节心理课引导学生用积极的心理暗示面对自身缺点并悦纳自我。

2. 基本要求

① 联系个体实际，帮助小学生学会接纳自我。

② 10分钟内完成试讲。

③ 活动中关注学生的感受变化。

（三）扬长也"容"短

1. 内容

根据题目设计一堂心理健康课。

2. 基本要求

① 设置活动，体现互动。

② 引导学生认识自己的特长与短板，学会接纳自己。

③ 10分钟内完成试讲。

（四）"阳光"你的心态

1. 内容

学会宽以待人，不仅可以提高人际交往能力，而且宽容本身就是一种优良的人格和阳光的心态。设置一堂心理健康课，课程中需要用到以下的活动。

活动规则：

分组，每小组5～6人，选出小组长和记录员；分组讨论，遇到下列情境时，如何学会用宽容的心对待同学？

情境1：课堂上，同学陈曦不小心将墨汁溅到了你的白衬衫上……

情境2．你将自己心爱的游戏机借给同学玩儿，当他还回来的时候，你发现游戏机被磕坏了一个角……

情境3：同学露露经常在背后说你的坏话。

结合以上内容，设计一堂完整的心理健康课，帮助学生学会调整自己的心态。

2. 基本要求

① 10分钟内完成试讲。

② 让学生学会调整心态的方法。

③ 注重发挥学生主体性。

参考文献

[1] 郭黎岩.小学生心理健康与辅导[M].北京:高等教育出版社,2014.

[2] 教育部人事司组织编写.中小学生心理健康教育[M].北京:科学普及出版社,2012.

[3] 中共中央国务院关于进一步加强和改进未成年人思想道德建设的若干意见.

[4] 朱小敏.小学心理健康教育校本课程之一心理健康教育活动课校本教材的开发研究[D].苏州大学,2010.

[5] 陈元新.开展心理健康教育 培训教师是关键[J].中小学教师培训,2000(10):3.

[6] 赵俊峰,纪莉莉.当前心理健康教师队伍建设的困境与突破[J].教育家,2021(11):2.

[7] 中华人民共和国教育部.3～6岁儿童学习与发展指南[M].北京:首都师范大学出版社,2012.

[8] 中华人民共和国教育部.幼儿园教育指导纲要(试行)[M].北京:北京师范大学出版社,2001.

[9] 杨大伟.农村幼儿家庭教育的问题及对策分析——基于生态系统的视角[J].教育导刊:下半月,2015.

[10] 周丽.幼儿教育小学化倾向的表现,原因及解决对策[J].北方文学:中,2014.

[11] 韩国建.儿童心理危机干预策略和应急机制研究[J].小学科学(教师版),2017(12):72-73.

[12] 扶长青,张大均,刘衍玲.儿童心理危机的干预策略[J].心理科学进展,2009,17(03):521-523.

[13] 张婷皮美,石智雷.父母外出务工对农村留守儿童心理健康的影响研究[J].西北人口,2021,42(04):31-43.

[14] 何珍,郑文欣.后疫情背景下儿童心理状况与干预疏导对策[J].广西教育,2021(01):6-7.

[15] 李艳秋,李肖红.家庭教育对中小学生心理健康的影响[J].科学大众(科学教育),2019(09):58.

[16] 王嘉琪,白冬青.危机干预融入中小学心理健康教育教学的研究[J].山西青年,2021(07):159-160.

[17] 胡宓,梁珊,肖水源.小学生自杀死亡事件后的危机干预案例报告[J].中国心理卫生杂志,2019,33(07):493-497.

[18] 张建新,童永胜,钟慧.如何做好中小学生抑郁和心理危机筛查[J].心理与健康,2022,No.302(03):14-16.

[19] 杨泰山.中小学生心理危机预防及应对的调查研究——以上海市五所学校为例[J].教育参考,2018(02):53-59.

[20] 庞红卫.中小学生心理危机识别与干预的实践模式[J].中小学心理健康教育,2016(08):9-13.

[21] 刘娟.心理干预在小学心理教育中的应用[J].连云港师范高等专科学校学报,2017,34(04):64-67.

[22] 周雪红.以适切的方式实施小学生命教育[J].人民教育,2022(11):66-67.

[23] 黄月芳.让生命教育"心"动起来——台湾省台南市协进小学生命教育实践[J].江苏教育,2018(56):11-13.

[24] 李维亚.在小学开展生命教育的价值和实现途径[J].西部素质教育,2016,2(17):136-137.

[25] 何梅,张玲,鄢利福.医校共建:小学生心理健康教育模式探索[J].教育观察,2019,8(33):142-144.

[26] 余国良.心理健康教育教学参考(小学)[M].北京:北京师范大学出版社,2020.

[27] 张大均.学校心理健康工作保障体系:基于学校社会工作视角的研究[M].北京:科学出版社,2015.

[28] 吴增强.医教协同构建中小学生心理健康服务体系[M].上海:上海科技教育出版社,2020.

[29] 宁波市中小学心理健康教育指导中心办公室.中小学心理健康教育工作手册[M].宁波:宁波出版社,2020.

[30] 王跞.小学生积极心理品质培养的行动研究[M].重庆:西南师范大学出版社,2017.

[31] 浙江省中小学心理健康教育指导中心.中小学心理危机筛查与干预工作手册[M].宁波:宁波出版社,2022.